JORGE CRUISE

Die

12 Sekunden
Formel

Der revolutionäre Fitnessplan

Nur zweimal pro Woche 20 Minuten trainieren

JORGE CRUISE

Die
12 Sekunden Formel

Der revolutionäre Fitnessplan

Nur zweimal pro Woche 20 Minuten trainieren

riva

Impressum

1. Auflage 2009
© 2009 riva Verlag, München

Alle Rechte vorbehalten.
Das vorliegende Werk einschließlich aller
seiner Teile ist urheberrechtlich geschützt.
Jede Verwertung außerhalb der engen
Grenzen des Urheberrechtsgesetzes ist ohne
Zustimmung des Verlags unzulässig und
strafbar. Das gilt insbesondere für Vervielfäl-
tigungen, Übersetzungen, Mikroverfilmungen
und die Einspeicherung und Verarbeitung in
elektronischen Systemen.

Copyright © 2007 by Platinum View
Properties, L.P., a Nevada limited partnership
All rights reserved.
Published in the United States by Crown
Publishers, an imprint of the Crown Publi-
shing Group, a division of Random House,
Inc., New York.
This translation published by arrangement
with Crown Publishers, a division of Ran-
dom House, Inc., New York.

Die amerikanische Originalausgabe erschien
unter dem Titel *The 12-Second Sequence.
Shrink Your Waist in 2 Weeks!*

Übersetzung: Max Limper
Lektorat: Jutta Friedrich
Korrektorat: Marina Burwitz
Layout und Umschlaggestaltung:
Sabine Krohberger und Bettina Stickel
Satz: Cordula Schaaf
Druck: Druckerei Joh. Walch, Augsburg

ISBN 978-3-936994-92-6

Bibliografische Information der Deutschen Bibliothek: Die Deutsche Bibliothek verzeichnet diese Publikation in der
Deutschen Nationalbibliothek; detaillierte
bibliografische Daten sind im Internet über
http://dnb.ddb.de abrufbar.

Für Fragen und Anregungen zum Buch:
jorgecruise@rivaverlag.de

**Gerne senden wir Ihnen unser
Verlagsprogramm:**
vp@rivaverlag.de

riva Verlag
ein Imprint der FinanzBuch Verlag GmbH
Nymphenburger Straße 86
80636 München
Tel.: 089 651285-0, Fax: 089 652096
E-Mail: info@rivaverlag.de
www.rivaverlag.de

riva

Meiner wunderschönen Frau Heather.
Ich liebe dich von ganzem Herzen.
Es gibt kein größeres Glück auf Erden,
als dein Mann zu sein.

INHALT

7 8 9 10 11 12

EXPERTENMEINUNGEN

»Das ist das ganze Geheimnis. Auf Dauer können Sie kein Gewicht abbauen, wenn Sie keine Muskeln aufbauen. Also: Befolgen Sie Jorges Tipps.«
Dr. Mehmet Oz, Autor von »You: On a Diet«

»Regelmäßige körperliche Aktivität ist entscheidend für die Gewichtskontrolle und extrem wichtig für die Gesundheit. Aber sie in unserem turbulenten Alltag unterzubringen, scheint oft ein Ding der Unmöglichkeit – es sei denn, Sie hören auf Jorge Cruise! Jorge ist unübertroffen darin, mit minimalem Zeitaufwand einen maximalen Trainingseffekt zu erreichen. Lesen Sie Jorges neueste Einsichten und Strategien, dann werden Sie entdecken, dass in Ihrem Leben Platz für effizientes Fitnesstraining ist – ohne Plackerei.«
David L. Katz, M.D., M.P.H., F.A.C.P.M., F.A.C.P., Privatdozent und Direktor des Zentrums für Vorbeugungsforschung an der Yale University School of Medicine; Gesundheitsexperte für »ABC News« und »New York Times«, www.davidkatzmd.com

»Jorge ist die Verkörperung seiner eigenen Methode. Dieses Buch sagt Ihnen, wie Sie die gleichen Resultate erzielen – wirklich fantastisch!«
Suzanne Somers, Autorin, aktuelles Buch »Ageless: Die nackte Wahrheit über bioidentische Hormone« (Platz 1 auf der Bestsellerliste der New York Times)

»Jorge Cruises neue Methode wird die Art, wie Sie trainieren und fit bleiben, auf den Kopf stellen. Sein Trainingsplan ist beeindruckend.«
Cathleen Black, Vorstandsvorsitzende der »Hearst Magazines« und Herausgeberin von »Cosmopolitan«, »Good Housekeeping«, »Harper's Bazaar«, »O, the Oprah Magazine« etc.

»Wer hätte gedacht, dass zwölf Sekunden so viel ausmachen? Jorge Cruise erklärt, wie man in kurzer Zeit seine Resultate maximiert – ein unschätzbarer Vorteil in unserer schnelllebigen Welt. Bei herkömmlichem Krafttraining macht man Wiederholungen. Mit Jorges Methode macht man WIEDERHOLUNGEN! Mit dieser Technik formen Sie Ihren Körper schneller, als Sie es für möglich hielten.«
Kathy Smith, Fitnessexpertin und Autorin von »Feed Muscle, Shrink Fat«

»Ich kann Jorge nur von ganzem Herzen zustimmen. Kombiniert mit einem vernünftigen Ernährungsplan ist Krafttraining der beste Weg zu umfassender Gesundheit. Frei nach dem Motto: Wer langsam geht, kommt schneller zum Ziel!«
Frederick Hahn, Promi-Trainer, Autor und Inhaber von Serious Strength NYC

»Jorge Cruise, altgedienter Vorreiter in Sachen gesunde Lebensweise, hat es wieder einmal geschafft! Sein neues Buch verrät Ihnen, wie Sie effektiv, sicher und effizient trainieren. Mit dieser großartigen Anleitung werden Sie ein gesünderer Mensch.«
John Robbins, Autor von »Healthy at 100« und »Diet for a New America«, einem Bestseller von internationalem Rang

»Ich glaube, dass die ›12-Sekunden-Formel‹ mit ihrem Zweimal-20-Minuten-Training pro Woche und den Ernährungstipps für viel beschäftigte Menschen der beste Weg ist, um fit zu werden und zu bleiben. Innerhalb von 20 Minuten ist es einfach nicht möglich, dass man sich langweilt und das Interesse verliert.«
Dale Eustace, Ph.D., Professor für Getreidetechnologie an der Kansas State University

»In dieser chaotischen Welt, in der jedes Jahr die Diät- und Trainingsbücher zu Dutzenden erscheinen, ist es leicht, den Überblick und die Hoffnung zu verlieren. Dieses Buch legt in allen Einzelheiten die Basics einer gesunden Lebensweise dar. Wenn Sie die ersten Seiten lesen, werden Sie erkennen, dass Sie in der Hälfte der üblichen Zeit zu Ihrem Traumkörper gelangen können. Die ›12-Sekunden-Formel‹ sollte jeder verschlingen, der einen vernünftigen Weg zu einem herrlichen Leben in einem herrlichen Körper sucht.«
Christopher Guerriero, Gründer von www.MaximizeYourMetabolism.com und Moderator der Gesundheits-Fernsehshow »The Energy Factor«

»Die Methode funktioniert. Sie werden von den Resultaten begeistert sein: erhöhter Stoffwechsel, verbesserte Ausdauer und endlich wieder gut sitzende Jeans.«
Lucy Beale, Autorin von »The Complete Idiot's Guide to Glycemic Index Weight Loss«

»Jorge Cruise lebt, was er lehrt. So wie ich.«
Jack La Lanne, Fitness-Urgestein und Koautor von »Fiscal Fitness: 8 Steps to Wealth & Health from America's Leaders of Fitness and Finance«

»Jorge weiß, wovon er redet. Befolgen Sie seine Anweisungen – nehmen Sie ab.«
Chris Robinson, Fitnessexperte und Autor von »The Core Connection«

»Jorge bleibt eine Inspirationsquelle und macht aus dem Abnehmen einen freudvollen und dauerhaften Teil Ihres Lebens.«
Mariel Hemingway, Autorin von »Healthy Living from the Inside Out«

Meine Jungs

DANKSAGUNG

Ein ganz besonderes Dankeschön gilt Heather, meiner großartigen Frau. Als meine leidenschaftlichste Unterstützerin hat sie mir geholfen, der zu werden, der ich heute bin. Ich danke dir, Liebling, dafür, dass du so viel Inspiration und Freude in mein Leben bringst. Ich liebe dich von ganzem Herzen.

Meinen wunderbaren Söhnen Parker und Owen. Ihr beide seid mein Augenstern. Euch aufwachsen zu sehen, hält mich dauerhaft auf Trab und lässt mich immer wieder staunen.

Dank gilt auch Jared Davis für seine unermüdliche Arbeit an diesem Buch. Du hast von der ersten Idee an dein außerordentliches Wissen über Fitness, Ernährung und Forschung mit eingebracht und mir geholfen, dieses Projekt auf die Beine zu stellen. Ich bin dir sehr dankbar dafür, dass du mir beim Entwickeln und Erproben der in diesem Buch beschriebenen Konzepte geholfen hast – sei es im Fitnessstudio oder zu Hause. Dazu noch ein besonders dickes Dankeschön dafür, dass du die Konzepte für unsere Kunden auf Fotos und auf Videos hast lebendig werden lassen. Es ist ein großes Glück, dich im Team zu haben und dich einen Freund nennen zu dürfen.

Dank gilt Auriana Albert für ihre herausragende Recherche- und Schreibfähigkeit und für ihr unerschütterliches Festhalten an diesem Projekt. Ihre Kreativität und ihre Fähigkeit, Gedanken und Konzepte auf dem Papier zum Leben zu erwecken, waren eine fantastische Hilfe.

Gretchen Lees für endlose Recherchen und inhaltliche Entwicklungsarbeit. Ihre großartige Recherche- und Schreibfähigkeit haben dazu beigetragen, dass ich meine Ideen konkretisieren und mit Fakten untermauern konnte.

Ich danke Oliver Stephenson und Chance Miles für Ihre außergewöhnliche Kundenbetreuung. Ihr habt mir bei der Unterstützung all der Kunden geholfen, die in diesem Buch vorkommen, habt Kontakt mit ihnen gehalten und ihre Erfolgsgeschichten zusammengetragen. Eure Treue zu den Kunden und eure enthusiastische Unterstützung sind unübertroffen.

Dir, Chad Wagner, für deinen unermüdlichen Kopfeinsatz bei der Datenanalyse und für deine genialen Fertigkeiten beim Erstellen unserer großartigen Homepage www.12second.com.

Dir, Trixie Kennedy, für das Lachen, Singen und die rechtzeitigen Auszahlungen. Du bist eine echte Perle.

Dir, Kathy Thomas, dafür, dass du all meine Projekte koordinierst, mein Durcheinander organisierst und mich auf der Spur hältst. Ich bin dir für deine Unterstützung sehr dankbar.

Meine Hochachtung haben auch Steve Hanselman und Cathy Hemming, meine publizistischen Berater bei LevelFiveMedia. Steve, ich danke dir für deine Ermutigung, deine Zuversicht und Unterstützung bei all meinen Projekten über all die Jahre, die wir uns kennen. Du warst maßgeblich daran beteiligt, eine Partnerschaft mit Random House herzustellen, und auch dafür bin ich dir dankbar. Cathy und Julia Serebrinsky, ich danke euch für all eure Unterstützung.

Dank gilt auch Michael Dorazio für seine wunderbare juristische Begleitung bei diesem Projekt. Und natürlich danke ich auch meinem fantastischen Team bei Random House, ihr habt alle vom ersten Augenblick an an dieses Projekt geglaubt. Danke, Heather Jackson, Kristin Kiser, Tina Constable, Jenny Frost, Steve Ross, Christine Aronson, Carrie Thornton, Philipp Patrick, Jill Flaxman, Amy Metsch, Linda Kaplan, Andrew Leibowitz, Donna Passannante, Shawn Nicholls, Amanda D'Acierno, Penny Simon, Alison Watts, Milena Alberti und Sydney Webber.

Ich danke Dr. Mehmet Oz dafür, dass er dieses Projekt empfiehlt, und für seine Freundschaft. Deine außergewöhnliche Arbeit ist ein wahrer Segen, und es ist eine Ehre, dein Freund zu sein.

Besonderer Dank gilt Anthony Robbins, Pam Hendrickson, Lisa Sharkey, Dr. David Katz, Jane Friedman, Steve P. Murphy, Ardath Rodale, Bob Wietrak, Edward Ash-Milby, Richard Galanti, Terry Goodman und Natalie Farage für ihre Unterstützung und Freundschaft über Jahre hinweg.

Ich danke euch, Jack Curry und Michele Hatty von der Zeitschrift »USA Weekend«, dafür, dass ihr dabei helft, meine Botschaft jede Woche in den USA zu verbreiten; ich bin für eure Unterstützung und Freundschaft sehr dankbar.

Dank geht auch an Cathie Black, Cathy Chermol, Hilary Estey McLoughlin, Tyra Banks, John Redmann, Sheila Bouttier, Katie Couric, Lisa Gregorisch-Dempsey, Meredith Vieira, Amy Rosenblum, Marc Victor, Diane Sawyer, Chris Cuomo, Patty Neger, Monica Escobedo, Wendy Whitworth, Linda Evans, Karen Katz, Emeril Lagasse, Barbara Walters, Bill Geddie, Donald Berman, Dusty Cohen, Cherie Bank, Ivorie Anthony, Jennifer Austin, Kelli Gillespie und Richard Doutre Jones, die mir ermöglicht haben, meine Botschaft an die Öffentlichkeit zu bringen.

Zu guter Letzt danke ich unseren neuesten Partnern und Freunden, die dieses Projekt wesentlich mitgetragen haben. Dank an Jack Hogan, Brian Hogan, Ron Caporale und Laurie Berger von LifeScript®. An Reid Tracy, Stacey Smith und Louise Hay von Hay House. An Charles Caswell, Richard Davis und Paul Goldberg von GoFit™. An Brent Brookes, Jim Zahniser und Daniel Schwerin von Precor®. An John Wildman, Matt Messinger und Tia Willows von Bally Total Fitness™. An Bruce Barlean und Jade Beutler von Barlean's Organic Oils. Dank an Bonnie Block von Fleishman und an Lauren Fritts, Mary Doherty und Justin Cohn von Gatorade®.

Liebe Leserin, lieber Leser,

»Die 12-Sekunden-Formel« [Originaltitel: 12-Second Sequence™] ist eine neue Trainingsmethode, mit der Sie in kürzester Zeit maximale Resultate erreichen. Worum es dabei geht? Um eine schlankere Taille in zwei Wochen! Wie das gehen kann? Das Geheimnis liegt, wie mein Freund Dr. Mehmet Oz immer wieder sagt, in den Muskeln. Um abzunehmen, ist es nämlich unerlässlich, mageres Muskelgewebe aufzubauen, weil eben dieses den Stoffwechsel antreibt.

»Das ist das ganze Geheimnis. Auf Dauer können Sie kein Gewicht abbauen, wenn Sie keine Muskeln aufbauen. Also: Befolgen Sie Jorges Tipps.« (Dr. Mehmet Oz, Autor von »You: On a Diet«)

Das Problem bei vielen anderen Krafttrainingsprogrammen ist, dass sie die Muskeln nie zur völligen Ermüdung bringen. Zu oft steht nur die Quantität, nicht aber die Qualität des Trainings im Mittelpunkt. Bei der »12-Sekunden-Formel« steht ganz allein die Qualität der Übungen im Mittelpunkt. Jede Übung wird verlangsamt ausgeführt, mit einer 10-Sekunden-Bewegung und einem 2-Sekunden-Stopp, sodass eine völlige Ermüdung der Muskeln erreicht wird und Ihr Körper schneller und effektiver als je zuvor attraktive, fettverbrennende, magere Muskelmasse aufbaut!

Mit meinem neuen Programm trainieren Sie nur **zweimal wöchentlich 20 Minuten.** Sie werden sofort merken, dass dieser Trainingsplan anders ist als alles, was Sie zuvor gemacht haben. Schon in der ersten Woche, ja sogar am ersten Tag werden sich Ihre Muskeln erschöpfter anfühlen als nach anderen Trainingsprogrammen. Ihr Körper wird straffer, fester und viel attraktiver sein! Ihre Kleidung wird besser sitzen, und man wird Sie für Ihr Aussehen bewundern. Sie werden sich auch kräftiger und fitter fühlen und schon nach zwei Wochen eine schlankere Taille haben. Unter www.12second.com mache ich mit Ihnen ein kostenloses Videotraining.

Hier und jetzt fordere ich Sie dazu heraus, dieses Trainingsprogramm in den ersten beiden Wochen mit hundertprozentigem Einsatz anzupacken. Gleich das erste Kapitel wird Sie dazu motivieren, Ihre Hanteln hervorzuholen und noch heute mit dem Training zu beginnen. Ihre Taille wird schlanker werden und Sie werden sich fantastisch fühlen, das verspreche ich Ihnen. Machen Sie in den folgenden sechs Wochen einfach mit dieser Einstellung weiter. Das Fazit nach dieser achtwöchigen Herausforderung: Sie werden in Bikini oder Badehose eine Superfigur machen! Wenn Ihnen das nicht genug Motivation ist, lade ich Sie herzlich zu unserer kostenlosen 100 000-Dollar-Herausforderung ein. Einzelheiten dazu finden Sie unter www.12second.com.

Ich freue mich darauf, Sie online zu treffen.

Ihr Trainer *JORGE CRUISE*

»*Das Leben ist kurz,*
also lebe es richtig.«

Jorge Cruise

EINE AUSSERGEWÖHNLICHE ENTDECKUNG

Etwas ist im Gang in der westlichen Welt. Die Taillen werden immer umfangreicher. Mehr als 60 Prozent der Amerikaner [und etwa 50 Prozent der Deutschen, A. d. Ü.] sind übergewichtig oder sogar fettleibig. Die Tendenz ist steigend. Was bedeutet das für Sie? Wenn Sie übergewichtig sind, egal ob es zwei oder 15 Kilogramm zu viel sind, leben Sie wahrscheinlich nicht das Leben, das Sie leben möchten. Die Extrapfunde zerstören Ihr Selbstwertgefühl und hemmen Ihre Bewegungsfreiheit. Schlimmer noch, es hat sich gezeigt, dass

ein Speckgürtel um die Körpermitte zu lebensgefährlichen Gesundheitsproblemen wie Diabetes-Typ-2, Herzerkrankungen, Bluthochdruck, Krebs oder Schlaganfall führen kann – Bauchfett ist extrem riskant. Ich werde noch erläutern, warum Bauchfett so gefährlich ist, zunächst aber müssen Sie mir glauben, dass Ihre Fitness und Ihre Taillenweite für Ihre Gesundheit von entscheidender Bedeutung sind.

Am Ende dieses Kapitels werden Sie die außergewöhnliche Entdeckung gemacht haben, dass Sie Ihre Taille in nur zwei

Wochen reduzieren können und dabei so fit werden wie nie zuvor. Und dazu sind nur zwei 20-minütige Trainingseinheiten pro Woche nötig, die Sie zu Hause oder im Studio absolvieren können. Sie müssen nicht mehr stundenlang schwitzen, um endlich sichtbare Fortschritte zu machen. Ab sofort werden Sie nie wieder Ihre Zeit mit ineffektiven Trainingsmethoden verschwenden.

König Fettsack

Ich weiß, was es heißt, sich im eigenen Körper unwohl zu fühlen. Ich war ein dickes Kind. Meine ganze Familie aß nur allzu gerne schweres und sehr reichhaltiges Essen in riesigen Portionen. Meine Mutter und meine Großmutter waren der Ansicht, dass ein Kind die Liebe mit dem Essen bekommt – und ich kann sagen, dass ihre Liebe für zwei normale Kinder gereicht hätte! Ich wurde so pummelig, dass meine Mutter mich »el rey« nannte, was zu Deutsch »der König« bedeutet. Aber mein überschüssiges Fett, besonders das am Bauch, machte mir mehr und mehr zu schaffen, sowohl körperlich als auch seelisch.

Fitness spielte in meiner Familie nie eine Rolle; mein Vater arbeitete zehn Stunden am Tag und hielt Fitnesstraining für zu anstrengend und zeitraubend. Infolge der schlechten Ernährung und des Bewegungsmangels war ich bereits mit 15 Jahren am Ende. Ich war antriebslos, hatte täglich Kopfschmerzen und so schlimmes Asthma, dass ich im Sportunterricht keine Runde laufen konnte, ohne zu keuchen. Meine Klassenkameraden lachten mich aus und nannten mich Fettarsch

und Specki. Ich wurde nie in ein Team gewählt. Ich machte nie bei Ballspielen mit und schaffte nicht einen einzigen Liegestütz oder Klimmzug. Ich schämte mich so sehr für meinen Körper, dass mein Selbstwertgefühl darunter litt. Aber niemand – schon gar nicht meine Familie, die mich so sehr liebte – kam auf die Idee, dass ich mich nur deshalb so schwer tat, weil ich mich zu wenig bewegte und mich ungesund ernährte.

Erst nach einem lebensbedrohlichen Ereignis sah ich ein, dass mich meine Art zu leben umbringen konnte. Als Teenager hatte ich einen Blinddarmdurchbruch und wäre um ein Haar daran gestorben. Während der langwierigen Rekonvaleszenz dachte ich erstmals darüber nach, ein gesünderer Mensch zu werden. Mir wurde klar, dass ich gar nicht das

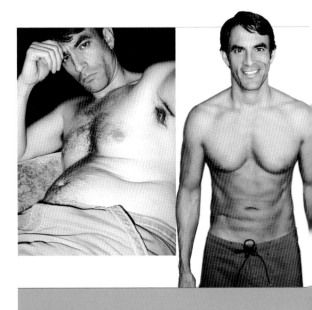

>>> Jorge mit 17 Kilo weniger!

nötige Rüstzeug für eine gesunde Lebensführung besaß, doch schon darüber nachzudenken war für mich ein gewaltiger Schritt.

Nicht lange nach meinem Blinddarmdurchbruch stieß meinem Vater etwas zu, das unser beider Leben für immer veränderte. Bei ihm wurde Prostatakrebs diagnostiziert und man sagte ihm, dass er ohne Eingriff nur noch ein Jahr zu leben hätte. Anstatt sich einer konventionellen, invasiven Behandlung zu unterziehen, meldete er sich bei einem alternativen Gesundheitszentrum in San Diego an, dem *Optimum Health Institute*, um dort zu lernen, wie er durch die Veränderung seiner Lebensgewohnheiten seinen Körper reinigen, verjüngen und heilen könnte. Ich meldete mich zusammen mit meinem Vater an, vor allem, um ihn emotional zu unterstützen, doch dann lernte auch ich dort Dinge über Fitness und über Ernährung, die mein Leben verändert haben. Der Krebs meines Vaters ging in Remission, meine Kopfschmerzen und mein Asthma verschwanden. Wir wurden beide gesund, bekamen mehr Energie und eine ganz neue Wertschätzung für das Leben.

Mein Vater war nicht das einzige Familienmitglied, dessen Gesundheit unter den Folgen seines Lebenswandels zu leiden hatte. Meine Großeltern waren beide deutlich übergewichtig. Sie machten sich nicht viele Gedanken über ihre Gesundheit, bis meine Großmutter einen Schlaganfall erlitt. Während sie zur Genesung im Krankenhaus lag, ließ sich mein Großvater durchchecken und erfuhr, dass sein Blutdruck gefährlich hoch war. Der

Arzt meinte, dass es nur eine Frage der Zeit sei, bis auch mein Großvater einen Schlaganfall bekäme. Derart wachgerüttelt beschlossen meine Großeltern, von den Erfahrungen, die mein Vater im Gesundheitszentrum gemacht hatte, zu lernen und ein gesünderes Leben zu führen. Leider war es für meine Großmutter zu spät; sie hatte wenig später einen zweiten Schlaganfall und starb. Mein Großvater trauerte sehr um seine Frau und änderte daraufhin viele seiner schlechten Gewohnheiten. Er nahm an die 25 Kilogramm ab und konnte seinen Blutdruck erheblich senken. Er verbesserte seine Gesundheit und veränderte damit auch sein Leben. Von da an machte ich es mir zum Lebensziel, fit zu werden und anderen Menschen zu einem längeren, gesünderen und besseren Leben zu verhelfen.

Ich studierte Ernährungs- und Trainingswissenschaften sowie Psychologie. Ich lernte von meinen Dozenten an der *University of California* in San Diego, am *Dartmouth College* und am *Cooper Institute for Aerobics Research Studies* so viel ich konnte. Ich ließ mich als Personal Trainer zertifizieren und durchforstete das offenbar unerschöpfliche Angebot an Modediäten und Trainingsmethoden. Als ich so weit war, stellte ich eine Internetseite auf die Beine, auf der man online Hilfe zum Fitwerden bekommen konnte. Es klappte. Und bald darauf geschah etwas Großartiges: Meine Internetseite und eine meiner Onlineklientinnen waren Thema in der Oprah Winfrey Show. Das war ein unglaublicher Moment, der mein Leben verändert hat! Ich erhielt tausende von E-Mails, in denen mich Menschen um Hilfe baten. Dies ermutigte mich, eine Buchreihe für Trainingsanfänger, »*8 Minutes in the Morning*«, zu entwickeln, die zum Bestseller wurde. Diese Bücher waren für Anfänger gedacht, die einen einfachen Plan brauchten, um loszulegen. Dann erreichten mich über meine Homepage immer mehr E-Mails, in denen man mich bat, eine gesunde, wirksame und leckere Diät zu entwickeln. Und so schrieb ich eine Buchreihe mit dem Titel »The 3-Hour Diet« (Die 3-Stunden-Diät). Auch diese Serie wurde sehr erfolgreich. Egal ob Student, Vollzeitmutter oder Filmstar, viele aßen zum ersten Mal gesund und nahmen dadurch schnell ab.

Und nun komme ich zu dem Buch, das Sie in Händen halten. Wie Sie sich vielleicht vorstellen können, kamen weiterhin Anfragen per E-Mail, aber diesmal ging es um etwas anderes. Ich sollte einen Trainingsplan aufstellen, mit dem in kürzester Zeit maximale Resultate erzielt werden können – und zwar unkompliziert. Viele fragten mich, wie sie ihre Taillenweite schnell reduzieren und eine absolute Topform erreichen könnten. Sie verlangten Resultate, die keines meiner bestehenden Programme zu bieten hatte. Dies gab mir den Antrieb für ein außergewöhnliches Projekt.

Ein wissenschaftlicher Durchbruch

Die Trainingswissenschaft hat in letzter Zeit erstaunliche Entdeckungen gemacht. Forscher haben herausgefunden, dass Krafttraining, das man zweimal wöchentlich ausübte, besonders dem Fettansatz am Bauch vorbeugen kann. Krafttraining macht Sie also nicht nur straffer und fitter, sondern kann auch die gefährlichste Sorte Bauchfett schrumpfen lassen: das viszerale Fett. Dieses tief liegende Bauchfett sorgt nicht nur dafür, dass wir dick aussehen und uns schlecht fühlen, sondern verursacht auch schwere gesundheitliche Probleme.

Eine Studie der *East Carolina University* hat gezeigt, dass Krafttraining nicht nur

---

→

Wie die Muskeln im Ruhezustand Fett verbrennen

Gäbe es eine Zauberformel, die Ihr Fett verbrennt und Ihre Taille schrumpfen lässt, während Sie nichts tun, müsste sie lauten: »magere Muskelmasse«. Magere Muskelmasse ist nämlich metabolisch aktiv. Was das bedeutet? Muskeln, die metabolisch aktiv sind, brauchen Energie, um zu funktionieren. Anders gesagt, sie verbrauchen Kalorien. Fettgewebe verbraucht dagegen nur sehr wenig Energie. Die Trainingswissenschaftlerin Marla Richmond hat Fett sogar als »vergleichsweise faules Gewebe« bezeichnet.

Die Muskeln sind das metabolisch aktivste Gewebe Ihres ganzen Körpers. Sie verschlingen tonnenweise Sauerstoff und andere Nährstoffe, um sich zu ernähren und optimal zu arbeiten. Weil sie so viele

Kalorien verbrauchen, sind die Muskeln die wichtigste Determinante Ihres Ruhestoffwechsels. Je mehr magere Muskelmasse Sie haben, desto reger ist Ihr Stoffwechsel und desto mehr Kalorien verbrauchen Sie durch reines Nichtstun. Das ist jedoch nur ein Teil des Erfolgsgeheimnisses der »12-Sekunden-Formel« [im Original: The 12-Second Sequence™], aber noch lange nicht alles, also lesen Sie weiter!

Es gibt eine ganze Reihe wunderbarer Studien, die nahelegen, dass Ihre magere Muskelmasse deutlichen Einfluss auf Ihren Ruhestoffwechsel ausübt. Eine Studie, die die *National Institutes for Health (NIH)* durchgeführt haben, hat gezeigt, dass die Muskelmasse einen großen Beitrag zum gesamten Energieumsatz (den verbrannten Kalorien) leistet. Die Forscher des NIH fanden heraus, dass »die Muskeln 40 bis 50 Prozent des Körpergewichts ausmachen (...) und daher quantitativ die wichtigste Gewebeart des Körpers sind.«

Laut einiger hochinteressanter neuer Forschungsergebnisse greift eine Steigerung des Ruhestoffwechsels tatsächlich gezielt das Bauchfett an. Wenn Sie also Ihren Stoffwechsel anregen, erhöhen Sie die Menge des Bauchfetts, das Sie verbrennen, ohne irgendetwas zu tun.

Vor Kurzem hat eine erstaunliche Studie der *American Heart Association (AHA)* herausgefunden, dass man mit Krafttraining Bauchfett vorbeugen kann. Die Forscher entdeckten, dass Frauen, die zweimal in der Woche mit Gewichten trainiert haben, das Ansetzen der »Jahresringe« aufhalten oder verlangsamen konnten. Sie haben die Wirkungen zusätzlicher Muskelmasse bei 164 Frauen zwischen 24 und 44 Jahren untersucht. Nach zwei Jahren Krafttraining hatten die Frauen fast vier Prozent ihres gesamten Körperfetts verloren, während die Teilnehmerinnen, die nicht trainierten, kein Körperfett verloren haben. Besonders auffällig war, dass die Frauen, die Krafttraining betrieben, im Vergleich mit der Gruppe, die nicht trainiert hat, »die Fettzunahme am Bauch dramatisch einschränken« konnten.

Eine weitere Studie, die Forscher in Navarra in Spanien durchgeführt haben, zeigt, dass eine Zunahme an Muskelmasse den Ruhestoffwechsel steigert, wodurch wiederum das Bauchfett verringert wird. Die spanischen Forscher untersuchten Männer mit Diabetes-Typ-2, um herauszufinden, ob zusätzliche Muskelmasse eine Wirkung auf das Fett am Bauch hat. Nach einer 16-wöchigen Trainingsperiode stellten die Forscher eine Abnahme des Bauchfetts um durchschnittlich etwa zehn Prozent fest!

Zu guter Letzt noch meine Lieblingsstudie: Die *University of Alabama* in Birmingham unterzog 15 Frauen einem 16-wöchigen Krafttrainingsprogramm. Am Ende der 16 Wochen fanden die Forscher heraus, dass die Frauen ihren Grundumsatz (Ruhestoffwechsel) »bedeutend« gesteigert hatten. Überdies hatten sie ihr Bauchfett um 7,1 Prozent verringert. Die Frauen bekamen in dieser Studie nicht nur eine schlankere Taille, sie verbesserten auch ihre gesamte körperliche Verfassung und machten damit den ersten Schritt in ein aktives, gesundes Leben.

während des Trainings die Verbrennung des Bauchfetts steigert, sondern auch noch während der 40 Minuten danach! Die Forscher schlossen daraus, dass Krafttraining nicht nur das Bauchfett verbrennt, sondern auch die Fetteinlagerung verhindert und am ganzen Körper Fett verbrennt.

Im dritten Kapitel werde ich Ihnen mein neues Programm in allen Einzelheiten darlegen, vorerst aber versichere ich Ihnen, dass Sie nicht länger zur Risikogruppe für Wohlstandserkrankungen wie Herzinfarkt und Diabetes gehören müssen. Ich möchte Ihnen das verschaffen, was Ärzte als Ideal ansehen (und was am Strand eine gute Figur macht!): eine Taillenweite von unter 90 Zentimetern bei Männern und unter 83 Zentimetern bei Frauen. Ich biete Ihnen eine einfache und unglaublich wirkungsvolle Methode, um dies zu erreichen.

Eine neue Methode: die 12-Sekunden-Formel!

Krafttraining ist eine Grundvoraussetzung, um fit zu werden, da es magere Muskelmasse aufbaut, die das Fett verbrennt – besonders das Bauchfett. Bisher aber waren die meisten Krafttrainingsprogramme zu kompliziert und zu zeitaufwendig. Daher haben mein Fitnessteam und ich zwei Jahre damit verbracht, den ultimativen Fitnessplan zu erstellen – eine revolutionäre Krafttrainingsmethode. Und diese Methode nennen wir die »12-Sekunden-Formel«. Sie ist ein echter Durchbruch.

Die »12-Sekunden-Formel« ist die effizienteste Methode, die es je gab, um magere Muskelmasse zu bilden, Bauchfett zu verbrennen und Sie in Topform zu bringen. Sie werden Ihre Zeit nie mehr mit unzähligen Wiederholungen im Fitnessstudio oder mit stundenlangem Laufen auf dem Laufband verschwenden. Unser Training ist so raffiniert und punktgenau, dass Sie kein anderes mehr ausprobieren werden. Die »12-Sekunden-Formel« besteht aus zwei wirkungsvollen und lang erprobten Trainingstechniken: langsame Abfolgen (*slow cadence lifting* oder *SuperSlow*) und statische Kontraktion. Bis jetzt hat kein anderes Fitnessprogramm diese beiden Techniken kombiniert. Beim Training mit langsamen Abfolgen werden die Übungen so abgebremst, dass für das Heben und Senken jeweils zehn Sekunden gezählt werden. Bei der statischen Kontraktion wird das Gewicht bzw. der Widerstand an einem entscheidenden Punkt eine bestimmte Zeitlang gehalten. Diese einzigartige Hybridtechnik nenne ich kontrollierte Spannung. Obwohl kontrollierte Spannung für sich genommen bereits eine außerordentliche Trainingsmethode ist, fehlt uns noch ein Puzzleteil.

Neuerdings bin ich ein großer Fan von Zirkeltraining, da ich herausgefunden habe, dass ich so für meinen ganzen Körper nur ein paar Trainingseinheiten pro Woche brauche und dabei noch Cardiotraining mitnehme. Beim Zirkeltraining macht man ohne Ruhepause eine Übung nach der anderen. Dadurch bleibt die Herzfrequenz während des gesamten Trainings erhöht. Und für das Herz-Kreislauf-System ist das ein tolles Training. Diese letzte Komponente macht meine Methode zum ultimativen Fitness-Komplettpaket.

Alles in allem glaube ich, dass die »12-Sekunden-Formel« das effektivste Fitnessprogramm ist, das es gibt. Es ist für die meisten Menschen das einfachste und praktikabelste Programm. In den USA und der ganzen westlichen Welt gibt es unzählige Personen wie Sie und mich, die gesund und fit sein wollen, ein Fitnessprogramm aber nur schwer in ihrem ausgefüllten Alltag unterbringen können. Leider hat unser Lebensstil eine übergewichtige, bewegungsarme Bevölkerung hervorgebracht, die in einem Maße an vermeidbaren Krankheiten leidet wie nie zuvor. Es wird Zeit, das zu ändern. Ich will, dass Sie ein langes, gesundes, glückliches, aktives und erfülltes Leben haben. Und deshalb ist es so wichtig, dass Sie noch heute mit dem Programm beginnen.

Die »12-Sekunden-Formel« kann Ihr Weg zur ultimativen Bestform werden, aber Sie werden dabei sicherlich auf das beste Werkzeug und die besten Ressourcen zurückgreifen wollen. Sie können es sich auch als Hausbau vorstellen. Wenn

→

Wie Sie jeden Tag 20 Prozent mehr Kalorien verbrennen

Nehmen wir an, Sie sind eine durchschnittliche, 1,63 Meter große Frau, die 73 Kilogramm wiegt. Das bedeutet, dass Sie bisher etwa 1800 Kalorien am Tag verbrennen. Zu wenig? Dann passen Sie auf: An den Tagen, an denen Sie nach meiner Methode trainieren (zweimal pro Woche), verbrennen Sie mit jeder Trainingseinheit 200 Kalorien, das macht 400 Kalorien pro Woche. Das steigert den Stoffwechsel um drei Prozent.

Aber die positiven Nachwirkungen kommen erst noch und das alles ohne weiteres Training. Zunächst kommt der sogenannte Nachbrenn-Effekt, der nach jeder Trainingseinheit (zweimal pro Woche) 200 weitere Kalorien verbrennt, also noch mal 400 Kalorien pro Woche. Das steigert den Stoffwechsel um weitere drei Prozent. Jawohl! Das Beste kommt zum Schluss:
Die »12-Sekunden-Formel« lässt Sie bis zu zweieinhalb Kilogramm fettverbrennende magere Muskelmasse bilden. Über den Daumen gepeilt verbrennt ein Kilo Muskeln am Tag 100 Kalorien, daher können Sie noch 250 verbrannte Kalorien am Tag oder 1750 in der Woche dazuzählen. Das pusht den Stoffwechsel um weitere 14 Prozent. Wunderbar!

Übersicht:

400 kcal   (durch das Training)
400 kcal   (durch den Nachbrenn-Effekt)
+ 1750 kcal   (durch die magere Muskel-
                        masse)
2550 Kalorien, die pro Woche zusätzlich verbrannt werden. 20 Prozent mehr!

Geteilt durch sieben Wochentage ergibt dies einen täglichen Mehrumsatz von 364 Kalorien bzw. eine Steigerung des Stoffwechsels um 20 Prozent!

Sie mit dem falschen Baumaterial oder den falschen Plänen arbeiten, müssen Sie bald alles abreißen und von vorne beginnen. Deshalb habe ich eine Menge Vorarbeit für Sie erledigt, damit Sie das richtige Werkzeug haben, um magere Muskelmasse auf- und Bauchfett abzubauen. Von mir empfohlene Produkte finden Sie im Anhang ab Seite 238. Hier und jetzt fordere ich Sie dazu heraus, sich auf acht Wochen mit der »12-Sekunden-Formel« einzulassen. Ich verspreche Ihnen, dass Sie bereits in den ersten zwei Wochen drastische Ergebnisse sehen werden. Nicht nur Ihr Bauch wird dahinschwinden, Sie werden auch bemerken, dass sich Ihr allgemeines Wohlbefinden verbessert. Und am Ende der achtwöchigen Herausforderung werden Sie sichtbar und fühlbar in absoluter Bestform sein. Sie werden sich gesünder denn je fühlen. Sie werden sich stark und fit und voller Selbstvertrauen fühlen. Sie werden eine innere Kraft spüren, die Sie noch nie zuvor erlebt haben. Und Sie werden umwerfend aussehen! Sobald Sie damit beginnen, Muskeln zu bilden und Fett zu verbrennen, sitzt Ihre Kleidung lockerer, und Ihre Muskeln werden immer stärker definiert. Sie werden von allen Seiten zu hören bekommen, wie toll Sie aussehen. Und durch das Verbrennen des Bauchfetts werden Sie zudem das Risiko verringern, Herzerkrankungen, Diabetes, Krebs und andere lebensbedrohliche Krankheiten zu bekommen.

Und das Beste kommt noch: Sie werden Ihren Ruhestoffwechsel um bis zu 20 Prozent steigern! Indem Sie magere Muskelmasse aufbauen, erhöhen Sie Ihren Kalorienumsatz im Ruhezustand. Sie werden Ihren Körper quasi dazu bringen, jede Woche ganz von selbst Hunderte von Kalorien zu verbrennen – und zwar auch dann, wenn Sie nicht trainieren. Stellen Sie sich vor, Sie können Fett verbrennen, während Sie schlafen oder am Computer sitzen! Von allen Vorteilen, die mein Plan hat, ist mir dies der Wichtigste. Sind Sie bereit für einen neuen Körper? Fangen wir also an!

Ross Colling

Alter: 33
Größe: 1,93 m
Gewichtsabnahme: 13 kg

>>> Ross mit 13 Kilo weniger!

»Bevor ich diese Methode ausprobiert habe, habe ich jeden Tag über mein Gewicht nachgedacht und darüber, wie unzufrieden ich mit meinem Körper war. Ich habe alle möglichen Diäten und Fitnessmethoden ausprobiert, unter anderem die Atkins-Diät, Body-for-Life und Weight Watchers, alles ohne Erfolg.

Die ›12-Sekunden-Formel‹ hat meine ganze Lebensweise verändert. Ich fühle mich toll und habe viel mehr Energie. Das Beste sind aber die Komplimente, die ich von Bekannten, Verwandten und sogar von Fremden bekomme. Vor ›12 Sekunden!‹ habe ich unausgewogen und ungesund gelebt. Ich habe ständig zu viel gegessen, zu viel trainiert und zu wenig geschlafen. Jetzt fühle ich mich viel lebendiger und kann das Leben genießen.«

ROSS' ERFOLGSGEHEIMNISSE

→ Plane eine feste Zeit für deine beiden wöchentlichen Trainingseinheiten ein.

→ Bereite jeden Abend deine Mahlzeiten und Snacks für den nächsten Tag zu und packe alles in Vorratsdosen ein.

→ Erinnere dich an die Zeit, als du mit deinem Körper noch zufrieden warst oder mit deinem Leben. Denke an das Selbstvertrauen und die Selbstwahrnehmung, die du damals hattest, und lass dich dadurch für die »12-Sekunden-Formel« motivieren.

»Ich trainiere viel weniger als je zuvor und mache immer mehr Fortschritte. Wenn ich nach der ›12-Sekunden-Formel‹ trainiere, habe ich nach 20 Minuten Schweißperlen auf den beanspruchten Muskeln – es ist echt intensiv.Es geht genau an die Grenzen, aber nicht darüber hinaus.«

Ross Cooling, »12-Sekunden«-Star, 13 Kilogramm Gewichtsverlust

MEHR IST EIN MÄRCHEN

Wahrscheinlich haben Sie schon alles ausprobiert – Laufband bis zum Umfallen, Bauchweg-Trainer, herkömmliches Gerätetraining, Yoga, Pilates und all die anderen Fitnesstrends. Und wahrscheinlich haben Sie immer wieder gemerkt, dass Sie eine Menge Zeit investieren müssen, bevor irgendetwas dabei herauskommt. Das ist sehr frustrierend. Die meisten meiner Kundinnen und Kunden kommen zu mir, weil sie denken: »Ich habe weder die Zeit noch den Antrieb, um echte Resultate zu schaffen, deshalb werde ich

nie fit werden.« Was sie nicht verstehen, ist, dass sie gar nicht viele Stunden in der Woche trainieren müssen, um topfit zu werden. Ich verrate Ihnen jetzt einen Grundsatz, der Sie das Training von einer ganz anderen Seite sehen lassen wird: Mehr heißt nicht unbedingt besser. Sie haben sich bis jetzt von dem Grundsatz »Je mehr, desto besser« fehlleiten lassen und dieser Irrglaube hat Sie letztlich daran gehindert, Ihre Bestform zu erreichen. In Bezug auf Fitnesstraining müssen Sie für eine völlig neue Denkweise offen sein und mit meiner Methode bieten wir Ihnen den Schlüssel dazu.

In diesem Kapitel werden Sie die drei größten Fitnessmärchen durchschauen. Sie müssen diese Irrtümer erkennen, damit Sie Ihre Zeit nie wieder verschwenden. Worum geht es? Viele Leute glauben, dass sie ihre Wunschmaße nur mit erstens, mehr Ausdauertraining oder zweitens, mehr Wiederholungen oder drittens, mehr Trainingseinheiten erreichen. Auf diese Weise können Sie sicherlich fitter werden, aber Sie werden garantiert nicht den Traumkörper bekommen, den Sie mit der »12-Sekunden-Formel« erreichen. Wenn Sie erst diese weit verbreiteten Fitnessfallen und -fehler durchschaut haben, werden Sie verstehen, wie mein Plan Ihren Körper revolutionieren wird.

Das erste Märchen: mehr Ausdauertraining

Bevor Sie die »12-Sekunden-Formel« kennengelernt haben, dachten viele meiner Kunden, dass Ausdauertraining wie Joggen, Radfahren oder Treppenlaufen der beste Weg sei, um ihren Wunschkörper zu formen. Aerobes Training ist auch außerordentlich gesund für das Herz-Kreislauf-System, aber es kann Ihre Körperform bei weitem nicht so effektiv verändern wie Krafttraining. Überlegen Sie: Ein Mensch verbrennt durchschnittlich 60 Kalorien pro gelaufenem Kilometer. Ein Pfund Fett entspricht 3900 Kalorien. Das heißt, dass man 62 Kilometer laufen muss, um nur ein einziges Pfund Fett zu verbrennen! Das ist nicht effizient genug. Warum ist Herz-Kreislauf-Training nicht

so effizient in der Fettverbrennung wie Krafttraining? Beim aeroben Training fehlt ein signifikanter Nachbrenn-Effekt. Ich habe diesen Begriff bereits im ersten Kapitel verwendet. Aber was ist nun eigentlich der Nachbrenn-Effekt? Er besteht in den zusätzlichen Kalorien, die Ihr Körper nach dem Training verbrennt. Der Fachbegriff für den Nachbrenn-Effekt ist *Excess Post-Oxygen Consumption (EPOC)* und bezeichnet den vom Körper betriebenen Energieaufwand zur Wiederherstellung der Homöostase, der Selbstregulation. Anders ausgedrückt: Während des Nachbrenn-Effekts regeneriert der Körper seine gesamten Energiequellen, reichert das Blut mit neuem Sauerstoff an und reguliert Kerntemperatur, Herzschlag und Atemfrequenz. Das kann mehrere Stunden dauern.

Während dieser »Überstunden« verbrennt der Körper sogar mehr Kalorien als beim Trainieren selbst. Im Nachbrenn-Effekt wirkt Ihr Training also noch stundenlang kalorienverbrennend nach!

Forschungen haben ergeben, dass Krafttraining – das Herz der »12-Sekunden-Formel« – viel tiefgreifender auf die Homöostase einwirkt als Cardiotraining. Daher verbraucht Ihr Körper nach dem Hantelstemmen mehr Kalorien für die Selbstregulation als nach dem Laufen. Das bedeutet, dass Sie durch Krafttraining mehr und länger Kalorien verbrennen als durch Cardiotraining allein. Und das ist unser Ziel – Ihren Stoffwechsel so lange wie möglich hochzupushen, um das Fett zu verbrennen.

In einer Studie an der *Colorado State University* wurde bei einer Gruppe von

→

Ein Wort an die Männer

Männer glauben oft, dass die einzig wahre Art, Muskeln aufzubauen, darin besteht, sehr schwere Gewichte zu stemmen. Und es stimmt auch, dass beim Gewichtheben das Muskelgewebe an seine Grenze kommt. Das ist nicht schlecht, und wir werden im dritten Kapitel noch näher darauf eingehen; zum Muskelaufbau ist es unerlässlich. Leider aber kann das Training mit extrem hohen Gewichten sehr gefährlich sein und Verletzungen mit sich bringen. Gerade Anfänger geraten in Versuchung, mit sehr hohen Gewichten zu trainieren, da sie darin scheinbar die einfachste Methode sehen, um Muskeln aufzubauen – ein folgenschwerer Fehler. Sie sind von Anfang an Verletzungen ausgesetzt, ganz zu schweigen von völlig unnötigem Muskelkater.

Nur wenige denken an die Risiken, die damit verbunden sind. Eine Studie, die im »International Journal of Sports Medicine« veröffentlicht wurde, legt dar, dass das Trainieren mit Gewichten zu Knochenbrüchen, Verrenkungen, Hernien und Knieverletzungen führen kann. Warum ist diese Art zu trainieren so gefährlich? Wenn man zu schwere Gewichte hebt, kann man die Bewegungen nicht exakt ausführen. Mangelhafte Ausführung erhöht nicht nur das Verletzungsrisiko, sondern hemmt auch die Muskelentwicklung. Wenn man die Übungen nicht richtig ausführt, verlagert man das Gewicht auf kleinere Muskelgruppen, und so wird der Muskel, der eigentlich trainiert werden soll, nicht ausreichend beansprucht. Immer wieder sehe ich, wie Männer im Fitnessstudio Bizeps-Curls mit 35-Kilo-Hanteln ausprobieren. Das schaffen sie nur, indem sie die Hanteln mit Wucht hochreißen, was den Rücken über- und den Bizeps entlastet. Auf diese Weise erhöht man sein Verletzungsrisiko und betrügt sich um ein effektives Training. Unter dem Strich ist es reine Zeitverschwendung. Es mag im Spiegel beeindruckend wirken, aber für den Körper bringt es kaum mehr als Qual und Verschleiß.

Testpersonen der EPOC nach dem Krafttraining und nach dem aeroben Training verglichen. Die Forscher fanden heraus, dass das Krafttraining einen deutlich höheren EPOC nach sich zieht, sodass 14,5 Stunden nach Ende des Trainings noch Kalorien verbrannt wurden. Im »International Journal of Sport Nutrition and Exercise Metabolism« erschien eine weitere Studie, die den EPOC bei Frauen untersuchte, die Krafttraining betrieben. Ihr durchschnittlicher EPOC war um 13 Prozent höher als ihr Sauerstoffumsatz vor dem Training und dieser Wert blieb 16 Stunden lang erhöht.

Das zweite Märchen: mehr Wiederholungen

Wenn Sie bereits Krafttraining gemacht haben, ohne die gewünschten Resultate zu sehen, haben Sie wahrscheinlich zu viele Wiederholungen bei zu geringem Gewicht gemacht. Besonders Frauen begehen oft den Fehler, zu leichte Gewichte zu wählen und dann zu viele Wiederholungen zu machen, weil sie keine Muskelberge wollen. Diese Technik ist jedoch zu ineffizient, um damit Ihre Fitnessziele zu erreichen.

Denken wir uns eine Frau, die ihren Trizeps trainieren will. Sie greift etwa zu einer 1-Kilo-Hantel und macht 30, 40 Kickbacks. Dann hört sie auf, nicht etwa, weil die Übung zu schwer wäre, sondern weil ihr langweilig ist. Sie schwitzt ein bisschen, ihr Puls ist nach oben gegangen und es fühlt sich für sie nach Training an, aber dabei kommt nicht das heraus, was sie erwartet. Schließlich ist sie frustriert und fragt sich, was sie denn falsch gemacht hat. Was viele Frauen nicht wissen, ist, dass sie einfach nicht den nötigen Testosteronspiegel haben, um große Muskeln wachsen zu lassen. Frauen produzieren 30 Prozent weniger von diesem Hormon als Männer; daher können sie ohne den Einsatz gefährlicher Steroide einfach keine Muskelberge bekommen.

Forschungen haben gezeigt, dass man mit leichten Gewichten und vielen Wiederholungen nicht genügend Widerstand ein-

→

Welche Rolle der Schlaf spielt

Weil für die »12-Sekunden-Formel« nicht mehr Zeit investiert werden muss als zweimal 20 Minuten pro Woche, werden Sie eine Menge Zeit übrig haben. Was machen Sie am besten mit der neu gewonnenen Freizeit? Gönnen Sie sich mehr Schlaf. Genug zu schlafen, ist wichtiger als Sie denken. Die meisten Menschen bringen sich durch Stress und berufliche oder private Pflichten nachts um ihren Schlaf, oder auch, weil sie die Bedeutung des Schlafs schlicht unterschätzen. Der Schlaf hat enorme Auswirkungen auf Ihr Leben und Ihre Gesundheit und kann entscheidend für Ihr Aussehen und Wohlbefinden sein. Wenn Sie pro Tag acht Stunden Schlaf bekommen, geben Sie Ihrem Körper die Gelegenheit, sich zu erholen und seine Batterien wieder aufzuladen. Im Schlaf bilden sich Wachstumshormone, die für den Aufbau von magerer Muskelmasse uner-

lässlich sind. Wenn Sie nicht genug Schlaf bekommen, haben die Muskeln, die Sie mit viel Schweiß bis an ihre Grenzen gebracht haben, keine Chance sich zu regenerieren. Infolgedessen bleiben die erwünschten Veränderungen Ihres Körpers aus, da Sie genau die Zeit, in der er sich optimal erholen könnte, nicht nutzen. Am besten erholt sich der Körper, wenn Sie volle acht Stunden Schlaf bekommen – als Minimum sollten Sie sich sechs Stunden setzen. Ich weiß, dass es schwierig sein kann, aber zu wenig zu schlafen, ist, als wenn man etwas sät und den Samen dann jeden Tag wieder ausgräbt, um zu sehen, ob er wächst – Sie werden weder Blüte noch Frucht zu Gesicht bekommen, wenn Sie der Pflanze Nahrung und Ruhe entziehen. Ich selbst habe diese Lektion erst vor Kurzem gelernt – und meine Gesundheit und Lebensqualität dadurch stark verbessert.

setzt, um neue magere Muskelmasse aufzubauen. Laut Aussagen eines Professors an der *West Virginia University School of Medicine* machen Sätze mit 25 Wiederholungen in niedriger bis sehr niedriger Intensität keinen Sinn zur Vermehrung magerer Muskelmasse. Um Muskelgewebe bilden zu können, müssen Sie den Muskel derartig überlasten, dass mikroskopisch kleine Risse in den Muskelfasern entstehen. Mit der Heilung dieser Risse erzeugt Ihr Körper magere Muskelmasse und wird kräftiger. Im nächsten Kapitel werden wir noch näher auf das Muskelgewebe eingehen, vorerst müssen Sie nur begreifen, warum Sie mit leichten Gewichten Ihren Körper nicht wirksam formen können.

Da leichte Gewichte nicht ausreichend Widerstand bieten, um Muskelgewebe aufzubauen, taugen sie eher zum Ausdauer- als zum Krafttraining. Was das bedeutet? Kein Nachbrenn-Effekt und keine neue magere Muskelmasse, die Fett verbrennen kann. Wenn Sie mit leichten Gewichten arbeiten, verbrennen Sie zwar während des Trainings Kalorien, aber die Verbrennung hört mit dem Ende des Trainings auf. Wenn Sie mit leichten Gewichten arbeiten, nehmen Sie nicht die Fähigkeit Ihres Körpers wahr, noch Stunden nach dem Training Kalorien zu verbrennen.

Das dritte Märchen: mehr Trainingseinheiten

Lassen Sie uns zu guter Letzt darüber sprechen, wie viele Einheiten pro Woche Sie absolvieren, also wie oft Sie im Durchschnitt pro Woche trainieren. Viele meiner Kunden glauben, dass sie täglich etwas tun müssen, um gute Resultate zu erreichen. Aber beim Krafttraining brauchen Sie keinesfalls mehr als zwei Einheiten pro Woche. Nicht mehr! Warum? Weil Ihr Körper, wenn Sie nur intensiv genug trainieren, die restlichen fünf Tage der Woche zum Ausruhen und Regenerieren braucht. Den wenigsten Menschen ist klar, dass Muskeln nur in der Zeit stärker und straffer werden, in der sie in Ruhe gelassen werden. Wenn Sie nicht zulassen, dass Ihr Körper sich ausruht und regeneriert, schaden Sie sich nur.

Das *American College of Sports Medicine (ACSM)* empfiehlt: »Mindestens ein Erholungstag sollte in jede Trainingswoche eingefügt werden.« Geben Sie Ihren Muskeln nicht genug Zeit zur Erholung, können die Muskelrisse nicht verheilen und zu dem kraftvollen, schlanken, wohlgeformten Aussehen beitragen, das Sie anstreben. Wenn Sie sich zwischen den Trainingseinheiten nicht ausruhen, machen Sie all Ihre Mühen zunichte.

Fazit: Es wird Zeit, den herkömmlichen Fitnessgrundsatz »Je mehr, desto besser« hinter sich lassen. Die Methoden, die daraus entstanden sind, haben nur Ihre Zeit vergeudet. Mit meiner Methode lassen Sie diese Fehlschläge hinter sich und kommen endlich Ihren Fitnesszielen näher. Nehmen Sie die Herausforderung an und nutzen Sie die Chance, Ihr Leben zu verändern. Fangen wir an.

»Schon in der ersten Woche habe ich mich stärker, fitter und lebendiger gefühlt. Und vor allem habe ich bemerkt, dass ich mehr Aufmerksamkeit und jede Menge bewundernder Blicke bekomme!«

Annabelle Espiritu, »12 Sekunden«-Star, 6,5 Kilogramm Gewichtsverlust

WAS IST DIE
»12-SEKUNDEN-FORMEL«?

Jetzt ist es an der Zeit, Ihnen meine revolutionäre Methode vorzustellen, die
Ihren Stoffwechsel jeden Tag um 20 Prozent anheizt, Ihre Taillenweite drastisch
reduziert und Sie besser aussehen lässt
als je zuvor – und das alles mit nur zwei
einfachen, 20-minütigen Trainingseinheiten, die Sie zu Hause oder im Fitnessstudio machen können. Sind Sie bereit?
Los geht's!

So funktioniert's

Die Formel, die hinter der Effizienz
der »12-Sekunden-Formel« und ihren
schnell sichtbaren Resultaten steckt, ist
meine Methode der kontrollierten Spannung, die ich bereits im ersten Kapitel
erwähnt habe. Es gibt kein anderes Fitnessprogramm, das kontrollierte Spannung einsetzt. Und genau diese Technik
macht das Programm so revolutionär.
Um in kürzester Zeit neue fettverbrennende magere Muskelmasse entstehen zu
lassen, müssen Sie in einem Training alle

drei Arten von Skelettmuskulatur voll einbeziehen. Die Skelettmuskulatur ist, vereinfacht gesagt, die Muskulatur, die am Körper zu sehen ist. Also genau die Muskulatur, die wir straffen und kräftigen wollen. Das Problem dabei ist, dass die meisten Krafttrainingsmethoden dies nicht ermöglichen, schon gar nicht in nur 20 Minuten.

Durch kontrollierte Spannung sprechen Sie alle drei Arten von Muskelgewebe an und erreichen die vollständige Ermüdung der Muskeln – das ist es, was in so kurzer Zeit magere Muskelmasse entstehen lässt. Was bedeutet vollständige Ermüdung der Muskeln genau? Es bedeutet, dass alle drei Faserarten in der Skelettmuskulatur ermüdet werden. Wenn Sie eine Übung ausführen, sendet Ihr Gehirn Signale an die dazu notwendigen Muskelfasern. Dieser Vorgang heißt Muskelfaserrekrutierung. Wenn alle Fasern sich an der Übung beteiligen, trainieren Sie mit maximaler Wirkung – und bauen so Ihre fettverbrennende magere Muskelmasse schneller auf, als Sie es je für möglich gehalten haben.

Die meisten anderen Krafttrainingsmethoden beziehen nicht alle drei Faserarten mit ein und sind daher nicht so effektiv beim Umbau Ihres Muskelgewebes. Im Gegensatz dazu ist bei kontrollierter Spannung, einer wirklich revolutionären hybriden Krafttrainingsmethode, die volle Muskelermüdung garantiert. Durch die Kombination von langsamen Abfolgen und statischer Kontraktion haben wir die ultimative Hybridtechnik entwickelt. Zum ersten Mal ergänzen sich diese beiden einzigartig wirksamen Techniken

zu einer einfachen, schnellen, effektiven Trainingsmethode. Schauen wir mal, was diese beiden Techniken ausmacht, und warum sie so effektiv sind.

2 Sekunden

10 Sekunden

Kontrollierte Spannung ist der Schlüssel der »12-Sekunden-Formel«.

Langsame Abfolgen

Anfang der 1980er-Jahre führte die *University of Florida* einen klinischen Versuch durch, um herauszufinden, ob ältere Frauen mit Osteoporose mittels Krafttraining verlorene Knochenmasse wieder aufbauen können. Die Studie ergab, dass das herkömmliche Training mit seinen explosiven Bewegungen bereits geschwächte Gelenke und Knochen schädigen kann und daher unter Umständen mehr Schaden als Nutzen bringt. Die Forscher haben daher beschlossen, die Bewegungen so zu verlangsamen, dass die

Gewichte in zehn Sekunden gehoben und in einer weiteren zehn Sekunden langen Abfolge wieder gesenkt werden sollten. Die Resultate waren außerordentlich. Diese Technik (*slow cadence lifting*) war nicht nur gelenkfreundlicher, es zeigte sich auch, dass die Testpersonen schneller magere Muskelmasse zulegten als bei herkömmlichem Krafttraining.

2003 belegte eine ganze Reihe von Studien die Wirksamkeit von Training mit langsamen Abfolgen. Zunächst würdigten renommierte Mediziner der *Colorado State University* die enormen Vorteile von langsamen Abfolgen und lobten die Effizienz und Sicherheit dieser Trainingsmethode. Dann brachte ein anderes, von der *Harvard Medical School* befürwortetes Fitnessprogramm diese Technik ins Rollen. Es zeigte sich, dass diese Art zu trainieren die erste war, die in so kurzer Zeit zu sichtbaren Ergebnisse führte.

Doch noch mehr Forschungsergebnisse sprechen für das Training mit langsamen Abfolgen. Eine im »Journal of Sports Medicine and Physical Fitness« veröffentlichte Studie verglich den Einfluss auf das Muskelwachstum von herkömmlichem Krafttraining mit dem Training mit langsamen Abfolgen. Die Studie ergab, dass das Trainieren in Zeitlupe die Muskelkraft bei Männern und Frauen um 50 Prozent stärker wachsen ließ als herkömmliches Training.

Eine weitere Studie, die im »Journal of Exercise Physiology« erschien, untersuchte den Stellenwert von Schwung für die Effektivität von Krafttraining. Dabei kam heraus, dass die Muskelarbeit (die Muskelfaserrekrutierung) mit zunehmendem Schwung abnimmt, solange der Muskel nicht voll belastet ist. Daraus schlossen die Autoren, dass es unerlässlich ist, den Muskel unter willkürlicher und kontrollierter Spannung zu halten, damit so viele Fasern wie möglich rekrutiert werden. Fazit: Wenn Sie Ihr Training verlangsamen, vermeiden Sie den Schwung, der Ihnen beim herkömmlichen Krafttraining das Heben der Gewichte erleichtert. Indem Sie den Schwung ausschalten, sprechen Sie gezielt jede einzelne Muskelfaser an, bis wirklich alle Muskelfasern an der Übung beteiligt sind. So erreichen Sie die vollständige Ermüdung des Muskels schneller, als Sie je für möglich gehalten haben. Und das Resultat? Sie bilden, straffen und definieren Ihre fettverbrennende magere Muskulatur in Rekordzeit.

Statische Kontraktion

Die zweite Komponente von kontrollierter Spannung nennt sich statische Kontraktion (*static contraction*). Ich habe dieses Konzept durch meinen guten Freund und Mentor Tony Robbins kennengelernt. Er hat das Vorwort zu meinem ersten Buch »8 Minutes in the Morning« geschrieben wie auch zu einem anderen Buch namens »Max Contraction Training«. Tony erklärt: »Verglichen mit herkömmlichen Trainingsmethoden können Sie [mit statischer Kontraktion] in sehr kurzer Zeit Ihre Lebensqualität, Ihr Aussehen und Befinden verbessern und sogar Stress reduzieren und Körperfett abbauen.«

Was also steckt hinter statischer Kontraktion? Das Ziel ist das gleiche wie beim Training mit langsamen Abfolgen: die vollständige Muskelermüdung. Aber anstelle langsamer Bewegungen hält man bei statischer Kontraktion bewegungslos inne und spricht dadurch alle drei Muskelfaserarten an, was zu vollständiger Muskelermüdung führt. Muskeln vollführen nämlich nur zwei verschiedene Bewegungen: Kontraktion und Extension. Die Methode der statischen Kontraktion geht davon aus, dass Sie, wenn Sie über eine bestimmte Zeit hinweg (üblich sind eine bis sechs Sekunden) ein schweres Gewicht mit voller Muskelkontraktion halten, ein absolutes Maximum an Muskelfasern ansprechen. Unterm Strich leisten Sie also für kurze Zeit sehr harte Arbeit und erzielen ein bedeutend stärkeres Muskelwachstum als durch herkömmliches Training.

Genau wie das Training mit langsamen Abfolgen ist das Prinzip der statischen Kontraktion durch zahlreiche Forschungsergebnisse belegt. Einige der grundlegenden Forschungen machte ein deutscher Arzt, der entdeckte, dass seine Testpersonen ihre Kraft wöchentlich um fünf Prozent steigern konnten. Eine andere Studie, die die Autoren des Buchs »Static Contraction Training« durchführten, brachte phänomenale Ergebnisse. Die Autoren ließen Freiwillige, die bereits über zwei Jahre Krafttraining hinter sich hatten, zehn Wochen lang mit statischer Kontraktion trainieren. Die durchschnittliche Kraft der Teilnehmer wuchs um 51 Prozent! Und dabei legten diejenigen am meisten an Kraft und Muskelmasse zu, die am wenigsten trainierten, nämlich im Durchschnitt nur

zweimal pro Woche. Die Studie bewies also, dass es nutzbringend ist, mit hoher Intensität, aber weniger häufig zu trainieren, und dass maximale Muskelkontraktion mehr Muskelfasern anspricht als herkömmliches Training. Das Resultat? Ein großer Zugewinn an Kraft und magerer Muskelmasse.

Ihnen wird aufgefallen sein, dass es bei der zuletzt erwähnten Studie um Leute ging, die schon eine Zeitlang Krafttraining betrieben hatten. Das, was sie machten, würde ich traditionelle statische Kontraktion nennen, eine nicht immer praktikable Methode, da sie im Fitnessstudio, mit Trainingspartner und über längere Zeit hinweg ausgeübt werden muss. Und wenn man kein Profisportler ist, kann es sehr gefährlich sein, mit solch hohen Gewichten zu hantieren. Weil sie aber vollständige Muskelermüdung gewährt, ist statische Kontraktion eine so wirkungsvolle Technik, sodass wir nicht umhin kamen, sie für den Gebrauch durch ganz normale Leute zu modifizieren. Mit meiner Methode der kontrollierten Spannung kann nun fast jedermann von der hohen Wirksamkeit langsamer Abfolgen und statischer Kontraktion profitieren.

Zirkeltraining

Als Zugabe enthält die »12-Sekunden-Formel« die Komponente Zirkeltraining. Wie Sie wissen, kombiniert die Methode langsame Abfolgen mit statischer Kontraktion, um ein Maximum an Muskelfasern zu rekrutieren und maximales Muskelwachstum zu gewährleisten. Um das Training noch effektiver zu machen, habe ich die »12-Sekunden-Formel«

eine dritte Komponente zugefügt, das Zirkeltraining, bei dem eine Reihe von Übungen hintereinander ausgeführt werden, ohne Pause zwischen den einzelnen Sätzen. Zirkeltraining ist eine entscheidende Komponente der »12-Sekunden-Formel«, denn es gewährleistet, dass die beiden 20-minütigen

→

Cardiotraining am Morgen

Zusätzliches Cardiotraining ist eine Möglichkeit, um Ihre Fortschritte mit der »12-Sekunden-Formel« noch zu beschleunigen. Aber Jorge, werden Sie sagen, ist denn Cardiotraining nicht schon in der Methode integriert? Und Sie haben recht, denn mit der Komponente Zirkeltraining enthält das Programm bereits Cardiotraining. Aber wenn Sie als Bonuspunkt noch Ausdauertraining machen, am besten gleich morgens mit leerem Magen, schmelzen die lästigen Pfunde noch schneller dahin. Ich nenne das einen Bonus, weil Sie es nicht tun müssen, um Resultate zu erzielen. Aber Sie können damit schneller Resultate erzielen und schneller Ihre Bestform erreichen. Sie legen einfach noch einen drauf – mit Cardiotraining auf nüchternen Magen wird Ihr Körper absolut perfekt!

Sie brauchen nur jeden Morgen vor dem Frühstück 20 Minuten lang flott spazieren zu gehen. Der Cardiobonus lässt Sie dann pro Tag 150 bis 200 Kalorien mehr verbrennen. Angenommen, Sie machen in der Woche sechs morgendliche Spaziergänge auf nüchternen Magen. Das macht pro Woche 1200 Kalorien, die Sie zusätzlich verbrennen. So können Sie die lästigen Pfunde noch schneller loswerden und schon bald einen wohlgeformten neuen Körper haben.

Gleich mehrere Studien stützen die Annahme, dass morgendliches Herz-Kreislauf-Training mit leerem Magen höchst effektiv ist. Eine Studie der *Kansas State University* verglich den Kalorienverbrauch beim Training vor dem Essen bzw. eine Stunde danach. Es ergab sich zwar kein signifikanter Unterschied in der Menge der verbrannten Kalorien, aber die Teilnehmer, die vor dem Essen trainierten, verbrannten tatsächlich »erheblich mehr Fett« als die, die mit dem Training bis nach dem Essen warteten. Entscheidend ist also, dass Sie vor dem Essen spazieren gehen. Das bestätigt auch eine andere Studie, durchgeführt an der *University of California* in Berkeley, bei der die Teilnehmer nur dann ihren Fettabbau beschleunigen konnten, wenn sie »in nüchternem Zustand trainierten«. Während des Schlafs fastet Ihr Körper und Ihr Stoffwechsel geht naturgemäß zurück, da Sie im Schlaf nicht so viel Energie benötigen. Wenn Sie also, noch bevor Sie frühstücken, zuallererst einen belebenden Spaziergang machen, pusht das gleich zu Beginn des Tages Ihren Stoffwechsel. Fazit: Mit einem zusätzlichen flotten Spaziergang gleich nach dem Aufstehen verbrennen Sie noch mehr Fett und erreichen Ihr Ziel noch schneller als allein durch das Krafttraining.

wöchentlichen Einheiten Ihren ganzen Körper trainieren. Nebenbei erhalten Sie ein zusätzliches Herz-Kreislauf-Training, das Ihren Pulsschlag antreibt und Ihre Kalorienverbrennung steigert.

Der hohe Wert von Zirkeltraining für Ihr Fitnessprogramm ist wissenschaftlich fundiert. Eine Studie, die in der Zeitschrift »The Physician and Sports Medicine« zu lesen war, ergab, dass Zirkeltraining die Muskelkraft der Teilnehmer um bis zu 32 Prozent steigern und ihr Körperfett um fast drei Prozent verringern konnte. Im »Scandinavian Journal of Medicine & Science in Sports« erschien eine weitere Studie, in der zwölf Männer zehn Wochen lang Kraft-Zirkeltraining absolvierten. Es zeigte sich, dass das Zirkeltraining bei allen Teilnehmern einen deutlich höheren Zuwachs an Kraft und magerer Muskelmasse bewirkte als herkömmliches Krafttraining.

Außerdem ergab eine Studie, die im »Journal of Strength and Conditioning Research« veröffentlicht wurde, dass Krafttraining ohne Verschnaufpausen die Herz-Kreislauf-Fitness verbessert. Die Forscher maßen Kraft und Ausdauer von Freiwilligen und ließen Sie zirkelweise Krafttraining machen. Aus den Ergebnissen schlossen sie, die körperliche Belastung durch pausenloses Krafttraining sei »hoch genug, um einen Trainingseffekt auf das Herz-Kreislauf-System zu erzielen.« Das bedeutet, dass Kraft-Zirkeltraining nicht nur Ihre Kraft und Muskelmasse wachsen lässt, sondern auch Ihrem Herz und Ihrer Lunge zugutekommt.

Und schließlich – dies ist meine Lieblingsstudie – fanden Forscher einer ko-

reanischen Hochschule heraus, dass die Kombination aus aerobem Training und Krafttraining (also Zirkeltraining) schneller als reines Ausdauertraining Fett abbaut – und zwar besonders das Bauchfett. Die Forscher teilten 30 stark übergewichtige Frauen zwischen 40 und 45 Jahren in drei Gruppen ein. Eine Gruppe machte nur Cardiotraining, die nächste Kraft- und Cardiotraining kombiniert und die dritte Gruppe machte gar nichts. Nach 24 Wochen hatte die Kontrollgruppe ihren Körperfettanteil erhöht. Die Cardiogruppe hatte Körperfett abgebaut, aber keine Muskeln gebildet. Die Kombi-Gruppe hatte Muskeln gebildet und ihren Körperfettanteil reduziert. Die Gruppe, die das kombinierte Training absolviert hatte, hatte 2,5-mal so viel Bauchfett verloren wie die Gruppe, die nur aerob trainiert hatte. Die Forscher zogen daraus den Schluss, dass Zirkeltraining beim Abbau von Bauchfett effektiver ist als ausschließlich aerobe Körpertätigkeit.

So trainieren Sie

Ich gebe Ihnen nun einen kurzen Überblick über das Programm. Das sechste Kapitel enthält schließlich alle Einzelheiten, die Sie wissen müssen, um loslegen zu können, aber zunächst möchte ich Sie mit dem Programm und seiner Durchführung vertraut machen.

Jede Trainingseinheit ist in drei Zirkel unterteilt, die aus je vier Übungen bestehen. Sie machen von jeder Übung vier Wiederholungen. Jede Übung beginnt damit, dass Sie das Gewicht bzw. den Widerstand langsam und kontrolliert heben bzw. senken und dabei zehn Sekunden

TRAININGSPLAN

Montag	Dienstag	Mittwoch	Donnerstag	Freitag	Samstag	Sonntag
Primäre Muskeln: Beine, Rücken, Brust, Bauch			**Sekundäre Muskeln:** Schultern, Bizeps, Trizeps, Bauch			

zählen, bis Sie den sogenannten höchsten Punkt der Anspannung (*maximum tension point, MTP*) erreichen. Der höchste Punkt der Anspannung ist die wichtigste Position innerhalb der Bewegung; die Stelle, an der die Schwerkraft und die Übung den Muskel maximal anregen. An diesem strategischen Punkt wird das Gewicht bzw. der Widerstand genau zwei ganze Sekunden lang mit konzentrierter Kraft festgehalten (die Komponente der statischen Kontraktion). Daraus ist auch der Name »12-Sekunden-Formel« entstanden: 10 Sekunden lang eine kontrollierte Bewegung plus 2 Sekunden lang bewegungsloses Halten ergibt 12 Sekunden des intensivsten Krafttrainings, das Sie je erlebt haben. Anschließend kehren Sie in weiteren zehn Sekunden wieder zur Ausgangsposition zurück und beginnen unmittelbar mit der nächsten Wiederholung. Wenn Sie mit dem Satz fertig sind, gehen Sie ohne Verschnaufpause zur nächsten Übung über.

Jeder Zirkel der »12-Sekunden-Formel« ist mit Sorgfalt so zusammengestellt, dass in zwei 20-minütigen Trainingseinheiten pro Woche Ihr ganzer Körper trainiert wird. Am ersten Tag trainieren Sie Ihre primären Muskeln, Beine, Rücken-, Brust- und Bauchmuskeln. Am zweiten Tag werden Ihre sekundären Muskeln trainiert, Schultern, Bizeps, Trizeps und Bauch. Wie Sie sehen, trainieren wir den Bauch an beiden Tagen, und das hat einen ganz bestimmten Grund. Die Bauchmuskeln sind widerstandsfähiger als andere Muskelgruppen und brauchen daher weniger Zeit zum Verheilen als Ihr Bizeps oder Quadrizeps. Wir nutzen die naturgegebene Selbstheilungskraft der Bauchmuskeln, um so effektiv wie möglich Muskeln aufzubauen.

Es gibt verschiedene Möglichkeiten, wie Sie Ihr Training planen können. Im Anhang finden Sie Formulare, in die Sie Ihre Trainingseinheiten eintragen können. Diese Blätter werden Ihnen dabei helfen, Ihr Training durchzuziehen und Ihr Ziel im Auge zu behalten. Auf den nächsten Seiten sehen Sie ausgefüllte Formulare. Wenn Sie sich die Trainingseinheiten, die Sie schon geschafft haben, vor Augen halten, können Sie stolz sein und hochmotiviert bis zum Schluss durchhalten. Sie können sich auch unter www.12second.com eine spezielle Tabelle herunterladen, mit der sich sowohl Ihr Training als auch

Ihre Ernährung protokollieren lässt. Diese Tabelle enthält auch hilfreiche Tipps zu den geeigneten Fett-, Eiweiß- und Kohlenhydratquellen. Dort erhalten Sie ebenfalls das »12-Second Sequence Journal« – damit haben Sie alles beisammen: Trainingsblätter, Ernährungsplaner, Tagebuch sowie motivierende Sätze und Veranschaulichungen.* Egal mit welcher Methode Sie Ihre Trainingsfortschritte verfolgen, wählen Sie eine aus und bleiben Sie dabei. Sie werden damit erfolgreich sein!

Das war's schon! Das ist die »12-Sekunden-Formel«. Es mag simpel klingen, ist aber sehr intensiv. Diese Übungen werden Ihren Muskeln wahrscheinlich mehr als gewohnt zu schaffen machen – aber sie sind sicherer und effektiver als jedes andere Training. Wenn Sie mit der »12-Sekunden-Formel« beginnen, werden Sie sofort merken, dass dieses Training anders ist als alles, was sie bisher ausprobiert haben. Schon in der ersten Woche, ja am ersten Tag, sind Ihre Muskeln ermüdeter als nach anderen Trainingsprogrammen. Ihr Körper wird straffer, fester und wohlgeformter. Ihre Kleidung wird besser sitzen, und es wird auffallen, dass Sie viel besser aussehen. Darüber hinaus werden Sie sich bald stärker, fitter und gesünder als je zuvor fühlen.

Am besten gehen Sie hier und jetzt auf meine achtwöchige Herausforderung ein und beginnen gleich damit, den Körper zu bekommen, den Sie immer wollten. Denken Sie daran: Schon in den ersten beiden Wochen wird Ihre Taillenweite drastisch zurückgehen! Im sechsten Kapitel erfahren Sie alle Einzelheiten. Jetzt möchte ich, dass Sie die Herausforderung annehmen und erleben, wie Ihr Traumkörper schneller entsteht, als Sie es für möglich halten. Denken Sie daran: Wenn Sie die »12-Sekunden-Formel« mit vollem Einsatz angehen, bauen Sie magere Muskeln auf, die ganz ohne Ihr Zutun ein Höchstmaß an Kalorien verbrennen.

* **Hinweis:** Um die Formulare online nutzen zu können, ist eine kostenpflichtige Premium-Mitgliedschaft möglich; alle Informationen auf der Homepage erfolgen in englischer Sprache. Das ebenfalls englischsprachige »12-Second Sequence Journal« ist im Onlinebuchhandel bestellbar.

Christina Geck

Alter: 22
Größe: 1,66 m
Gewichtsabnahme: 7 kg

>>> Christina mit 7 Kilo weniger!

»Bevor ich die ›12-Sekunden-Formel‹ gemacht habe, hatte ich Übergewicht und fühlte mich im Bikini unwohl. Meine Kleider waren zu eng, und mein Körper fühlte sich einfach nicht gut an. Mein Ziel war es, im Bikini richtig scharf auszusehen. Ich war nicht sicher, ob ein Training, das ich zweimal die Woche 20 Minuten absolviere, für einen strandtauglichen Körper ausreicht. Aber es hat geklappt. Ich habe das Gefühl, ich könnte jetzt für Victoria's Secret modeln – ich bin bereit für den Laufsteg – und für den Strand sowieso! Mir gefällt das Trainingsprogramm, weil es sehr effektiv ist und gut in meinen Terminplan passt. Mein Aussehen und mein Befinden haben sich deutlich verbessert – und das Beste ist: Mein Körper hat sich in so kurzer Zeit verändert, dass ich die Fortschritte spüren konnte. Jetzt ist mir meine Kleidung nicht mehr zu eng, sie sitzt wieder und ich fühle mich großartig, wenn ich vor dem Spiegel stehe. Ich sehe wieder scharf aus!«

CHRISTINAS ERFOLGSGEHEIMNISSE

→ *Lass dir von einer Freundin beim Durchhalten helfen.*

→ *Plane jeden Tag im Voraus, was du essen willst.*

→ *Nicht aufgeben!*

TRAINING DER PRIMÄREN MUSKELN

Woche:	I von 8		Beginn:	7:00
Tag:	I von 56		Ende:	7:20
Datum:	7.1.		Gesamtzeit:	20 Minuten

Wählen Sie die Gewichte so, dass Sie am Ende der vierten Wiederholung eine Intensität der Stärke 8 verspüren.

	MUSKELGRUPPE	ÜBUNG	GEWICHT	INTENSITÄT
ZIRKEL 1	Beine	Kniebeugen für Einsteiger	–	6
	Rücken	Überzüge auf dem Ball	2,5	8
	Brustkorb	schräges Hanteldrücken	5	8
	Bauch	Crunches	–	8

An diesem Punkt müssten 6 Minuten um sein.

	MUSKELGRUPPE	ÜBUNG	GEWICHT	INTENSITÄT
ZIRKEL 2	Beine	Kniebeugen am Ball	–	7
	Rücken	Vorgebeugtes Rudern	5	8
	Brustkorb	Liegestütze auf Knien	–	8
	Bauch	Bein-Crunches auf dem Stuhl	–	8

Jetzt müssten Sie seit 14 Minuten trainieren, einschließlich 2 Minuten Übergangszeit.

	MUSKELGRUPPE	ÜBUNG	GEWICHT	INTENSITÄT
ZIRKEL 3	Beine	Kniebeugen mit geöff. Beinen	2,5	6
	Rücken	Hyperextensions auf dem Ball	–	8
	Brustkorb	Hantel-Butterflys auf dem Ball	2,5	8
	Bauch	Stabdrehen	–	8

Jetzt müssten Sie 20 Minuten lang trainiert haben. Glückwunsch, Sie haben's geschafft!

CARDIOBONUS 26 Minuten Power-Walking am Morgen

Nach meinem Training fühle ich mich *voller Energie* (z. B. selbstbewusst, stark)

TRAININGSPROTOKOLL (Muster)

TRAINING DER SEKUNDÄREN MUSKELN

Woche:	I von 8		Beginn:	7:30
Tag:	4 von 56		Ende:	7:50
Datum:	10.1.		Gesamtzeit:	20 Minuten

Wählen Sie die Gewichte so, dass Sie am Ende der vierten Wiederholung eine Intensität der Stärke 8 verspüren.

	MUSKELGRUPPE	ÜBUNG	GEWICHT	INTENSITÄT
ZIRKEL 1	Schultern	Schulterdrücken im Stehen	5	8
	Bizeps	Curls im Stehen	5	8
	Trizeps	Dips am Stuhl	–	8
	Bauch	Klappmesser	7	7

An diesem Punkt müssten 6 Minuten um sein.

	MUSKELGRUPPE	ÜBUNG	GEWICHT	INTENSITÄT
ZIRKEL 2	Schultern	Seitheben im Stehen	5	8
	Bizeps	Seitliche Curls auf dem Ball	5	8
	Trizeps	»Skull Crushers« auf dem Ball	2,5	7
	Bauch	Crunches auf dem Ball	–	8

Jetzt müssten Sie seit 14 Minuten trainieren, einschließlich 2 Minuten Übergangszeit.

	MUSKELGRUPPE	ÜBUNG	GEWICHT	INTENSITÄT
ZIRKEL 3	Schultern	Vorgeb. Seitheben im Sitzen	2,5	7
	Bizeps	Preacher-Curls auf dem Ball	5	8
	Trizeps	Trizeps-Kickbacks im Stehen	5	8
	Bauch	Rumpfdrehen im Liegen	–	8

Jetzt müssten Sie 20 Minuten lang trainiert haben. Glückwunsch, Sie haben's geschafft!

CARDIOBONUS 26 Minuten Power-Walking am Morgen

Nach meinem Training fühle ich mich *motiviert* (z. B. selbstbewusst, stark)

Annabelle Espiritu

Alter: 48
Größe: 1,55 m
Gewichtsabnahme: 6 kg

>>> Annabelle mit 6 Kilo weniger!

»Fitnesstraining hat mir noch nie so viel Spaß gemacht wie mit der ›12-Se-kunden-Formel‹. Ich muss nicht mehr überlegen, was ich an welchem Gerät machen soll, ich gehe einfach die Übungsrunden durch. Ich habe kaum Zeit investiert und in sehr kurzer Zeit fantastische Resultate erzielt – ich passe sogar wieder in meine engen Jeans!

Es fällt auch anderen auf, dass mein Körper sich total verändert hat. Ich bin jetzt 48 und möchte wieder aussehen wie zu meinen Modelzeiten – und es ist fast geschafft! Mein Po ist merklich schlanker geworden, meine Beine kriegen ihre tollen Kurven wieder und meine Arme werden immer definier-ter und sexier. Nicht zu vergessen der Bauch – er ist fester und deutlich flacher geworden. Ich bin süchtig nach diesem Training und werde nie da-mit aufhören.«

ANNABELLES ERFOLGSGEHEIMNISSE

→ *Iss viel Gemüse.*

→ *Frühstücke jeden Tag etwas Gesundes (ich mag Salat zum Frühstück).*

→ *Denk immer daran: Du bist die Mühe wert.*

David
Palacios

Alter: 39
Größe: 1,84 m
Gewichtsabnahme: 18 kg

>>> David mit 18 Kilo weniger!

»Als ich mit der ›12-Sekunden-Formel‹ angefangen habe, war ich schlapp und hatte Bluthochdruck. Ich wurde immer wieder gefragt, warum ich so schnaufen würde. Ich konnte mit meinem zweijährigen Sohn beim Spielen nicht mithalten. Ich habe seinetwegen und wegen meiner Kleinsten mit dem Training angefangen, ich wollte meine Befindlichkeit verbessern – für mich und meine Familie.

Ich habe in nur acht Wochen 18 Kilo abgenommen. Ich fühle mich nicht mehr schlapp – jetzt fühle ich mich sogar richtig leichtfüßig! Wenn ich mit meinem Sohn spiele, bin ich nicht mehr nach fünf Minuten erschöpft. Ich freue mich über die ganzen Komplimente und fühle mich sicherer und attraktiver. Ich habe auch herrlich definierte Muskeln bekommen und am Bauch so abgespeckt, dass ich mir neue Hosen kaufen musste.«

DAVIDS ERFOLGSGEHEIMNISSE

→ Trainiere mit hoher Intensität.

→ Iss erstmal eine Menge Gemüse und Salat und danach erst Fleisch und Kartoffeln.

→ Liebe dich selbst, wenn du dich zum Guten verändern willst.

»Jorges Ernährungsplan hat mir dabei geholfen, mein Essverhalten in den Griff zu kriegen und über 70 Kilogramm abzunehmen! Das hat mir den Mut gegeben, in meinem Leben eine aktive Rolle zu spielen, anstatt nur zuzuschauen. Jetzt habe ich spürbare Bauchmuskeln, dort, wo 15 Jahre lang keine waren!«

Melodie Richardson, »12 Sekunden«-Star, 73 Kilogramm Gewichtsverlust (in Kombination mit der »3-Stunden-Diät«)

SO ESSEN SIE RICHTIG

Viele meiner Kunden denken, dass es egal ist, was sie essen, so lange sie nur trainieren. Aber was Sie essen, ist wichtig. Es entscheidet über Ihren Erfolg. Stellen Sie sich vor, Sie backen einen Kuchen. Was brauchen Sie, damit Ihnen auf Anhieb ein köstlicher Kuchen gelingt? Vor allem zwei Dinge: ein bewährtes Rezept und die richtigen Zutaten wie Eier und Mehl. Richtig? Genauso ist es, wenn man magere Muskelmasse bekommen möchte. Stellen Sie sich die »12-Sekunden-Formel« als bewährtes Rezept vor,

dann stellt Ihre Ernährung die Zutaten dar, aus denen sich Ihr neuer Körper zusammensetzt.

Wenn Sie wissen, wie Sie sich richtig ernähren, werden Sie mit Sicherheit abnehmen und Ihre absolute Bestform erreichen. In diesem Kapitel stelle ich Ihnen einen einfach umzusetzenden Ernährungsplan vor. Der Plan basiert auf meiner »3-Stunden-Diät«, einer Ernährungsform, bei der man alle drei Stunden isst. Mit dem aktuellen Plan nehmen Sie allerdings zusätzliches Eiweiß zu sich, damit Sie neues

EIN BEISPIELTAG

Frühstück 07:00	Snack 10:00	Mittagessen 13:00	Snack 16:00	Abendessen 19:00	Betthupferl 22:00
Rührei aus 3 ganzen Eiern, 2 Scheiben Putenaufschnitt (60 g; falls Sie mehr als 70 kg wiegen), 1/8 Avocado, 1 Vollkorn-Tortilla und 1 Apfel	1 Molken-protein-Shake*	90–140 g mageres Hähnchenfleisch, 70 g Vollkornreis und ein grüner Salat mit 1 TL Leinsamenöl	1 Molken-protein-Shake	90–140 g gebratenes Steak, eine doppelte Portion gedämpfter Brokkoli und ein grüner Salat mit 1 TL Leinsamenöl	1 Molken-protein-Shake. Die für Ihr Gewicht empfohlene Menge an Eiweiß finden Sie im Abschnitt »Eiweiß« (siehe Seite 47).

* Jorge Cruise empfiehlt als Protein-Shake Jorge's Packs™. Weitere Empfehlungen ab Seite 238.

Muskelgewebe aufbauen können. Ihre Ernährung wird sich also aus 40 Prozent Eiweiß, 40 Prozent Kohlenhydrate und 20 Prozent Fett zusammensetzen. Die mathematischen Berechnungen können Sie aber auch gleich wieder vergessen. In diesem Buch habe ich die Vorarbeit für Sie erledigt. Halten Sie sich einfach an diesen Ernährungsplan, und jede einzelne Trainingseinheit der »12-Sekunden-Formel« wird garantiert sichtbare Resultate bringen. Nur so werden Sie in kürzester Zeit Ihr Aussehen optimieren können.

Erstes Geheimnis: das Timing

Wenn Sie meinen Ernährungsplan befolgen, haben Sie spätestens eine Stunde nach dem Aufstehen gefrühstückt, und drei Stunden später essen Sie den ersten Snack. Nach weiteren drei Stunden essen Sie zu Mittag. Drei Stunden nach dem Mittagessen gibt es einen Nachmittagssnack, und das Abendessen kommt – Sie haben es erraten! – drei Stunden später.

Vor dem Zubettgehen nehmen Sie Ihren letzten Snack ein. Jede Mahlzeit enthält 400 bis 600 Kalorien, je nach Ihrem Gewicht; jeder Snack enthält etwa 100 Kalorien. Aber Kalorien zählen müssen Sie nicht. Auch das habe ich für Sie erledigt. Warum bauen Sie magere Muskelmasse viel besser auf, wenn Sie alle drei Stunden etwas essen? Darüber habe ich eine ganze Buchreihe geschrieben, die ich bereits mehrfach erwähnt habe, »Die 3-Stunden-Diät«. Die drei wesentlichen Punkte dabei sind: der Cortisolspiegel, der den Bauch dick werden lässt, wird gesenkt; Ihr Stoffwechsel wird am Laufen gehalten, sodass Sie Energie haben und kontinuierlich Fett verbrennen; Ihr Appetit wird gezügelt, sodass Sie nicht zu viel essen und sich Ihre Muskeln unter einer Speckschicht verstecken. Es ist wirklich ein geniales Konzept und ich kann Ihnen versprechen, dass es Ihre sichtbaren Erfolge noch erheblich verbessern wird.

Zweites Geheimnis: Zutaten, die Muskeln machen

Was essen Sie also alle drei Stunden? Es fehlt keine Nährstoffgruppe. Ich glaube nicht an erzwungenen Verzicht, denn die Folgen davon sind Heißhunger und Fressattacken. Natürlich werden Sie Eiweiß essen, aber auch Kohlenhydrate und Fett. Entscheidend ist, dass Sie diese Nährstoffe in der jeweils richtigen Menge essen, sodass Sie am Ende des Tages auf ein 40/40/20-Verhältnis kommen.

Das bedeutet, dass Sie 40 Prozent Ihrer Kalorien aus Eiweiß, 40 Prozent aus Kohlenhydraten und 20 Prozent aus Fett beziehen sollten. Das ist das ideale Mengenverhältnis der drei Nährstoffgruppen, mit dem Sie in kürzester Zeit Ihre absolute Bestform erreichen. Falls Sie irgendwelche gesundheitlichen Probleme oder besondere Ernährungsbedürfnisse haben, sollten Sie mit Ihrem Arzt sprechen, bevor Sie mit diesem Programm anfangen.

Lassen Sie mich nun aber erst einmal kurz erläutern, was diese Nährstoffgruppen ausmacht, und warum Sie für Ihren Trainingserfolg so wichtig sind.

Eiweiß

Eiweiße oder Proteine (griechisch: protos – das Erste, Wichtigste) sind die wichtigsten Bausteine für alle Gewebe im Körper, besonders für das magere Muskelgewebe. Eiweiß besteht aus Molekülketten, die Aminosäuren genannt werden. Was passiert, wenn wir nicht genügend Aminosäuren zu uns nehmen? Dann beziehen die Zellen ihre Nährstoffe nicht aus der Nahrung, sondern vor allem aus dem Muskelgewebe, das dann allerdings zugunsten anderer Gewebe zerstört wird. Genau dies gilt es zu vermeiden, und dazu ist eine ausreichende tägliche Eiweißzufuhr unerlässlich.

Für eine richtige Ernährung sollten Sie so oft wie möglich zu fettarmen, hochwertigen Eiweißquellen greifen. Ich nehme am liebsten weißes Hähnchen- und Putenfleisch (Brust, nicht Keule), mageres Rindfleisch, Schweinelendchen, alle Arten von Kaltwasserfisch sowie Eier. Verglichen mit fettreichen Eiweißlieferanten wie Rind sind Fisch und Eier relativ fettarm. Fisch ist reich an gesundem Fett; Eier enthalten zwar gesättigte Fettsäuren, aber ihr hoher Anteil an wertvollem Eiweiß wiegt diesen Nachteil wieder auf. Sie können auch fettarme Milchprodukte einbeziehen, etwa 1,5-prozentige Milch, Hüttenkäse oder Joghurt. Wenn Sie zu fettarmen Eiweißlieferanten greifen, können Sie Ihre Kalorienzufuhr drosseln und somit in kürzester Zeit Ihre absolute Bestform erreichen. Wichtig ist auch die richtige Portionierung. Wenn Sie weniger als 70 Kilogramm wiegen, sollten Sie pro Mahlzeit 90 Gramm Eiweiß essen; wenn Sie mehr als 70 Kilogramm wiegen, sollten es 140 Gramm sein.

Als Ergänzung zum Eiweiß in allen drei Mahlzeiten sollten Sie zwischendurch Snacks in Form von Molkenprotein-Shakes einnehmen. Molke ist ein hochwertiger, reichhaltiger Eiweißlieferant voller Nährstoffe und essenzieller Aminosäuren. Daher hat Molkenprotein die höchste biologische Wertigkeit (BW) unter allen Eiweißlieferanten. Das bedeutet, dass Ihr Körper es leichter verwerten kann als andere Eiweißquellen. Da

Ihr Körper das Molkenprotein so leicht verdauen kann, können Ihre Muskeln es sofort aufnehmen und in neues Gewebe umwandeln. Auf diese Weise erhält Ihr Körper die optimale Ernährung, um so schlank und definiert zu werden, wie Sie das wollen.

Eines sollten Sie noch über Molkenprotein wissen. Es ist in drei Formen erhältlich: als Konzentrat, Isolat oder Hydrolysat. Molkenprotein-Konzentrate enthalten 29 bis 89 Prozent reines Eiweiß und auch etwas Fett und Kohlenhydrate. Molkenprotein-Isolate bestehen aus 90 bis 95 Prozent reinem Eiweiß und sind so verarbeitet, dass Milchzucker und Fett entzogen sind. Molkenprotein-Hydrolysate sind chemisch weiterverarbeitete Isolate, bei denen das Eiweiß in seine Bestandteile aufgebrochen wurde, damit der Körper es noch schneller verwerten kann.

Molkenprotein hilft Ihnen nicht nur beim Aufbau von magerer Muskelmasse, es ist auch gut für die Gesundheit. Es kann bei der Vorbeugung vermeidbarer Krankheiten wie Herz-Kreislauf-Schwäche helfen. Es kann nachweisbar den Blutdruck und den Cholesterinspiegel mäßigen, zwei der Hauptursachen für Herzinfarkte und Schlaganfälle. Molkenprotein wird mit einem geringeren Auftreten bestimmter Krebsarten in Zusammenhang gebracht. Es hat einen hohen Anteil an Zystein, einem Stoff, der mit einem verminderten Brust- und Prostatakrebsrisiko korreliert. Molkenprotein ist ebenfalls reich an Immunglobulinen sowie Alpha- und Beta-Lactabumin – das alles sind wichtige Stoffe für das Immunsystem. Ein Grund mehr, um regelmäßig Molkenprotein-Shakes zu trinken!

Sie fragen sich vielleicht, welches Molkenproteinprodukt Sie sich besorgen sollen. Ich habe jahrelang nach einem Produkt gesucht, das gut schmeckt und einfach anzuwenden ist – und es war schwierig, die richtige Kombination zu finden. Daher freut es mich besonders, dass ich Ihnen ein tolles, neues Molkenproteinprodukt vorstellen kann, das ich mit entwickelt habe. Ich habe mich mit einer innovativen Firma zusammengetan und wir haben Päckchen mit Molkenproteinpulver entwickelt, die Sie unter www.jorgespacks.com bestellen können (siehe dazu Seite 239). Alle drei Geschmacksrichtungen – Schoko, Vanille und Erdbeere – schmecken köstlich. Wir bieten Ihnen auch individuell angepasste Vitaminmischungen in Tagesportionen an, die alles enthalten, was Sie brauchen – ein Multivitamin-Nahrungsergänzungspräparat, das ganz auf Ihre persönlichen Ernährungsbedürfnisse zugeschnitten ist.

Eiweißquelle	BW
Molkenprotein	100–159
Vollei	88–100
Kuhmilch	91
Eiweiß	88
Kasein	80
Sojaprotein	74
Rindfleischprotein	80
Gluten	54

Quellen: *Protein Quality Evaluation*, Bericht der gemeinsamen Beratung von FAO und WHO; *Reference Manual for U.S. Whey Products*, 2. Ausgabe, U.S. Dairy Export Council

Kohlenhydrate

Auch Kohlenhydrate sind ein wichtiger Teil dieses Ernährungsplans. Der Trick besteht darin, zu wissen, welche Kohlenhydrate Sie wann essen können. Beim Frühstück und Mittagessen sollten Sie auf komplexe Kohlenhydrate setzen und raffinierte Kohlenhydrate (Einfachzucker) vermeiden. Komplexe Kohlenhydrate sind Ihre besten Verbündeten, denn Sie sind reich an Ballaststoffen. Ballaststoffe sind gut, weil sie länger satt machen, sodass Sie über den Tag hinweg nicht so viel essen müssen. Da Ballaststoffe unverdaulich sind, rutschen sie durch das Verdauungssystem und halten es in Bewegung. Ballaststoffe sorgen für eine gute Verdauung, einen regelmäßigen Stuhlgang und sie senken das Darmkrebsrisiko.

Die richtigen Kohlenhydrate finden Sie in Obst, Gemüse und nicht ausgemahlenem Getreide, also in Vollkornbrot, Vollkornreis und in allem, was mit Vollkornmehl hergestellt ist. Beim Frühstück und Mittagessen sollte der Stärkeanteil der Kohlenhydrate einen halben Becher* oder eine Scheibe Brot ausmachen. Obst und Gemüse (besonders die grünblättrigen Arten) sind hervorragende, vitamin- und mineralstoffreiche Kohlenhydratlieferanten. Morgens und mittags sollten diese nicht stärkeförmigen Kohlenhydrate mindestens den halben Teller füllen (ca. zwei Becher*).

Meine letzte Empfehlung zu Kohlenhydraten ist, dass Sie bei diesem Plan nach Ihrem Nachmittagssnack keine Kohlenhydrate in Form von Stärke mehr essen. Zum Frühstück und zum Mittagessen essen Sie stärkehaltige Lebensmittel wie Toast, Vollkornreis, Kartoffeln und Nudeln. Aber zum Abendessen gibt es nur stärkearme Gemüse wie grüner Salat, Spinat, grüne Bohnen oder Zucchini. Keine Kartoffeln! Das ist deshalb so wichtig, weil Sie abends weniger aktiv sind und nicht so viel Energie aus Kohlenhydraten beziehen müssen. Überschüssige Kohlenhydrate würde der Körper jetzt in Form von Fett speichern, und das wollen wir ja vermeiden. Gönnen Sie sich eine doppelte Portion Brokkoli oder einen großen grünen Salat. Oder probieren Sie mein Rezept für Blumenkohlpüree auf Seite 212 aus. Sie werden die Kartoffeln nicht vermissen.

Fett

Vielen Leuten macht schon das Wort »Fett« Angst. Das muss aber nicht sein. Fett kann Ihr Verbündeter sein. Bestimmte essenzielle Fette braucht der Körper nämlich, um magere Muskelmasse aufzubauen. Essenzielle Fettsäuren (EFS), auch Omega-Fette genannt, helfen dem Körper beim Aufbau von Gewebe – hauptsächlich Muskelgewebe, aber auch Haare, Haut und Nägel. Sie dienen sogar der Gesunderhaltung der Gelenke. Wenn Sie bei der Ernährung auf die richtigen Fette setzen, werden diese nicht so leicht als Körperfett gespeichert und Ihr Körper hat alles, was er braucht, um magere Muskelmasse zu entwickeln.

Es gibt drei Arten von Omega-Fettsäuren: Omega-3-, Omega-6- und Omega-9-Fettsäure. Welche sind die besten? Sie sollten auf Produkte achten, die möglichst reich an Omega-3-Fettsäuren sind. Warum? Omega 3 ist das am wenigsten

* 1 Becher entspricht ca. 230 ml.

gesättigte Fett – das heißt, es ist biochemisch sehr leicht verwertbar. Für den Körper sind daher Omega-3-Fettsäuren vielseitig einsetzbar, etwa für die Zellgesundheit oder die Hirnfunktion, bis hin zum Aufbau von magerer Muskelmasse. Ihr Körper nutzt Omega-3-Fettsäuren für so viele verschiedene Aufgaben, dass nicht viel übrig bleibt, was gespeichert werden könnte. Eine Art fettarmes Fett! Erstaunlich, oder?

Welches Omega-3-Fett benutze ich? Leinsamenöl. Damit treffen Sie die beste Wahl, denn es hat den höchsten Gehalt an Omega-3-Fettsäuren. Das Öl wird durch die Kaltpressung von tausenden von Leinsamen gewonnen. Das Ergebnis können Sie pur für die Zubereitung Ihrer Speisen verwenden – und jetzt wird's lukullisch! Benutzen Sie es als geschmacksverstärkendes Würzmittel bei all Ihren Mahlzeiten. Nehmen Sie pro Mahlzeit etwa einen Teelöffel. Ich streiche Leinsamenöl auf meinen Toast, mittags mache ich meinen Salat damit an (siehe Rezept für die Salat-Vinaigrette auf Seite 214), und abends besprühe ich damit mein gedämpftes Gemüse. Kaltgepresstes Leinsamenöl erhalten Sie (auch als Flachssamenöl, Flachsöl oder Leinöl) im Bioladen, Reformhaus oder Nahrungsergänzungsmittelversand.

→

Vorsicht, gefährliche Fette!

Um ungesunde Fette zu vermeiden, müssen Sie wissen, in welchen Nahrungsmitteln sie sich verstecken:

Gesättigte Fette sind vermehrt in tierischen Produkten enthalten, etwa in Rindfleisch, Milch, Käse, Aufschnitt, Butter und Speck. Sie können diese Fette meiden und dennoch tierische Produkte essen:

• Wählen Sie fettarme Varianten, z. B. Hähnchen- oder Putenbrust ohne Haut oder Milchprodukte mit reduziertem Fettanteil. Selbst bei rotem Fleisch gibt es Alternativen mit weniger Fett (Tatar oder Filetsteak aus der Lende, fettarmes Frühstücksfleisch, fettarmer Schinken oder Speck). Probieren Sie auch mal anstelle von Fleischgerichten Sojaprodukte – sie schmecken köstlich und enthalten viel weniger Fett.

• Achten Sie auf die Menge: Halten Sie Ihre Fleischportionen bei 90 bis 140 Gramm pro Mahlzeit (90 Gramm, wenn Sie weniger als 70 Kilo wiegen; 140 Gramm, wenn Sie mehr als 70 Kilo wiegen), also etwa so groß wie ein oder zwei Sätze Spielkarten.

Transfette, bekannt auch als gehärtete Fette, stellen die schlimmste Sorte Fett dar, die man essen kann. Transfette verstopfen die Arterien, senken den Spiegel des guten Cholesterins und erhöhen den des schlechten. Vermeiden Sie diese Fette so gut es geht. Transfette sind in fast allen industriell verarbeiteten Lebensmitteln enthalten. Zu den üblichen Transfett-Verdächtigen zählen Kekse, Kuchen und sonstige Backwaren, Chips, Cracker, Blätterteig, Popcorn und Backfett.

GEHALT AN
OMEGA-3-FETTSÄUREN

Für Leute, die viel unterwegs sind, oder denen der Geschmack egal ist, gibt es Leinsamenöl auch in Kapseln. Meine Lieblings-Leinsamenölsorte finden Sie im Anhang bei den Produktempfehlungen.

Wasser

Es gibt noch einen Nährstoff, dessen Vorzüge Sie täglich genießen sollten: Wasser. Wasser ist als Getränk unentbehrlich, wenn Sie magere Muskelmasse aufbauen und Fett verbrennen wollen. Es erfrischt, sättigt und hat null Kalorien. Wenn Sie zu wenig Wasser trinken, fühlen Sie sich müde und schlapp und Ihre Muskeln werden verspannt und metabolisch weniger aktiv. Wenn Sie dehydriert sind, verheilen sogar die Muskeln nach dem Training langsamer! Vielleicht verspüren Sie auch ein Hungergefühl – der Körper deutet manchmal Durst als Hunger – und essen dann zu viel. Auch aus diesem Grund ist es einfach unerlässlich, dass Sie ausreichend Wasser trinken.

Ich empfehle Ihnen, täglich einen Liter Wasser pro 30 Kilogramm Körpergewicht zu trinken. Wenn Sie also 75 Kilo wiegen, sollten Sie 2 ½ Liter Wasser oder 8 ½ große (0,3 Liter) Gläser Wasser trinken. Das klingt nach viel, aber es ist gar nicht so schwer. Der Trick: Verteilen Sie die Wassermenge über den Tag und lassen Sie sich das Wasser schmecken. Wenn Sie kein reines Wasser mögen, geben Sie einfach etwas Geschmack hinzu. Ich mag aromatisierte Mineralwässer.

Essen gehen oder schnell zu Hause kochen

Mit meinem Plan ist es ganz einfach, sich richtig zu ernähren, egal ob Sie selbst kochen oder essen gehen. Ich erkläre es Ihnen. Denken Sie dran: Wenn Sie weniger als 70 Kilogramm wiegen, essen Sie mit jeder Mahlzeit 90 Gramm Eiweiß; wenn Sie mehr als 70 Kilogramm wiegen, essen Sie 140 Gramm Eiweiß. Zum Frühstück esse ich gerne ein Rührei aus drei Eiern mit zwei Scheiben Putenaufschnitt (60 g), ⅛ Avocado in einer Vollkorn-Tortilla und noch einen Apfel als Nachtisch. Lecker! Das gibt's bei mir jeden Morgen. Mittags können Sie 90 bis 140 Gramm mageres Eiweiß, z. B. Hähnchen- oder Putenbrust, essen, ½ Becher mit vollwertigen, stärkeförmigen Kohlenhydraten, etwa Vollkornreis, und einen großen grünen Salat mit meiner Leinsamenöl-Zitronen-Vinaigrette. Nur beim Abendessen müssen Sie die stärkeförmigen Kohlenhydrate (Brot, Reis) durch nicht-stärkeförmige Kohlenhydrate (Gemüse) ersetzen. Sie können zum Beispiel ein Steak (90 bis 140 Gramm) mit einer doppelten Portion gedämpftem Brokkoli und dazu einen grünen Salat mit einem Teelöffel Vinaigrette essen. Beachten Sie, dass Gemüse zwar auch aus Kohlenhydraten besteht, aber so viel Wasser und Ballaststoffe und so wenig Kalorien enthält, dass Ihr Körper davon kein Fett ansetzt. Beachten Sie diese Faustregeln auch beim Essen im Restaurant, damit Sie überall, sei es beim Mexikaner, Chinesen oder Italiener, Ihren Ernährungsplan einhalten.

Ab Seite 192 finden Sie meine besten Rezepte für eine ganze Woche. Es sind schnelle und einfache Gerichte nach unserer Formel 40/40/20.

Ihr freier Tag

Ich weiß, dass manche von Ihnen bei dem Gedanken nervös werden, sich ganze acht Wochen lang einem detaillierten Ernährungsplan zu unterwerfen. Wie sollen Sie denn acht Wochen ohne Pizza oder ohne Ihr Lieblingseis überstehen? Ich kann Sie beruhigen – Sie müssen es nicht! Ich habe einen ganz besonderen Wochentag eingeplant, der sich »Ihr freier Tag« nennt. An Ihrem freien Tag haben Sie tatsächlich frei. Sie können an diesem einen Tag in der Woche essen, was Sie wollen.

Vielleicht glauben Sie, dass das nicht geht. Wie kann ich denn einen Tag frei haben und trotzdem abnehmen? Nun, wenn Sie an einem Tag doppelt so viele Kalorien essen wie sonst, beschleunigen Sie Forschungen zufolge Ihren Stoffwechsel für die folgenden 24 Stunden um neun Prozent. Das bedeutet nicht, dass Sie Ihre Kalorienzufuhr an den anderen Tagen ebenfalls verdoppeln können; aber es lässt Ihnen einen Tag lang beim Essen

vollkommen freie Wahl. Ich glaube, dass erzwungener Verzicht nur zu Fressattacken führt und deshalb sei Ihnen eine kleine Pause und der Genuss Ihrer Lieblingsspeisen gegönnt.

Ich empfehle Ihnen, einen festen Wochentag als Ihren freien Tag einzurichten. Ich persönlich genieße meinen freien Tag am liebsten freitags, weil ich dann zusammen mit meinem Team ein Mittag-essen im Büro abhalte und abends Frau und Kinder zum Essen ausführe. Oder auch mit ein paar Freunden einen trinken gehe. Es ist egal, welchen Tag Sie wählen – Hauptsache, Sie haben Woche für Woche etwas davon.

Die Sache mit dem freien Tag hat nur einen Haken – Sie dürfen nämlich an den anderen Wochentagen nicht schummeln! Allerdings werden Sie überrascht sein, wie lethargisch und ungesund Sie sich nach Ihrem freien Tag fühlen. Nachdem Sie sechs Tage lang gut zu Ihrem Körper gewesen sind, werden Sie den Unterschied spüren. Ich würde sogar wetten, dass Sie sich nach Ihren ersten freien Tagen auf eine freie Mahlzeit beschränken, vielleicht sogar auf ein kleines Dessert oder ein Glas Wein. Eines können Sie mir glauben: Wenn Sie erst einmal spüren, wie viel Energie Sie dazugewinnen, wenn Sie Ihren Körper mit dem richtigen Treibstoff versorgen, werden Sie sich nicht mehr anders fühlen wollen.

Manche werden möglicherweise gar keinen freien Tag brauchen oder auch fürchten, dass sie dadurch zu sehr vom Kurs abkommen. Keine Sorge, Ihr freier Tag ist völlig freiwillig. Wenn Sie den Ernährungsplan an jedem Tag der acht Wochen befolgen wollen, ist das großartig! Vielleicht wird Ihr Erfolg dann noch schneller sichtbar. Das Tolle ist ja, dass Sie die freie Wahl haben – die »12-Sekunden-Formel« ist eine individuelle Methode: Passen Sie sie einfach Ihrer Lebensweise und Ihren Zielsetzungen an.

Beginnen Sie noch heute!

Damit Sie Ihre Mahlzeiten im Blick haben und den Ernährungsplan einhalten können, halte ich für Sie auf Seite 191 einen Essensplaner bereit (einen ausgefüllten Plan finden Sie auf Seite 54). Darin können Sie Ihre Mahlzeiten, Snacks, Wasseraufnahme und Nahrungsergänzungsmittel eintragen. Auch Uhrzeiten können Sie notieren, damit Sie auch wirklich alle drei Stunden essen. Man vergisst sonst schnell, wann es Zeit für die nächste Mahlzeit ist oder ob man schon genug Wasser getrunken hat. Benutzen Sie den Speiseplan, um sicher zu gehen, dass Sie sich an den Ernährungsplan und an den Dreistundentakt halten.

Denken Sie daran: Wenn Ihr Training optimale Resultate bringen soll, müssen Sie unbedingt einen durchdachten Ernährungsplan einhalten. Fangen Sie also gleich zu Beginn Ihrer zweiwöchigen Schnellstartphase mit diesem Plan an. Nehmen Sie sich fest vor, während der ersten zwei Wochen hundertprozentig nach Plan zu essen. Wenn dann die Aufbauphase beginnt, haben Sie ihn drauf. Sie werden dabei so erstaunliche Resultate erreichen, dass Sie nie wieder zu Ihren alten Ernährungsgewohnheiten zurückkehren werden.

Zum Aufbau von magerer Muskelmasse und zur Steigerung des Stoffwechsels.

FRÜHSTÜCK Zeit: 7:30

	BESRCHEIBUNG	
O	Eiweiß* (90–140 g)	Räucherlachs
O	Kohlenhydrate (½ Becher oder 1 Scheibe Brot)	Vollkornbrot
O	Obst (1 Becher)	Honigmelone
O	Fett (1 TL)	1 TL Leinsamenöl

SNACK Zeit: 10:30

	BESCHREIBUNG	
O	Molkenprotein-Shake (1 Messlöffel)	Schoko-Shake**

MITTAGESSEN Zeit: 13:30

	BESCHREIBUNG	
O	Eiweiß* (90–140 g)	Putenbrust
O	Kohlenhydrate (½ Becher oder 1 Scheibe Brot)	Vollkornbrötchen
O	Gemüse*** (2 Becher)	Gemüse-Allerlei
O	Fett (1 TL)	Leinsamenöl-Dressing

SNACK Zeit: 16:30

	BESCHREIBUNG	
O	Molkenprotein-Shake (1 Messlöffel)	Vanille-Shake**

ABENDESSEN Zeit: 19:30

	BESCHREIBUNG	
O	Eiweiß* (90–140 g)	Hähnchenbrust
O	Gemüse*** (2–4 Becher)	Brokkoliröschen
O	Fett (1 TL)	Olivenöl
		1 TL Leinsamenöl

SNACK Zeit: 22:30

	BESCHREIBUNG	
O	Molkenprotein-Shake (1 Messlöffel)	Schoko-Shake**

O O O O O O O O	Wasser (8 große Gläser)	
O	Vitamine	

* Wenn Sie weniger als 70 Kilogramm wiegen, sollten Sie pro Mahlzeit 90 Gramm Eiweiß essen; wenn Sie mehr als 70 Kilogramm wiegen, sollten es 140 Gramm sein.

** Jorge Cruise empfiehlt als Protein-Shake Jorge's Packs™. Weitere Empfehlungen ab Seite 238.

*** nur nicht-stärkehaltiges Gemüse

**Debbie
Pederson-Nuñez**

Alter: 46
Größe: 1,64 m
Gewichtsabnahme: 7 kg

>>> Debbie mit 7 Kilo weniger!

»Vergangenes Jahr ist mir aufgefallen, dass meine schlanke Taille immer dicker und meine Muskeln immer schlaffer wurden. Mir war klar, dass ich etwas tun musste. Und dann habe ich Jorges ›12-Sekunden-Formel‹ entdeckt. Nach nur acht Wochen hatte ich meine schmale Taille wieder und mein Muskeltonus ist deutlich besser. Außerdem fühle ich mich jung und voller Energie! Dieses Programm fördert die physische Gesundheit, und dadurch entsteht psychische Gesundheit – ein perfektes, ausgewogenes Konzept.«

DEBBIES ERFOLGSGEHEIMNISSE

→ *Wenn du den Plan einmal nicht einhältst, bleibe trotzdem diszipliniert – damit aus einem Ausrutscher nicht zwei oder mehr werden.*

→ *Mache wirklich jeden Morgen nach dem Aufstehen und vor dem Frühstück dein Cardiotraining.*

→ *Plane, plane, plane! Kümmere dich rechtzeitig um alles, was nötig ist, um das Programm in deinem Tagesablauf unterzubringen.*

»Bis es die ›12-Sekunden-Formel‹ gab, habe ich nie ein Fitnessprogramm durchgehalten. Aber mit Jorges Hilfe hat sich meine psychische Fitness stark verbessert. Jetzt fühle ich mich großartig – voller Kraft und Selbstbewusstsein. Man merkt mir an, dass ich mich verändert habe. Ich würde am liebsten allen erzählen, wie dieses Programm mein Leben verändert hat.«

Janet Keith, »12 Sekunden«-Star, 8 Kilogramm Gewichtsverlust

SO HALTEN SIE
DIE ABENDE DURCH

Meiner Erfahrung nach ist der wahrscheinlichste Zeitpunkt für eine Fressattacke, die Ihre ganze Mühe sabotieren würde, der Abend. Daher habe ich dieses Kapitel geschrieben, das Sie emotional aufbauen soll. Ich werde Ihre innere Stärke so festigen, dass Sie Ihr abendliches Essverhalten unter Kontrolle haben, und Sie so motivieren, dass Sie während der folgenden acht Wochen kein einziges Training auslassen. Ich werde Ihnen zu der Disziplin verhelfen, die aus wahrer innerer Stärke entspringt und die die meis-

ten Menschen nie entwickeln. Das, was die meisten zustande bringen, sind Neujahrsvorsätze, die sie zwei Wochen lang halten, bevor ihnen die Puste ausgeht. So erreichen Sie Ihre Ziele nicht. Das ist einfach nicht gut genug! Sie brauchen eine raffiniertere Methode, um den Plan so zu verinnerlichen, dass er automatisch abläuft. Klingt gut? Fangen wir an.

Ziele definieren

Zuallererst müssen Sie Ihre Ziele jetzt schriftlich genau festlegen. Wenn Sie nämlich keine klare Vorstellung davon haben, was Sie mit diesem Programm erreichen wollen, werden Sie höchstwahrscheinlich über kurz oder lang scheitern. Dies mag eine gewagte Behauptung sein, aber es ist einfach so. Ich habe genug erfolgreiche Kunden gehabt, um den Weg zum Erfolg zu kennen. Wenn Sie keine starke Vision haben, werden Sie scheitern. Und deshalb definieren wir jetzt ganz präzise, was Ihre Ziele sind. Sie brauchen drei Ziele. Erstens: Was wollen Sie in den ersten zwei Wochen erreichen? Zweitens: Überlegen Sie, was Sie am Ende der acht Wochen erreicht haben wollen. Und drittens und letztens brauchen Sie noch das, was ich Lebensziel nenne. Lesen Sie sich jeden Morgen Ihre drei Ziele durch, das wird Ihnen in den nächsten Wochen Antrieb geben. Heften Sie sich Ihren Erfolgsvertrag an die Kühlschranktür, damit Sie immer daran denken.

Was können Sie realistischerweise von sich erwarten? Um ein bis zwei Kleidergrößen schrumpft die Taille bei den meisten – und zwar schon während der ersten zwei Wochen. Bis zum Ende der acht Wochen könnten Sie zwölf Kilogramm oder mehr abnehmen. Das wären großartige und doch realistische Beispiele für Ihre ersten beiden Ziele. Ihr Lebensziel sollte auf einen gesundheitlichen Aspekt fokussiert sein. Ihre Taille im Maß zu halten – unter 90 Zentimeter, wenn Sie ein Mann sind, oder 83 Zentimeter, wenn Sie eine Frau sind –, ist mit das Beste, was Sie zur Vorbeugung von Diabetes, Herzerkrankungen und anderen lebensbedrohlichen Krankheiten machen können.

In der rechten Spalte des »Vertrags« auf Seite 59 lesen Sie: »So will ich mich fühlen.« Diese Zeile habe ich eingefügt, weil ich finde, dass die meisten Fitnessprogramme ein verblüffendes Trainingsresultat völlig vernachlässigen, nämlich die Art, wie man sich dadurch fühlt. Ich möchte deshalb, dass Sie sich überlegen, wie Sie sich während der acht Wochen fühlen möchten und wie Sie sich fühlen möchten, wenn sie vorbei sind. Wollen Sie sich sicher fühlen? Stark? Kraftvoll? Voller Energie? Es mag blöd klingen, aber ich kann Ihnen versprechen, dass Sie einen zusätzlichen Motivationsschub bekommen, wenn Sie sich ein Gefühl als Ziel setzen. Achten Sie darauf, einen Begriff zu wählen, der nichts mit Ihrem Gewicht oder Ihrem Körper zu tun hat. Ich möchte, dass Sie sich auf ein Gefühl einschwören, denn genau dieses Gefühl wird Ihr Leben verändern.

Stellen Sie sich Ihre Ziele als Torte vor. Was jetzt noch fehlt, ist die Glasur, die Ihre Motivation versüßt und damit noch verstärkt. Ich möchte, dass Sie Ihren eigenen Erfolgskurs aufzeichnen. Was das ist? Nun, ich glaube fest daran, dass nichts so mächtig ist wie unsere eigene Geschichte und die Erinnerung an das, was wir überwunden und erreicht haben. Dummerweise vergessen wir oft, was wir bereits erreicht haben, und fühlen uns irrigerweise schwach und machtlos.

Ich möchte daher, dass Sie Folgendes tun: Schreiben Sie die vier stolzesten Momente Ihres Lebens auf. Das kann alles Mögliche sein: Ihr Schulabschluss, Ihre

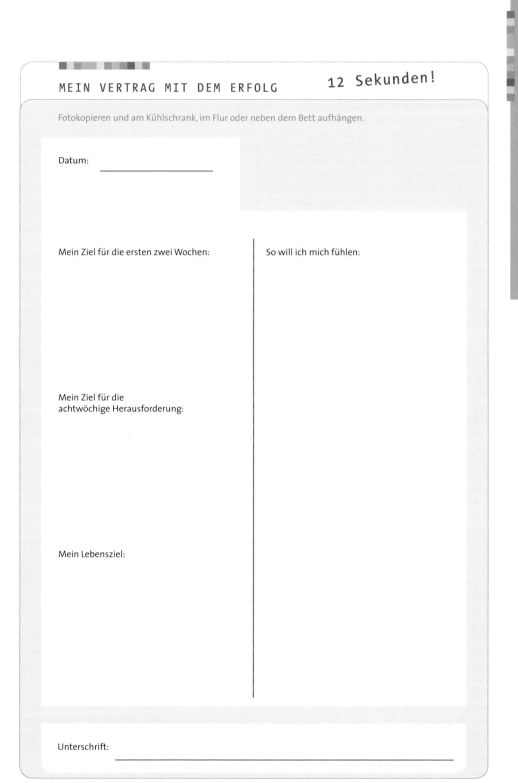

MEIN VERTRAG MIT DEM ERFOLG   12 Sekunden!

Fotokopieren und am Kühlschrank, im Flur oder neben dem Bett aufhängen.

Datum: _____

Mein Ziel für die ersten zwei Wochen: So will ich mich fühlen:

Mein Ziel für die
achtwöchige Herausforderung:

Mein Lebensziel:

Unterschrift: _____

MEIN ERFOLGSKURS

Fotokopieren und am Kühlschrank, im Flur oder neben dem Bett aufhängen.

1. Ereignis	2. Ereignis	3. Ereignis	4. Ereignis	5. Ereignis	6. Ereignis
				Heute beginne ich mit der »12-Sekunden-Formel« und der achtwöchigen Herausforderung.	Ich habe die »12-Sekunden-Formel« und die achtwöchige Herausforderung geschafft.
				Mein aktuelles Gewicht:	Mein neues Gewicht:
				_____	_____
				Meine aktuelle Kleidergröße:	Meine neue Kleidergröße:
				_____	_____
Foto einfügen	Foto einfügen	Foto einfügen	Foto einfügen	Foto einfügen	Foto einfügen
				Vorher-Foto machen und hier einkleben.	Nachher-Foto machen und hier einkleben.

erste Arbeitsstelle, die Geburt Ihres ersten Kindes oder eine künstlerische Leistung. Es kommt nicht darauf an, welche Momente Sie wählen; worauf es ankommt ist, dass Sie vier Ereignisse aufschreiben, die Sie daran erinnern, dass Sie es schaffen können. Solche Erinnerungsstützen sind wichtige Hilfen, besonders wenn Sie sie an Stellen platzieren, an denen Sie sie immer wieder sehen, z. B. an der Kühlschranktür. Wenn Sie dann spätabends doch auf dem Weg zum Vanilleeis sein

sollten, kommen Sie an dem Blatt vorbei und bleiben auf Erfolgskurs.

Fügen Sie jedem der bedeutenden Ereignisse ein Foto bei. Dadurch wird die emotionale Wirkung dieser Erinnerungshilfen noch stärker und Ihre Motivation noch größer. Diese zweite Schicht Glasur macht Ihren Erfolg noch süßer. Wenn Sie Ihren Erfolgskurs vervollständigt haben, fotokopieren Sie ihn und hängen Sie ihn in der Küche, im Schlafzimmer und sogar am Badezimmerspiegel auf.

Erfolge dokumentieren

Ich möchte, dass Sie, sobald Sie mit dem Trainingsprogramm und dem Ernährungsplan begonnen haben, Ihre täglichen Fortschritte protokollieren. Im Anhang finden Sie drei Formblätter, zwei für die Trainingseinheiten (auf Seite 220 und 221) und eines für die Mahlzeiten (auf Seite 191). Fotokopieren Sie sie und verwenden Sie sie täglich, um auf Erfolgskurs zu bleiben. Auf den Formblättern ist auch Platz für persönliche Notizen. Betrachten Sie diese Protokolle als zusätzliche Motivation und als Dokumentation Ihrer täglichen Arbeit an sich selbst. Nach Abschluss der achtwöchigen Herausforderung geben Ihnen Ihre Aufzeichnungen Mut zum Weitermachen. Sie werden zum Entwurf Ihrer persönlichen Bestform.

Die Kraft der Gemeinschaft

Ich möchte Ihnen ein letztes Geheimnis verraten, das Ihnen helfen wird, hochmotiviert volle acht Wochen durchzuhalten, besonders an den Abenden: die Kraft der Gemeinschaft.

Was ich damit meine? Nun, das Erfolgsgeheimnis meiner erfolgreichsten Klienten liegt wahrscheinlich darin, dass sie von Menschen unterstützt werden, denen ihr Erfolg am Herzen liegt. Diese entscheidende Erkenntnis bedeutet, dass die Menschen in Ihrer Umgebung indirekt darüber mitbestimmen, was aus Ihnen wird. Wenn Sie einen großartigen Freundeskreis haben, werden Sie Großartiges erreichen. Wenn Sie Freunde haben, die Sie wenig motivieren, stehen Ihre Chancen schlecht.

→

Im Dreier zum Erfolg!

Mehrere meiner Klienten waren sehr erfolgreich, indem Sie ein Dreierteam formierten. Das sind drei Leute, die sich vereinen, um sich gegenseitig Kraft, Klarheit und Motivation zu geben. So haben sich drei Klientinnen von mir, Christine, Denise und Cindy, zusammengetan, um mit der »12-Sekunden-Formel« ihre Bestform zu erreichen. Sie haben mit dem Programm zusammen rund 25 Kilogramm abgenommen und machen weiterhin Fortschritte. Sie haben per E-Mail und Telefon miteinander kommuniziert und einander motivierende Texte und Zitate geschickt, damit alle drei auf Erfolgskurs bleiben. Ein Lieblingszitat von Christine – und auch von mir – stammt von Ralph Marston und lautet: »Deine Ziele minus der Zweifel ergeben deine Wirklichkeit.«

Die drei haben sich auch immer wieder regelmäßig unter www.12second.com* getroffen und regen Gebrauch vom Chatroom gemacht, weil sie dadurch gut in Kontakt bleiben konnten. Cindy fand, dass ihre »Kolleginnen« für sie ein entscheidender Erfolgsfaktor waren: »Ich fühlte mich ihnen verpflichtet und das hat mich sehr motiviert!« Christine, Denise und Cindy haben mein Programm gemeinsam angepackt und dadurch einen noch größeren Nutzen daraus gezogen – und das können Sie sicherlich auch!

---

* Hinweis: Die Klubmitgliedschaft ist kostenpflichtig und nur als Premium-Mitgliedschaft möglich.

Janet
Keith

Alter: 51
Größe: 1,68 m
Gewichtsabnahme: 7 kg

>>> Janet mit 7 Kilo weniger!

»Bevor ich Jorges Acht-Wochen-Plan absolviert habe, hatte ich überhaupt keine Kraft in den Armen oder in den Bauchmuskeln. Ich habe alle möglichen Fitnessmethoden ausprobiert und es nie geschafft, bei einer zu bleiben. Ich brauchte Hilfe. Mir fehlte die Energie für Unternehmungen außer Haus, meine Kleider saßen furchtbar und ich fühlte mich einfach schrecklich. Jetzt habe ich durch die ›12-Sekunden-Formel‹ so viel Energie gewonnen, dass mir die Kollegen bei der Arbeit schon gesagt haben, dass ich zu viel quassele. Ich habe jetzt Lust, rauszugehen und etwas zu unternehmen, anstatt vor dem Fernseher zu hocken. Ich habe eine Figur – davon war jahrelang nichts mehr zu sehen. Das verdanke ich alles einem einfachen Trainingsplan, den ich ganz leicht in mein Leben integrieren konnte. Und jetzt bleibe ich dabei! Ich fühle mich großartig, stark und voller Stolz. Allen fällt es auf, dass ich mich verändert habe, und allen erzähle ich von dieser Methode.«

JANETS ERFOLGSGEHEIMNISSE

→ Mahlzeiten im Voraus planen.

→ Zum Trainieren eine ruhige, störungsfreie Zeit freihalten.

→ Das »neue« Ich visualisieren.

**Denise
Uzzell**

Alter: 44
Größe: 1,71 m
Gewichtsabnahme: 10 kg

>>> Denise mit 10 Kilo weniger!

»Ich habe durch die ›12-Sekunden-Formel‹ sehr viel gelernt. Mein halbes
Leben lang habe ich eine Diät nach der anderen gemacht. Hatte ich abgenommen, wusste ich nie, wie ich mein Gewicht mit normaler Ernährung
halten sollte. Diesmal habe ich gelernt, wie ich mich gesund ernähre, indem
ich frische Lebensmittel esse anstelle von vorgefertigten. Statt auf Diät zu
gehen, habe ich meine Lebensweise geändert. Ich bin jetzt 44 und habe
einen achtjährigen Sohn. Aufzugeben kam für mich gar nicht infrage. Mir
ist klar geworden, dass richtige Ernährung nur die eine Hälfte ist. Training
ist genauso wichtig. Letztendlich fühle ich mich gut, wenn ich gut aussehe.
Zurzeit fühle ich mich toll und freue mich auf die nächste Herausforderung.«

DENISES ERFOLGSGEHEIMNISSE

→ *Mache morgens Cardiotraining! Cardiotraining lässt die Pfunde dahinschmelzen und bringt
Energie.*

→ *Suche dir etwas, das dich motiviert: ein Ziel oder eine Belohnung, vielleicht eine Reise.*

→ *Denke daran, dass dein gesundes Verhalten auch deine Umgebung, also deine Freunde und
deine Familie motiviert.*

»Ich habe noch nie so schnell abgenommen. Es war unglaublich! Ich habe insgesamt 45 Zentimeter an Umfang verloren. Meine Kleider sitzen ganz anders und vielen ist meine Veränderung aufgefallen.«

Christine Rivera, »12 Sekunden«-Star, 9 Kilogramm Gewichtsverlust

6

JETZT GEHT'S LOS

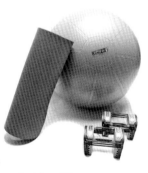

Die nächsten acht Wochen mit der »12-Sekunden-Formel« bestehen aus zwei einfachen Phasen. Diese beiden Phasen sind aufeinander abgestimmt und daher sollten Sie sie genau befolgen, wenn Sie maximale Resultate erreichen wollen.

Schnellstartphase

Diese Phase ist dazu da, um Sie schnell in die Gänge zu bringen. Für die Trainingseinheiten müssen Sie absolut nicht ins Fitnessstudio; Sie können sie problemlos zu Hause machen. Nach der ersten

Woche werden Ihre Trainingseinheiten schrittweise intensiviert, um Sie auf die Aufbauphase vorzubereiten. In den ersten beiden Wochen brauchen Sie nur ein paar einfache Hilfsmittel: einen Satz Hanteln, einen Gymnastikball und eine Matte. All das bekommen Sie in jedem Sportartikelgeschäft oder auf unserer Internetseite. Falls Sie Mitglied in einem Fitnessstudio sind, können Sie natürlich alle Schnellstart-Trainingseinheiten dort absolvieren. Es spricht absolut nichts dagegen. Egal wo Sie trainieren, es gibt keinen Grund, nicht sofort anzufangen!

→

Erste Woche: keine faulen Ausreden

Um mit der »12-Sekunden-Formel« anzufangen, brauchen Sie nur eine minimale Ausrüstung: einen Gymnastikball, eine Matte und einen Satz Hanteln. Was, wenn Sie nichts davon haben und trotzdem noch heute anfangen wollen? Ob Sie's glauben oder nicht, es ist machbar! Ab Seite 224 finden Sie eine Trainingseinheit für unterwegs, mit der Sie ohne jedes Zubehör loslegen können. Sie brauchen nichts weiter als einen Stuhl und eine Matte oder ein Handtuch. Den nötigen Widerstand liefert allein Ihr Körpergewicht. Diese Trainingseinheit dient nicht nur hervorragend als Einstieg, sondern lässt sich auch prima auf Reisen oder im Büro praktizieren. In nur 20 Minuten wird Ihr ganzer Körper trainiert. Als Einstieg machen Sie dieses Training zweimal in einer Woche, am besten am Montag und Donnerstag. Dann steigern Sie die Intensität und beginnen mit der Schnellstartphase.

Aufbauphase

Sobald Sie die Schnellstartphase hinter sich haben, geht es mit der Aufbauphase los. Aufbau bedeutet schlicht und einfach, dass wir Ihren Körper kontinuierlich an seine Grenzen bringen. Denn nichts anderes lässt mageres Muskelgewebe entstehen. Die »12-Sekunden-Formel« hat das Ziel, Ihren Körper nachhaltig zu verändern und aus diesem Grund müssen wir Sie nach und nach mit neuen, hocheffektiven Übungen vertraut machen.

In den ersten beiden Wochen der Aufbauphase lernen Sie viele neue Bewegungen und brauchen immer noch nichts weiter als Hanteln, Ball und Matte. Sie können auch weiterhin zu Hause trainieren, wenn es Ihnen lieber ist. Aber die fünfte Woche bringt eine Veränderung. Um Ihre Muskeln weiterhin an ihre Grenzen zu

bringen, brauchen Sie ab der fünften Woche einen Kabelzugapparat, auch kurz Kabelzug oder »Functional Trainer« (FT) genannt. Durch den Einsatz eines Kabelzugs trainieren Sie auf einer neuen Leistungsstufe. Warum? Es gibt einfach nichts Effektiveres. Ein FT-Kabelzug erfordert Balance und Stabilisierung, wie es freie Gewichte und der alltägliche Muskelgebrauch tun, bietet aber auch den gleichmäßigen Widerstand herkömmlicher Kraftmaschinen. Diese Nicht-FT-Maschinen bieten Ihren Muskeln zwar einen konstanten Widerstand, aber da die Bewegung wie auf Schienen geführt wird, beteiligt sich die stabilisierende Muskulatur nur teilweise. Und das bedeutet, dass Sie das Training nicht maximal fordert. Aber schließlich ist doch genau das unser Ziel: Sie so zu fordern, dass herrliche neue Muskeln modelliert und geformt werden. Fazit: Wenn Sie maximale Resultate wollen, setzen Sie alles daran, an einen FT-Kabelzug zu gelangen.

Wie kommen Sie an einen FT-Kabelzug? Nun, es gibt zwei Möglichkeiten: Einerseits können Sie sich einen für zu Hause kaufen. Meiner Meinung nach gibt es für Ihre Gesundheit und Ihre Fitness keine sinnvollere Investition. Kein noch so schickes Auto verbessert dermaßen Ihre Lebensqualität – mal ganz abgesehen von der Haltbarkeitsdauer eines Wagens.

Die zweite Möglichkeit ist die Mitgliedschaft in einem Fitnessstudio. Jedes Fitnessstudio hat eine FT-Kabelzugstation oder etwas Ähnliches. Sollten Sie kein Gerät finden, das dem hier abgebildeten ähnelt, fragen Sie einen Trainer und er wird Ihnen das passende Gerät zeigen.

Wenn es Ihnen wirklich nicht möglich ist, ein Fitnessstudio zu besuchen, gibt es noch eine Möglichkeit, die ab Seite 219 erläutert wird.

Ich gehe davon aus, dass einige unter Ihnen aufgrund von Verletzungen oder anderen Beschwerden manche Bewegungen nur eingeschränkt ausführen können. Aus diesem Grund gibt es für bestimmte Übungen eine »sichere Alternative«. Die abgebildete Bewegung ist dabei ideal, aber auch mit der alternativen Übung erreichen Sie gute Resultate.

So machen Sie's richtig

Im dritten Kapitel haben Sie schon erfahren, dass die »12-Sekunden-Formel« Ihren Körper in zwei Muskelgruppen geteilt trainiert – in primäre und sekundäre – und dass Sie an jedem Trainingstag drei Zirkel durchlaufen, die die jeweiligen Körperregionen ansprechen. Jeder Zirkel besteht aus vier Übungen und von jeder Übung machen Sie vier Wiederholungen. Wenn Sie also am ersten Tag Ihr Training mit einem Ausfallschritt beginnen, führen Sie diesen Ausfallschritt viermal im hocheffizienten 12-Sekunden-Takt aus und gehen dann schnell zur nächsten Übung über. Wenn Sie alles zusammenzählen, dauert jeder Zirkel sechs Minuten. Ihr gesamtes Training ist also nur 18 Minuten lang, aber ich habe noch ein bisschen Zeit für die Übergänge zwischen den Übungen berechnet. Macht insgesamt 20 Minuten, zweimal die Woche.

Die besten Tage

Sie können Ihre beiden wöchentlichen Trainingseinheiten an zwei beliebigen

Tagen machen, aber eine Bedingung gibt es. Wenn Sie wirklich optimale Resultate erzielen wollen, müssen Sie Ihrem Körper zwei Ruhetage zwischen den Trainingseinheiten gönnen. Wenn Sie in zu kurzem Abstand trainieren, sind Sie nicht ausreichend erholt und Ihre Muskeln nicht vollständig verheilt. Meine offizielle Empfehlung lautet: Trainieren Sie montags und donnerstags. Meine erfolgreichsten Kunden beginnen ihre Woche gerne mit einem großartigen Training und möchten das zweite am liebsten vor dem Wochenende geschafft haben. Sie können aber trainieren, wann es Ihnen am besten passt, solange Sie Ihren Körper zwischendurch ausruhen lassen. Benutzen Sie den 8-Wochen-Trainingskalender, um Ihre absolvierten Trainingseinheiten abstreichen zu können.

Zu guter Letzt verrate ich Ihnen nun noch meine vier Technik-Tricks: Form, Zählen, Atmung und Intensität. Es sind einfache Tricks, aber wenn Sie alle vier richtig machen, sind Ihnen maximale Resultate sicher.

Die richtige Form

Wenn Sie die Übungen richtig machen, konzentriert sich die ganze Belastung auf den Muskel, den Sie trainieren wollen. Beim Bizeps-Curl zum Beispiel soll die ganze Zugkraft der Hantel oder des Kabels ausschließlich den Bizeps belasten. Nachlässigkeit bei der Form der Bewegung führt dazu, dass andere Muskelgruppen, etwa Schulter- oder Rückenmuskeln, die Last übernehmen. Schlechte Form bringt Sie also um ein wirklich effektives Training und kann Verletzungen

herbeiführen, die Sie wochenlang vom Training abhalten.

Im nachfolgenden Übungsteil demonstriere ich jede Übung mit zwei Abbildungen (manchmal auch drei, etwa bei besonderen Griffen), und daneben finden Sie eine kurze Anleitung. Bitte lesen Sie die Anleitungen! Darin finden Sie wertvolle Tipps wie »Rücken gerade halten« oder »Ellenbogen während der gesamten Übung am Körper halten«, Tipps, die für Ihren Erfolg entscheidend sein können. Betrachten Sie diese Anleitungen wie Kochrezepte. Würden Sie Ihre erste Lasagne zubereiten, ohne vorher das Rezept durchzulesen? Wenn Sie wirklich Ihre persönliche Bestform erreichen wollen, dann dürfen Sie keine wichtige Zutat weglassen! Lesen Sie bei jedem Training die detaillierten Anleitungen im Übungsteil: Hier folgen zunächst einige allgemeine Tipps zum erfolgreichen Trainieren.

Da es das Ziel der »12-Sekunden-Formel« ist, so effektiv wie möglich zu arbeiten, möchte ich, dass Sie sich vorbereiten. Gehen Sie die Anleitungen durch, bevor Sie mit einer Trainingseinheit beginnen. Schauen Sie sich jede einzelne Übung an und probieren Sie sie kurz aus, um sich mit der Bewegung vertraut zu machen und den Punkt der höchsten Anspannung, den *maximum tension point* (MTP), herauszufinden. Wenn Sie dann zum Beispiel mit einem Dip am Stuhl beginnen, wissen Sie genau, an welchem Punkt Sie am besten zwei Sekunden lang halten. Denken Sie daran: Dieses Training ist als Zirkeltraining dazu gedacht, Ihren Pulsschlag anzutreiben. Je besser Sie mit den Bewegungen vertraut sind, desto schneller

8-WOCHEN-TRAININGSKALENDER

Start: 7.1.

Ende: 28.2.

	Montag	Dienstag	Mittwoch	Donnerstag	Freitag	Samstag	Sonntag
1. WOCHE	1 ~~X~~ primäres Training 7.1.	2 ~~X~~ frei	3 ~~X~~ frei	4 ~~X~~ sekundäres Training 10.1.	5 ~~X~~ frei	6 ~~X~~ frei	7 ~~X~~ frei
2. WOCHE	8 ~~X~~ primäres Training 14.1.	9 ~~X~~ frei	10 ~~X~~ frei	11 ~~X~~ sekundäres Training 17.1.	12 ~~X~~ frei	13 ~~X~~ frei	14 ~~X~~ frei
3. WOCHE	15 ~~X~~ primäres Training 21.1.	16 ~~X~~ frei	17 ~~X~~ frei	18 ~~X~~ sekundäres Training 24.1.	19 ~~X~~ frei	20 ~~X~~ frei	21 ~~X~~ frei
4. WOCHE	22 ~~X~~ primäres Training 28.1.	23 ~~X~~ frei	24 ~~X~~ frei	25 ~~X~~ sekundäres Training 31.1.	26 ~~X~~ frei	27 ~~X~~ frei	28 ~~X~~ frei
5. WOCHE	29 ~~X~~ primäres Training 4.2.	30 ~~X~~ frei	31 ~~X~~ frei	32 ~~X~~ sekundäres Training 7.2.	33 frei	34 frei	35 frei
6. WOCHE	36 primäres Training 11.2.	37 frei	38 frei	39 sekundäres Training 14.2.	40 frei	41 frei	42 frei
7. WOCHE	43 primäres Training 18.2	44 frei	45 frei	46 sekundäres Training 21.2.	47 frei	48 frei	49 frei
8. WOCHE	50 primäres Training 25.2.	51 frei	52 frei	53 sekundäres Training 28.2.	54 frei	55 frei	56 ERFOLG!

Bitte fotokopieren und an den Kühlschrank heften. Im Laufe der 8-Wochen-Phase die einzelnen Tage durchstreichen – so wird Ihr Fortschritt sichtbar!

können Sie sie nacheinander bewältigen. Ich habe zwar ein bisschen Übergangszeit zwischen den Übungen eingeplant, aber wenn Sie schon eine Vorstellung davon haben, was als Nächstes kommt, wird Ihre Ausdauer noch besser mittrainiert. Lassen Sie sich nicht davon entmutigen, dass Sie vielleicht nicht gleich die richtige Form finden – mit jedem Mal wird es ein bisschen einfacher!

Noch etwas: Denken Sie an Ihr morgendliches Cardiotraining! Machen Sie jeden Morgen vor dem Frühstück einen flotten, 20 Minuten langen Spaziergang. Wie ich im dritten Kapitel bereits ausgeführt habe, beschleunigt ein Morgenspaziergang Ihre Fettverbrennung und bringt Sie Ihrem Wunschgewicht näher.

Sie haben nun alles, was Sie brauchen, um loszulegen. Sie sind nun bereit für das Programm, das Ihren Körper und Ihr ganzes Leben verändern wird.

Zählen

Ich habe Ihnen im dritten Kapitel bereits erklärt, wie die »12-Sekunden-Formel« funktioniert, aber ich muss noch einmal betonen, wie wichtig es für Ihren Trainingserfolg ist, richtig zu zählen. Sie wissen ja, zuerst machen Sie eine zehn Sekunden lange Bewegung, dann halten Sie zwei Sekunden lang am MTP und kehren in weiteren zehn Sekunden zur Startposition zurück. Es ist dieses einzigartige, revolutionäre Timing, was Ihren Körper in eine schlanke und straffe Fettverbrennungsmaschine verwandelt!

Wenn Sie eine kleine Hilfe beim Zählen brauchen können, versuchen Sie es mit einem Metronom; auf diese Idee hat mich einer meiner Kunden gebracht. Ein Metronom ist eigentlich dazu da, Musikern das Tempo vorzugeben, aber viele meiner Kunden finden es ein perfektes Hilfsmittel, um ihre zwölf Sekunden akkurat zu zählen. Metronome sind im Musikfachhandel erhältlich.

Egal mit welcher Methode Sie zählen, halten Sie sich auf jeden Fall an die zehn Sekunden langen Hebe- und Senkphasen und an die zwei Sekunden Halt am MTP. Schnellere Bewegungen nutzen die Schwungkraft und entlasten so den Muskel. Beschummeln Sie sich nicht selbst! Wenn Sie eine Wiederholung vollendet haben, beginnen Sie gleich mit der nächsten, bis Sie die vorgeschriebene Zahl an Wiederholungen ausgeführt haben. Halten Sie über den ganzen Satz hinweg die Bewegung gleichmäßig, dann werden Sie staunen, wie sehr Ihre Muskeln nach so kurzer Zeit brennen.

Atmung

Ich habe herausgefunden, dass manche meiner Kunden beim Training tendenziell den Atem anhalten, während andere eher hyperventilieren. Beides verhindert, dass der Körper ausreichend mit Sauerstoff versorgt wird. Sauerstoff ist aber für das Training unentbehrlich. Er verbindet sich mit Glykogen und Fett, um die Energie zu erzeugen, die Sie zum Trainieren brauchen. Als passende Ergänzung meiner Methode empfehle ich eine Technik, die sich Federatmung (*feathered breathing*) nennt. Federatmung ist eine Methode der Atemkontrolle, um die Sauerstoffaufnahme bei anhaltender Anstrengung zu sichern. Durch ein gleichmäßiges, rhythmisches Atemmuster verhindern Sie, dass Sie die Luft anhalten oder hyperventilieren. Es ist eine sehr einfache Technik, die Sie mit ein wenig Übung bald beherrschen werden. Vor Beginn der Übung atmen Sie einfach tief ein und dann in kurzen, kontrollierten Stößen wieder aus. Wenn Sie Ihre Lunge entleert haben, atmen Sie bis zum Ende der Übung immer wieder tief ein und in kurzen Stößen wieder aus. Diese Technik wenden Sie während des gesamten Satzes an. Unter www.12second. com demonstriere ich Ihnen die Federatmung kostenlos auf einem Video.

Intensität

Ein wichtiges Element der »12-Sekunden-Formel« ist Intensität. Die meisten Übungen machen Sie in nur vier Wiederholungen, daher sollten diese vier Wiederholungen effektiv sein. Schließlich umfasst dieses Programm nur 20 Minuten, zweimal die Woche. Entscheidend für Ihren Erfolg ist, dass Sie alles geben. Ich gebe Ihnen jetzt ein paar Hinweise, wie Sie die richtige Intensität für Ihr Training herausfinden.

Wählen Sie das richtige Gewicht, denn nur das schafft Muskelermüdung mit der vierten Wiederholung. Sie können einen dreiteiligen Satz Hanteln benutzen: 1 ½, 3 und 5 Kilo oder ein variables Hantelsystem. Da eine hohe Intensität entscheidend ist, sollten Sie sichergehen, dass Sie für jede Übung das richtige Gewicht einsetzen. Dies ist der Test: Wenn Sie das Gewicht mehr als vier Wiederholungen lang heben können, ist es nicht schwer genug. Und wenn Sie nur zwei oder drei Wiederholungen schaffen, ist

das Gewicht – Sie ahnen es – zu schwer! Eine einfache Formel, mit der jede einzelne Wiederholung maximale Wirkung entfaltet. Und darum geht es, denn nur mit der richtigen Intensität holen Sie alles aus diesem Fitnessprogramm heraus. Machen Sie Ihr Training nicht durch Pfuscherei zunichte, denn damit fälschen Sie auch die Resultate, die Sie doch so gerne sehen wollen, nämlich die wohlgeformten, schlanken Muskeln, die rund um die Uhr Körperfett verbrennen.

Schlagen Sie in diesem Kapitel nach, wenn Sie sich über die Form, die Atmung, das Zählen oder die Intensität nicht mehr im Klaren sind. Die Techniken, die ich in diesem Kapitel beschrieben habe, ermöglichen Ihnen, aus Ihren Trainingseinheiten alles herauszuholen. Und nicht nur das: In der richtigen Form ausgeführt sind die Übungen nicht nur hocheffektiv, sondern auch äußerst sicher. Jetzt sind Sie bereit für die Schnellstartphase. Los geht's!

Gilad Barash

Alter: 35
Größe: 1,73 m
Gewichtsabnahme: 6 kg

>>> Gilad mit 6 Kilo weniger!

»Ich habe immer ziemlich bewegungsarm gelebt. Ich habe mich um körperliche Fitness bemüht, aber durch die Schule und dann durch die Arbeit war ich immer sehr beschäftigt. Zeitweise habe ich mir auch Muskeln antrainiert und bin schlanker geworden, ich hatte sogar schon Personal Trainer. Diesmal wollte ich aber etwas Neues ausprobieren. Ich wollte die fünf Kilo loswerden, die ich nie losgeworden bin.

Die ›12-Sekunden-Formel‹ ist mir gerade zur rechten Zeit begegnet. Dieses Programm hat mich auf den richtigen Weg gebracht und mir endlich all die Mittel verschafft, mit deren Hilfe ich diese hartnäckigen Kilos losgeworden bin. Und ich bin sicher, dass ich mithilfe dieses Programms diese tollen Resultate auch langfristig beibehalten kann.«

GILADS ERFOLGSGEHEIMNISSE

→ Fortschritte zu sehen war mit Abstand die größte Motivation für mich, das hat mich dazu bewegt weiterzumachen, um noch bessere Resultate zu erzielen.

→ Plane eine Schummelmahlzeit pro Woche ein, um Fressattacken zu widerstehen und motiviert zu bleiben.

Noelle Huerta

Alter: 20
Größe: 1,65 m
Gewichtsabnahme: 9 kg

>>> Noelle mit 9 Kilo weniger!

»Als ich mit der Uni anfing, haben Bewegungsmangel, schlechte Ernährung und die neue Umgebung bei mir für mehr als die üblichen 15 Erstsemesterpfunde gesorgt. Nach den ersten zwei Semestern wog ich um die 70 Kilogramm, so viel hatte ich noch nie gewogen. Als ich mit der ›12-Sekunden-Formel‹ angefangen habe, war ich extrem motiviert, weil ich wusste, dass ich es schaffen kann. Dass ich die acht Wochen durchgehalten habe, heißt nicht, dass ich mit dem Programm aufhöre. Es gehört jetzt zu meinem Leben. Ich habe gelernt, mir ein Programm zusammenzustellen, das Ernährung und Fitness in meinen turbulenten Alltag integriert. Ich habe so viel Selbstvertrauen gewonnen und freue mich schon darauf, weitere Fortschritte zu sehen!«

NOELLES ERFOLGSGEHEIMNISSE

→ Nicht aufgeben! Verliere nicht den Mut, wenn sich nicht gleich sichtbare Resultate einstellen.

→ Plane deine Mahlzeiten im Voraus, damit es keine Entschuldigung dafür gibt, nicht alle drei Stunden zu essen.

→ Mach das morgendliche Cardiotraining – es funktioniert!

WOCHE 1   WOCHE 2

7

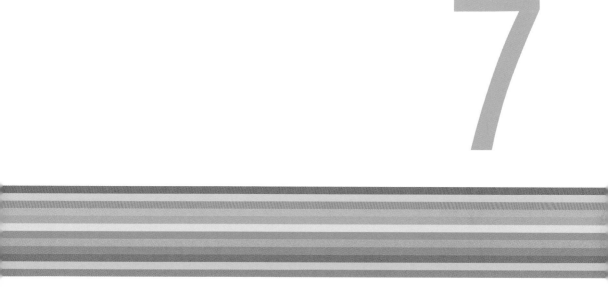

SCHNELLSTARTPHASE:
WOCHE 1 BIS 2

A Beine

Kniebeugen für Einsteiger (*Beginner Squat*)

Stellen Sie sich zwischen zwei stabile Stühle, die Füße sind schulterbreit auseinander. Federatmung. Zählen Sie zehn Sekunden, während Sie in die Knie gehen. Halten Sie dabei den Rücken gerade, die Bauchmuskeln angespannt und den Brustkorb gestreckt. Halten Sie zwei Sekunden lang am MTP an. Kehren Sie in zehn Sekunden in die Ausgangsposition zurück. Machen Sie sofort im Anschluss noch drei Wiederholungen.
TIPP: Benutzen Sie die Stühle nur zur Balance, nicht als Stütze.

Diamantgriff

B Rücken

Überzüge auf dem Ball (*Pullover on Swiss Ball*)

Halten Sie eine Hantel im sogenannten Diamantgriff. Legen Sie sich so auf den Ball, dass Kopf und Nacken aufliegen. Halten Sie während der gesamten Übung Ihr Becken oben und die Bauchmuskeln angespannt. Heben Sie die Hantel über dem Brustkorb hoch, ohne dabei die Ellenbogen durchzustrecken. Federatmung. Zählen Sie zehn Sekunden, während Sie das Gewicht hinter Ihrem Kopf absenken. Halten Sie zwei Sekunden lang am MTP an. Führen Sie das Gewicht in die Ausgangsposition zurück und zählen Sie dabei wieder zehn Sekunden. Machen Sie sofort im Anschluss noch drei Wiederholungen.
TIPP: Wo Ihr MTP liegt, hängt davon ab, wie weit Sie Ihre Arme nach hinten strecken können.

MTP: *maximum tension point* (Höchstspannungspunkt). **Federatmung:** tief einatmen und in kurzen Stößen ausatmen. **Zeitplan:** Jede Übung dauert 90 Sekunden, jeder Zirkel sechs Minuten.

C Brust

Hanteldrücken schräg auf dem Ball
(Incline Press on Swiss Ball)

Nehmen Sie in jede Hand eine Hantel und legen Sie sich so auf den Ball, dass Kopf und Nacken aufliegen. Lassen Sie Ihr Becken fast bis zum Boden gleiten. Heben Sie die Hanteln hoch und halten Sie sie mit leicht gebeugten Ellenbogen so zusammen, dass die obere Brustmuskulatur angesprochen wird. Federatmung. Zählen Sie zehn Sekunden, während Sie die Hanteln absenken. Halten Sie zwei Sekunden lang am MTP an. Stemmen Sie das Gewicht zurück in die Ausgangsposition und zählen Sie dabei wieder zehn Sekunden. Machen Sie sofort im Anschluss noch drei Wiederholungen.

D Bauch

Crunches mit Aufrollen
(Curl-up Crunch)

Legen Sie sich auf eine Matte. Als Stütze für den Nacken legen Sie die Hände an den Hinterkopf. Stellen Sie ein Bein auf, das andere strecken Sie aus. Federatmung. Zählen Sie zehn Sekunden, während Sie Kopf und Oberkörper nach oben in Richtung Knie rollen. Am MTP kontrahieren Sie zwei Sekunden lang die Bauchmuskeln. Kehren Sie in zehn Sekunden in die Ausgangsposition zurück. Machen Sie sofort im Anschluss noch eine Wiederholung. Wechseln Sie das Bein und wiederholen Sie die Übung zweimal. So kommen Sie auf insgesamt vier Wiederholungen.

A Beine

Kniebeugen am Ball
(Swiss Ball Squat)

Drücken Sie den Ball gegen eine Wand und lehnen Sie sich mit dem unteren Rücken gegen den Ball. Die Füße stehen hüftbreit auseinander, etwa 30 Zentimeter von der Wand entfernt. Verschränken Sie die Arme auf Schulterhöhe. Federatmung. Zählen Sie zehn Sekunden, während Sie in die Knie gehen. Die Knie bilden jetzt einen rechten Winkel. Halten Sie zwei Sekunden lang am MTP an. Kehren Sie in zehn Sekunden in die Ausgangsposition zurück. Machen Sie sofort im Anschluss noch drei Wiederholungen.

Obergriff

B Rücken

Vorgebeugtes Rudern im Obergriff
(Bent-over Row, overhand grip)

Halten Sie ein Paar Hanteln mit gestreckten Armen im Obergriff. Die Handflächen zeigen nach hinten, die Füße stehen schulterbreit auseinander. Beugen Sie die Hüfte, als wenn Sie Ihre Schuhe zubinden möchten; Ihr Kopf ist angehoben, der Brustkorb gestreckt, sodass der Rücken ein wenig durchgedrückt ist. Die Knie sind leicht gebeugt. Federatmung. Zählen Sie zehn Sekunden, während Sie die Hanteln in einer fließenden Ruderbewegung hochziehen. Die Ellenbogen bleiben nah am Körper. Am MTP ziehen Sie die Schulterblätter zwei Sekunden lang zusammen. Senken Sie die Arme in die Ausgangsposition ab und zählen Sie dabei wieder zehn Sekunden. Machen Sie drei Wiederholungen.

MTP: *maximum tension point* (Höchstspannungspunkt). **Federatmung:** tief einatmen und in kurzen Stößen ausatmen. **Zeitplan:** Jede Übung dauert 90 Sekunden, jeder Zirkel sechs Minuten.

C Brust

Liegestütze auf Knien
(*Push-up on Knees*)

Knien Sie sich auf die Matte und stützen
Sie sich auf Ihren Händen ab. Die Knie sind
schulterbreit geöffnet, die Hände liegen etwas
mehr als schulterbreit auseinander, die Finger
zeigen nach vorne. Federatmung. Zählen Sie
zehn Sekunden, während Sie den Brustkorb zum Boden absenken. Halten Sie zwei
Sekunden lang am MTP an. Stemmen Sie den
Oberkörper zurück in die Ausgangsposition
und zählen Sie dabei wieder zehn Sekunden. Die Ellenbogen bleiben leicht gebeugt.
Machen Sie sofort im Anschluss noch drei
Wiederholungen.

D Bauch

Bein-Crunches auf dem Stuhl
(*Chair Crunch*)

Setzen Sie sich auf den Rand eines stabilen
Stuhls oder einer Hantelbank. Greifen Sie hin-
ter sich und halten Sie sich an den Seiten des
Stuhls fest. Strecken Sie die Beine aus, wobei
sich der Oberkörper etwas nach hinten neigt.
Federatmung. Zählen Sie zehn Sekunden,
während Sie die Knie langsam zum Oberkör-
per ziehen. Am MTP kontrahieren Sie zwei
Sekunden lang die Bauchmuskeln. Bewegen
Sie die Beine zurück in die Ausgangsposition
und zählen Sie dabei wieder zehn Sekunden.
Machen Sie sofort im Anschluss noch drei
Wiederholungen.

A Beine

Kniebeugen mit weit geöffneten Beinen (*Plié Squat*)

Halten Sie eine Hantel mit beiden Händen. Die Füße sind mehr als schulterbreit auseinander und die Zehen zeigen, genau wie die Knie, nach außen. Federatmung. Zählen Sie zehn Sekunden, während Sie in die Knie gehen, als wenn Sie sich auf einen Stuhl setzen würden. Halten Sie zwei Sekunden lang am MTP an. Drücken Sie die Fersen in den Boden, kehren Sie in die Ausgangsposition zurück und zählen Sie dabei wieder zehn Sekunden. Machen Sie sofort im Anschluss noch drei Wiederholungen.

B Rücken

Hyperextensions auf dem Ball (*Hyperextension on Swiss Ball*)

Legen Sie sich mit dem Becken auf den Ball und halten Sie die Hände an den Hinterkopf. Beugen Sie die Hüfte. Federatmung. Zählen Sie zehn Sekunden, während Sie mit den Muskeln des unteren Rückens den Oberkörper anheben. Halten Sie zwei Sekunden lang am MTP an. Kehren Sie in die Ausgangsposition zurück und zählen Sie dabei wieder zehn Sekunden. Machen Sie sofort im Anschluss noch drei Wiederholungen.

80   **MTP:** *maximum tension point* (Höchstspannungspunkt). **Federatmung:** tief einatmen und in kurzen Stößen ausatmen. **Zeitplan:** Jede Übung dauert 90 Sekunden, jeder Zirkel sechs Minuten.

C Brust

Butterflys mit Hanteln auf dem Ball
(*Flat Dumbbell Fly on Swiss Ball*)

Nehmen Sie in jede Hand eine Hantel und legen Sie sich so auf den Ball, dass Kopf und Nacken aufliegen. Halten Sie die Hanteln mit gestreckten Armen über dem Brustkorb. Die Handflächen zeigen zueinander, die Ellenbogen sind leicht gebeugt. Federatmung. Zählen Sie zehn Sekunden, während Sie die Hanteln zur Seite absenken. Halten Sie zwei Sekunden lang am MTP an, bevor Sie die Arme wieder zusammenführen und so die Gewichte zurück in die Ausgangsposition heben; zählen Sie dabei wieder zehn Sekunden. Machen Sie sofort im Anschluss noch drei Wiederholungen.

D Bauch

Stabdrehen
(*Broomstick Twist*)

Die Füße sind etwa einen Meter auseinander. Legen Sie sich einen Stab über die Schultern und fassen Sie ihn an den Enden. Drehen Sie den Oberkörper zur Seite. Federatmung. Zählen Sie zehn Sekunden, während Sie sich langsam mit angehobenem Kinn und kontrahierten Bauchmuskeln zur anderen Seite drehen. Am MTP kontrahieren Sie zwei Sekunden lang die Bauchmuskeln. Kehren Sie in die Ausgangsposition zurück und zählen Sie dabei wieder zehn Sekunden. Machen Sie drei Wiederholungen.

INFO: Wenn Sie mehr als vier Wiederholungen schaffen, haben Sie während der Übung die Bauchmuskeln nicht stark genug angespannt.

Ende

A Schultern

Schulterdrücken im Stehen
(*Standing Shoulder Press*)

Nehmen Sie in jede Hand eine Hantel; Ihre
Füße stehen schulterbreit auseinander, die
Knie sind leicht gebeugt, der Rücken gerade,
der Bauch angespannt und das Kinn angeho-
ben. Heben Sie die Gewichte hoch über Ihren
Kopf und halten Sie sie eng zusammen; Ihre
Handflächen zeigen nach vorne. Federatmung.
Zählen Sie zehn Sekunden, während Sie die
Gewichte absenken. Halten Sie zwei Sekunden
lang am MTP auf Kinnhöhe an. Stemmen Sie
die Hanteln zurück in die Ausgangsposition
und zählen Sie dabei wieder zehn Sekunden.
Machen Sie sofort im Anschluss noch drei
Wiederholungen.

B Bizeps

Curls im Stehen
(*Standing Curl*)

Nehmen Sie in jede Hand eine Hantel; Ihre
Füße stehen schulterbreit auseinander, die
Knie sind leicht gebeugt. Halten Sie die Arme
gestreckt und dicht am Körper, die Handflächen zeigen nach vorne. Federatmung. Zählen
Sie zehn Sekunden, während Sie die Hanteln
aufwärts bewegen, bis die Ellenbogen etwas
über den rechten Winkel hinaus gebeugt sind.
Am MTP kontrahieren Sie den Bizeps zwei Sekunden lang. Halten Sie die Ellenbogen dicht
am Körper. Senken Sie die Gewichte zurück in
die Ausgangsposition und zählen Sie dabei
wieder zehn Sekunden. Machen Sie sofort im
Anschluss noch drei Wiederholungen.
TIPP: Halten Sie während der gesamten
Übung die Ellenbogen eng an den Körper
gepresst.

MTP: *maximum tension point* (Höchstspannungspunkt). **Federatmung:** tief einatmen und in kurzen Stößen
ausatmen. **Zeitplan:** Jede Übung dauert 90 Sekunden, jeder Zirkel sechs Minuten.

C Trizeps

Dips am Stuhl
(*Chair Dip*)

Setzen Sie sich auf den Rand eines sehr
stabilen Stuhls oder einer Hantelbank. Ihre
Hände umfassen hinter Ihnen die Vorderkan-
te des Stuhls; Ihre Finger zeigen nach vorne.
Ziehen Sie die Füße an, sodass das Gewicht
auf den Fersen ruht, und lassen Sie sich vom
Stuhl gleiten. Federatmung. Zählen Sie zehn
Sekunden, während Sie sich absenken. Halten
Sie zwei Sekunden lang am MTP an. Stem-
men Sie sich zurück in die Ausgangsposition
und zählen Sie dabei wieder zehn Sekunden.
Machen Sie sofort im Anschluss noch drei
Wiederholungen.

TIPP: Wo Ihr MTP liegt, hängt davon ab, wie
gelenkig Ihre Schultern sind; er liegt ein bisschen höher als der flexibelste Punkt.

D Bauch

Klappmesser
(*Toe Reach*)

Legen Sie sich auf den Rücken. Die Beine sind
überkreuzt, die Füße angezogen. Strecken Sie
Beine und Arme in die Luft. Das Kinn ist angehoben. Federatmung. Zählen Sie zehn Sekunden, während Sie sich zusammenziehen und
nach den Zehen greifen. Am MTP kontrahieren
Sie zwei Sekunden lang die Bauchmuskeln.
Gehen Sie zurück in die Ausgangsposition
und zählen Sie dabei wieder zehn Sekunden.
Machen Sie sofort im Anschluss noch drei
Wiederholungen.

A Schultern

Seitheben im Stehen
(*Standing Lateral Raise*)

Nehmen Sie in jede Hand eine Hantel; Ihre Füße stehen parallel, der Rücken ist gerade, der Bauch angespannt. Die Arme liegen mit leicht gebeugten Ellenbogen eng am Körper. Federatmung. Zählen Sie zehn Sekunden, während Sie die Gewichte hochheben. Am MTP, mit waagerechten Armen, kontrahieren Sie zwei Sekunden lang. Senken Sie die Gewichte in die Ausgangsposition ab und zählen Sie dabei wieder zehn Sekunden. Machen Sie im Anschluss noch drei Wiederholungen.

B Bizeps

Seitliche Curls auf dem Ball
(*Side Curl on Swiss Ball*)

Nehmen Sie in jede Hand eine Hantel und setzen Sie sich auf den Ball. Die Arme sind parallel zum Körper, die Handflächen zeigen nach oben und die Ellenbogen sind gegen den Körper gepresst. Federatmung. Zählen Sie zehn Sekunden, während Sie die Gewichte nach oben heben. Am MTP kontrahieren Sie den Bizeps zwei Sekunden lang. Senken Sie die Gewichte in die Ausgangsposition ab und zählen Sie dabei wieder zehn Sekunden. Machen Sie sofort im Anschluss noch drei Wiederholungen.

MTP: *maximum tension point* (Höchstspannungspunkt). **Federatmung:** tief einatmen und in kurzen Stößen ausatmen. **Zeitplan:** Jede Übung dauert 90 Sekunden, jeder Zirkel sechs Minuten.

C Trizeps

»Skull Crushers« auf dem Ball (*Dumbbell »Skull Crusher« on Swiss Ball*)

Nehmen Sie in jede Hand eine Hantel und legen Sie sich so auf den Ball, dass Kopf und Nacken aufliegen. Das Becken ist leicht angehoben, die Bauchmuskeln sind angespannt. Strecken Sie die Arme senkrecht nach oben, die Handflächen zeigen zueinander. Winkeln Sie die Arme etwa fünf Zentimeter aus der Senkrechten in Richtung Kopf ab. Federatmung. Zählen Sie zehn Sekunden, während Sie die Ellenbogen beugen und die Hanteln nach hinten absenken. Halten Sie zwei Sekunden lang am MTP, knapp oberhalb der Stirn, an. Führen Sie die Gewichte in die Ausgangsposition und zählen Sie dabei wieder zehn Sekunden. Machen Sie drei Wiederholungen.

D Bauch

Crunches auf dem Ball (*Swiss Ball Crunch*)

Setzen Sie sich auf den Ball, die Füße stehen auf dem Boden. Machen Sie ein paar Schritte vorwärts, bis die Hüfte etwas tiefer liegt als Ihre Knie, der untere Rücken aber noch sicher auf dem Ball aufliegt. Zur Stütze des Nackens legen Sie die Hände an den Hinterkopf. Federatmung. Zählen Sie zehn Sekunden, während Sie sich nur mit den Bauchmuskeln zusammenziehen. Am MTP kontrahieren Sie zwei Sekunden lang. Gehen Sie zurück in die Ausgangsposition und zählen Sie dabei wieder zehn Sekunden. Machen Sie sofort im Anschluss noch drei Wiederholungen.

A Schultern

Vorgebeugtes Seitheben im Sitzen
(Seated Rear Delt Raise)

Nehmen Sie in jede Hand eine Hantel und setzen Sie sich auf den Rand eines Stuhls oder einer Hantelbank. Beugen Sie sich nach vorne, bis Ihre Brust fast die Knie berührt und lassen Sie die Hanteln hinter den Fersen hängen. Die Handflächen zeigen zueinander. Federatmung. Zählen Sie zehn Sekunden, während Sie die Gewichte zur Seite hochheben. Am MTP kontrahieren Sie zwei Sekunden lang. Senken Sie die Hanteln in die Ausgangsposition ab und zählen Sie dabei wieder zehn Sekunden. Machen Sie sofort im Anschluss noch drei Wiederholungen.

B Bizeps

Preacher-Curls auf dem Ball
(Preacher Curl on Swiss Ball)

Nehmen Sie in jede Hand eine Hantel. Knien Sie sich zunächst vor den Ball und legen Sie sich dann bäuchlings darüber. Ihre Arme sollten 15 bis 20 Zentimeter voneinander entfernt sein. Heben Sie die Gewichte in die Ausgangsposition; die Ellenbogen sind dabei im rechten Winkel gebeugt. Federatmung. Zählen Sie zehn Sekunden, während Sie die Gewichte absenken. Halten Sie zwei Sekunden lang am MTP an. Führen Sie die Gewichte in die Ausgangsposition und zählen Sie dabei wieder zehn Sekunden. Machen Sie sofort im Anschluss noch drei Wiederholungen.

MTP: *maximum tension point* (Höchstspannungspunkt). **Federatmung:** tief einatmen und in kurzen Stößen ausatmen. **Zeitplan:** Jede Übung dauert 90 Sekunden, jeder Zirkel sechs Minuten.

C Trizeps

Trizeps-Kickbacks im Stehen
(*Standing Triceps Kickback*)

Nehmen Sie in jede Hand eine Hantel; Ihre
Füße stehen schulterbreit auseinander, die
Knie sind leicht gebeugt. Beugen Sie die
Hüfte, als wenn Sie sich Ihre Schuhe binden würden; der Kopf ist angehoben, der
Brustkorb gestreckt, sodass der Rücken ein
wenig durchgedrückt ist. Die Ellenbogen sind
gebeugt und so hoch wie möglich angehoben.
Federatmung. Zählen Sie zehn Sekunden,
während Sie die Arme nach hinten ausstrecken. Am MTP kontrahieren Sie den Trizeps
zwei Sekunden lang. Kehren Sie zurück in
die Ausgangsposition und zählen Sie dabei
wieder zehn Sekunden. Machen Sie sofort im
Anschluss noch drei Wiederholungen.

D Bauch

Rumpfdrehen im Liegen
(*Lying Oblique Twist*)

Legen Sie sich mit dem Rücken auf den Boden
und strecken Sie die Arme aus; die Handflächen zeigen dabei nach unten. Ziehen Sie die
Knie an, bis sie einen rechten Winkel beschrei-
ben, und lassen Sie sie zur Seite fallen. Federatmung. Zählen Sie zehn Sekunden, während
Sie die Knie zur anderen Seite heben. Am MTP,
knapp über dem Boden, kontrahieren Sie zwei
Sekunden lang. Heben Sie die Knie zurück in
die Ausgangsposition und zählen Sie dabei
wieder zehn Sekunden. Machen Sie sofort im
Anschluss noch drei Wiederholungen.

Ende

Start

A Beine

Kniebeugen mit einem Stuhl (*Chair Squat*)

Stellen Sie sich mit verschränkten Armen vor einen Stuhl, die Füße stehen hüftbreit auseinander. Der Rücken ist gerade, die Bauchmuskeln sind angespannt, der Kopf ist angehoben. Federatmung. Zählen Sie zehn Sekunden, während Sie in die Knie gehen, so als wollten Sie sich auf den Stuhl setzen. Halten Sie zwei Sekunden lang am MTP, etwa fünf Zentimeter über der Sitzfläche, an. Drücken Sie dann die Fersen in den Boden, kehren Sie in die Ausgangsposition zurück und zählen Sie dabei wieder zehn Sekunden. Machen Sie sofort im Anschluss noch drei Wiederholungen.

Diamantgriff

B Rücken

Überzüge auf dem Ball (*Pullover on Swiss Ball*)

Halten Sie eine Hantel im sogenannten Diamantgriff. Legen Sie sich so auf den Ball, dass Kopf und Nacken aufliegen. Halten Sie während der gesamten Übung Ihr Becken oben und die Bauchmuskeln angespannt. Heben Sie die Hantel über dem Brustkorb hoch, ohne dabei die Ellenbogen durchzustrecken. Federatmung. Zählen Sie zehn Sekunden, während Sie das Gewicht hinter Ihrem Kopf absenken. Halten Sie zwei Sekunden lang am MTP an. Führen Sie das Gewicht in die Ausgangsposition zurück und zählen Sie dabei wieder zehn Sekunden. Machen Sie sofort im Anschluss noch drei Wiederholungen.
TIPP: Wo Ihr MTP liegt, hängt davon ab, wie weit Sie Ihre Arme nach hinten strecken können.

MTP: *maximum tension point* (Höchstspannungspunkt). **Federatmung:** tief einatmen und in kurzen Stößen ausatmen. **Zeitplan:** Jede Übung dauert 90 Sekunden, jeder Zirkel sechs Minuten.

C Brust

Schräge Liegestütze
(*Incline Push-up*)

Stützen Sie sich mit den Armen gegen eine
Wand oder auf eine Treppe, sodass Ihr Oberkörper höher ist als die Füße. Der Rücken ist
gerade, die Bauchmuskeln sind angespannt,
der Kopf ist angehoben. Federatmung. Zählen
Sie zehn Sekunden, während Sie sich absenken. Halten Sie zwei Sekunden lang am MTP
an. Kehren Sie in die Ausgangsposition zurück
und zählen Sie dabei wieder zehn Sekunden.
Machen Sie sofort im Anschluss noch drei
Wiederholungen.

D Bauch

Umgekehrte Crunches
(*Reverse Crunch*)

Legen Sie sich mit dem Rücken auf den Boden.
Die Arme liegen seitlich neben Ihnen, die
Handflächen zeigen nach unten. Ziehen Sie
die Fersen so dicht wie möglich an den Po.
Heben Sie die Fersen etwa fünf Zentimeter
vom Boden ab. Das Kinn bleibt angehoben,
die Bauchmuskeln angespannt. Federatmung. Zählen Sie zehn Sekunden, während
Sie mit den unteren Bauchmuskeln die Knie
hochziehen. Am MTP, der Po ist dabei knapp
über dem Boden, kontrahieren Sie die Bauchmuskeln zwei Sekunden lang. Gehen Sie mit
dem Körper in die Ausgangsposition zurück
und zählen Sie dabei wieder zehn Sekunden.
Machen Sie sofort im Anschluss noch drei
Wiederholungen.

A Beine

Kniebeugen am Ball
(*Swiss Ball Squat*)

Drücken Sie den Ball gegen eine Wand und lehnen Sie sich mit dem unteren Rücken dagegen. Die Füße stehen hüftbreit auseinander, etwa 30 Zentimeter von der Wand entfernt. Verschränken Sie die Arme auf Schulterhöhe. Federatmung. Zählen Sie zehn Sekunden, während Sie in die Knie gehen. Die Knie bilden jetzt einen rechten Winkel. Halten Sie zwei Sekunden lang am MTP an. Kehren Sie in zehn Sekunden in die Ausgangsposition zurück. Machen Sie sofort im Anschluss noch drei Wiederholungen.

Untergriff

B Rücken

Vorgebeugtes Rudern im Untergriff
(*Bent-over Row, underhand grip*)

Halten Sie ein Paar Hanteln mit gestreckten Armen im Untergriff. Die Handflächen zeigen nach vorne, die Füße stehen schulterbreit auseinander. Beugen Sie die Hüfte, als wenn Sie Ihre Schuhe binden möchten; der Kopf ist angehoben, der Brustkorb gestreckt, sodass der Rücken ein wenig durchgedrückt ist. Die Knie sind leicht gebeugt. Federatmung. Zählen Sie zehn Sekunden, während Sie die Hanteln in einer fließenden Ruderbewegung hochziehen. Die Ellenbogen bleiben nah am Körper. Am MTP ziehen Sie die Schulterblätter zwei Sekunden lang zusammen. Senken Sie die Arme in die Ausgangsposition ab und zählen Sie dabei wieder zehn Sekunden. Machen Sie noch drei Wiederholungen.

MTP: *maximum tension point* (Höchstspannungspunkt). **Federatmung:** tief einatmen und in kurzen Stößen ausatmen. **Zeitplan:** Jede Übung dauert 90 Sekunden, jeder Zirkel sechs Minuten.

C Brust

Butterflys mit Hanteln schräg auf dem Ball (*Incline Dumbbell Fly on Swiss Ball*)

1

Nehmen Sie in jede Hand eine Hantel und legen Sie sich so auf den Ball, dass Kopf und Nacken aufliegen. Rollen Sie am Ball hinab, bis das Becken fast am Boden ist. Strecken Sie die Hanteln über dem Brustkorb nach oben. Die Ellenbogen sind leicht gebeugt, die Handflächen zeigen zueinander. Federatmung. Zählen Sie zehn Sekunden, während Sie die Hanteln zur Seite absenken. Halten Sie zwei Sekunden lang am MTP an, bevor Sie die Arme wieder schließen und so die Gewichte zurück in die Ausgangsposition heben; zählen Sie dabei wieder zehn Sekunden. Machen Sie sofort im Anschluss noch drei Wiederholungen.

2

D Bauch

Crunches mit den Füßen an der Wand (*Swiss Ball Crunch with Elevated Feet*)

1

Setzen Sie sich etwa 60 Zentimeter von einer Wand entfernt auf den Ball und legen Sie die Hände an den Hinterkopf. Machen Sie ein paar Schritte vorwärts und aufwärts und stellen Sie die Füße hoch an die Wand. Federatmung. Zählen Sie zehn Sekunden, während Sie sich nur mithilfe der Bauchmuskeln nach oben ziehen. Am MTP kontrahieren Sie zwei Sekunden lang. Kehren Sie dann in die Ausgangsposition zurück und zählen Sie dabei wieder zehn Sekunden. Machen Sie sofort im Anschluss noch drei Wiederholungen.

TIPP: Da der Bewegungsspielraum bei dieser Übung sehr gering ist, sollten Sie sie besonders langsam ausführen.

2

A Beine

Po-Kickbacks auf dem Ball
(*Glute Kickback on Swiss Ball*)

Legen Sie sich auf Händen und Knien über den Ball. Zählen Sie zehn Sekunden, während Sie mit gebeugtem Knie die Ferse in Richtung Decke heben. Am MTP kontrahieren Sie zwei Sekunden lang. Senken Sie Ihr Bein in die Ausgangsposition ab und zählen Sie dabei wieder zehn Sekunden. Machen Sie sofort im Anschluss noch eine Wiederholung. Wechseln Sie das Bein und wiederholen Sie die Übung zweimal. So kommen Sie auf insgesamt vier Wiederholungen.

B Rücken

Umgekehrte Hyperextensions auf dem Ball
(*Reverse Hyperextension on Swiss Ball*)

Legen Sie sich bäuchlings auf den Ball. Rollen Sie sich vorwärts, bis der Ball unter Ihrem Becken ist und sich Ihr Oberkörper zum Boden hin neigt. Legen Sie die Hände etwa schulterbreit auseinander auf den Boden. Die Füße bleiben zusammen. Federatmung. Zählen Sie zehn Sekunden, während Sie mit den Muskeln des unteren Rückens und der hinteren Oberschenkel die Fersen in Richtung Decke anheben. Am MTP kontrahieren Sie zwei Sekunden lang. Senken Sie die ausgestreckten Beine in die Ausgangsposition, knapp über dem Boden, ab und zählen Sie dabei wieder zehn Sekunden. Machen Sie sofort im Anschluss noch drei Wiederholungen.

　MTP: *maximum tension point* (Höchstspannungspunkt). **Federatmung:** tief einatmen und in kurzen Stößen ausatmen. **Zeitplan:** Jede Übung dauert 90 Sekunden, jeder Zirkel sechs Minuten.

C Brust

Hanteldrücken auf dem Ball
(Flat Press on Swiss Ball)

Nehmen Sie in jede Hand eine Hantel und legen Sie sich so auf den Ball, dass die Schulterblätter bequem aufliegen. Heben Sie die Arme
hoch und pressen Sie die Hanteln zusammen.
Federatmung. Zählen Sie zehn Sekunden,
während Sie die Hanteln absenken. Halten Sie
zwei Sekunden lang am MTP, knapp oberhalb
der Brust, an. Bringen Sie die Hanteln erneut
nach oben und zusammen in die Ausgangsposition und zählen Sie dabei wieder zehn
Sekunden. Machen Sie sofort im Anschluss
noch drei Wiederholungen.

D Bauch

Rumpfdrehen auf dem Ball
mit Gewicht
(Weighted Oblique Twist
on Swiss Ball)

Setzen Sie sich auf den Ball und halten Sie
eine Hantel mit beiden Händen unterhalb des
Kinns. Machen Sie ein paar Schritte vorwärts,
bis Ihr Becken etwas tiefer liegt als Ihr Brust-
korb. Die Bauchmuskeln sind angespannt, das
Kinn ist angehoben. Drehen Sie sich zur Seite.
Zählen Sie zehn Sekunden, während Sie Ihren
Oberkörper zur anderen Seite drehen. Am MTP
kontrahieren Sie zwei Sekunden lang. Gehen
Sie dann zurück in die Ausgangsposition
und zählen Sie dabei wieder zehn Sekunden.
Machen Sie sofort im Anschluss noch drei
Wiederholungen.

A Schultern

Schulterdrücken auf dem Ball
(*Shoulder Press on Swiss Ball*)

Nehmen Sie in jede Hand eine Hantel und setzen Sie sich auf den Ball. Der Rücken ist gerade, die Bauchmuskeln sind angespannt, das Kinn ist angehoben. Halten Sie die Hanteln mit gestreckten, eng aneinanderliegenden Armen über Ihren Kopf; die Handflächen zeigen dabei nach vorne. Federatmung. Zählen Sie zehn Sekunden, während Sie die Gewichte absenken. Halten Sie zwei Sekunden lang am MTP, auf Kinnhöhe, an. Führen Sie die Hanteln in die Ausgangsposition zurück und zählen Sie dabei wieder zehn Sekunden. Machen Sie sofort im Anschluss noch drei Wiederholungen.

B Bizeps

Seitliche Curls auf dem Ball
(*Side Curl on Swiss Ball*)

Nehmen Sie in jede Hand eine Hantel und setzen Sie sich auf den Ball. Die Arme sind parallel zum Körper, die Handflächen zeigen nach oben und die Ellenbogen sind gegen den Körper gepresst. Federatmung. Zählen Sie zehn Sekunden, während Sie die Gewichte nach oben heben. Am MTP kontrahieren Sie den Bizeps zwei Sekunden lang. Senken Sie die Gewichte in die Ausgangsposition ab und zählen Sie dabei wieder zehn Sekunden. Machen Sie sofort im Anschluss noch drei Wiederholungen.

MTP: *maximum tension point* (Höchstspannungspunkt). **Federatmung:** tief einatmen und in kurzen Stößen ausatmen. **Zeitplan:** Jede Übung dauert 90 Sekunden, jeder Zirkel sechs Minuten.

C Trizeps

Trizepsdrücken auf dem Ball
(*Overhead Triceps Extension
on Swiss Ball*)

Halten Sie eine Hantel im sogenannten
Diamantgriff. Setzen Sie sich auf den Ball. Der
Brustkorb ist gestreckt, der Rücken gerade, die
Füße sind schulterbreit auseinander. Strecken
Sie die Arme über den Kopf. Die Ellenbogen
bleiben leicht gebeugt, die Oberarme sind
dicht am Kopf. Federatmung. Zählen Sie zehn
Sekunden, während Sie die Hantel absenken.
Halten Sie zwei Sekunden lang am MTP, wenn
der Ellenbogen im rechten Winkel ist, an. He-
ben Sie das Gewicht zurück in die Ausgangs-
position und zählen Sie dabei wieder zehn
Sekunden. Machen Sie sofort im Anschluss
noch drei Wiederholungen

D Bauch

Klappmesser
(*Toe Reach*)

Legen Sie sich auf den Rücken. Die Beine sind
überkreuzt, die Füße angezogen. Strecken Sie
Beine und Arme in die Luft. Das Kinn ist angehoben. Federatmung. Zählen Sie zehn Sekunden, während Sie sich zusammenziehen und
nach den Zehen greifen. Am MTP kontrahieren
Sie zwei Sekunden lang die Bauchmuskeln.
Gehen Sie zurück in die Ausgangsposition
und zählen Sie dabei wieder zehn Sekunden.
Machen Sie sofort im Anschluss noch drei
Wiederholungen.

A Schultern

Vorgebeugtes Seitheben im Sitzen (*Seated Rear Delt Raise*)

Nehmen Sie in jede Hand eine Hantel und setzen Sie sich auf den Rand eines Stuhls oder einer Hantelbank. Beugen Sie sich nach vorne, bis Ihre Brust fast die Knie berührt und lassen Sie die Hanteln hinter den Fersen hängen. Die Handflächen zeigen zueinander. Federatmung. Zählen Sie zehn Sekunden, während Sie die Gewichte zur Seite hochheben. Am MTP kontrahieren Sie zwei Sekunden lang. Senken Sie die Hanteln in die Ausgangsposition ab und zählen Sie dabei wieder zehn Sekunden. Machen Sie sofort im Anschluss noch drei Wiederholungen.

B Bizeps

Preacher-Curls auf dem Ball (*Preacher Curl on Swiss Ball*)

Nehmen Sie in jede Hand eine Hantel. Knien Sie sich zunächst vor den Ball und legen Sie sich dann bäuchlings darüber. Ihre Arme sollten 15 bis 20 Zentimeter voneinander entfernt sein. Heben Sie die Gewichte in die Ausgangsposition; die Ellenbogen sind dabei im rechten Winkel gebeugt. Federatmung. Zählen Sie zehn Sekunden, während Sie die Gewichte absenken. Halten Sie zwei Sekunden lang am MTP an. Führen Sie die Gewichte in die Ausgangsposition und zählen Sie dabei wieder zehn Sekunden. Machen Sie sofort im Anschluss noch drei Wiederholungen.

MTP: *maximum tension point* (Höchstspannungspunkt). **Federatmung:** tief einatmen und in kurzen Stößen ausatmen. **Zeitplan:** Jede Übung dauert 90 Sekunden, jeder Zirkel sechs Minuten.

C Trizeps

Liegestütze mit engem Griff
(*Close-Grip Diamond Push-up on Knees*)

Legen Sie sich bäuchlings auf die Matte; Ihre
Hände sind in der sogenannten Diamanthal-
tung. Überkreuzen Sie die Fußgelenke, sodass
Sie auf den Knien balancieren. Stemmen Sie
sich mit den Armen nach oben. Der Rücken ist
gerade, die Bauchmuskeln sind angespannt.
Federatmung. Zählen Sie zehn Sekunden,
während Sie Ihren Körper absenken. Die
Ellenbogen bewegen sich dabei auswärts.
Halten Sie zwei Sekunden lang am MTP,
knapp über dem Boden, an. Kehren Sie in die
Ausgangsposition zurück und zählen Sie dabei
wieder zehn Sekunden. Machen Sie sofort im
Anschluss noch drei Wiederholungen.

D Bauch

Bein-Crunches
(*Seated V-up*)

Setzen Sie sich auf den Boden und stützen Sie
sich mit den Händen hinter Ihrem Körper ab.
Die Ellenbogen sind gebeugt, die Fingerspitzen zeigen nach vorne. In der Ausgangsposition halten Sie die Beine gestreckt, die Knie eng
zusammen und die Fersen fünf Zentimeter
über dem Boden. Verlagern Sie das Gewicht
Ihres Oberkörpers ein wenig auf die Hände.
Federatmung. Zählen Sie zehn Sekunden,
während Sie die Knie zur Brust ziehen. Am
MTP kontrahieren Sie zwei Sekunden lang.
Kehren Sie in die Ausgangsposition zurück
und zählen Sie dabei wieder zehn Sekunden;
die Bauchmuskeln sind angespannt. Machen
Sie im Anschluss noch drei Wiederholungen.

A Schultern

Umgekehrtes Seitheben auf dem Ball
(Reverse Lateral on Swiss Ball)

Nehmen Sie in jede Hand eine Hantel und setzen Sie sich auf den Ball. Der Rücken ist gerade, die Bauchmuskeln sind angespannt. Heben Sie die Hanteln hoch über Ihren Kopf; die Ellenbogen sind leicht gebeugt, die Handflächen zeigen zueinander. Federatmung. Zählen Sie zehn Sekunden, während Sie die Gewichte zur Seite absenken. Die Handflächen zeigen dabei nach oben. Halten Sie zwei Sekunden lang am MTP, bei waagerechten Armen, an. Kehren Sie zurück in die Ausgangsposition und zählen Sie dabei wieder zehn Sekunden. Machen Sie sofort im Anschluss noch drei Wiederholungen.

B Bizeps

Hammer-Curls im Stehen
(Standing Hammer Curl)

Nehmen Sie in jede Hand eine Hantel; Ihre Füße stehen schulterbreit auseinander, die Knie sind leicht gebeugt. Die Arme sind gestreckt und dicht am Körper, die Handflächen zeigen zueinander. Federatmung. Zählen Sie zehn Sekunden, während Sie die Hanteln anheben. Die Handflächen zeigen weiterhin zueinander. Am MTP kontrahieren Sie zwei Sekunden lang. Senken Sie die Gewichte in die Ausgangsposition ab und zählen Sie dabei wieder zehn Sekunden. Machen Sie sofort im Anschluss noch drei Wiederholungen.

MTP: *maximum tension point* (Höchstspannungspunkt). **Federatmung:** tief einatmen und in kurzen Stößen ausatmen. **Zeitplan:** Jede Übung dauert 90 Sekunden, jeder Zirkel sechs Minuten.

C Trizeps

Dips am Stuhl
(*Chair Dip*)

Setzen Sie sich auf den Rand eines sehr
stabilen Stuhls oder einer Hantelbank. Ihre
Hände umfassen hinter Ihnen die Vorderkan-
te des Stuhls; Ihre Finger zeigen nach vorne.
Ziehen Sie die Füße an, sodass das Gewicht
auf den Fersen ruht, und lassen Sie sich vom
Stuhl gleiten. Federatmung. Zählen Sie zehn
Sekunden, während Sie sich absenken. Halten
Sie zwei Sekunden lang am MTP an. Stem-
men Sie sich zurück in die Ausgangsposition
und zählen Sie dabei wieder zehn Sekunden.
Machen Sie sofort im Anschluss noch drei
Wiederholungen.
TIPP: Wo Ihr MTP liegt, hängt davon ab, wie
gelenkig Ihre Schultern sind; er liegt ein biss-
chen höher als der flexibelste Punkt.

D Bauch

Rumpfdrehen mit
gestreckten Armen
(*Russian Twist*)

Setzen Sie sich mit gebeugten Knien und
geschlossenen Füßen auf den Boden oder auf
die Matte. Lehnen Sie sich leicht nach hinten,
sodass die Bauchmuskeln aktiviert werden.
Das Kinn ist angehoben. Gehen Sie in die
Ausgangsposition, indem Sie die Arme mit
zusammengepressten Handflächen zur Seite
strecken und den Brustkorb in die gleiche
Richtung drehen. Federatmung. Zählen Sie
zehn Sekunden, während Sie den Oberkörper
langsam so weit wie möglich zur anderen
Seite drehen. Halten Sie zwei Sekunden
lang am MTP an. Drehen Sie sich zurück in
die Ausgangsposition und zählen Sie dabei
wieder zehn Sekunden. Machen Sie sofort im
Anschluss noch drei Wiederholungen.

WOCHE 3   WOCHE 4   WOCHE 5

WOCHE 6   WOCHE 7   WOCHE 8

8

AUFBAUPHASE:
WOCHE 3 BIS 8

A Beine

Kniebeugen mit weit geöffneten Beinen (*Plié Squat*)

Halten Sie eine Hantel mit beiden Händen. Die Füße sind mehr als schulterbreit auseinander und die Zehen zeigen, genau wie die Knie, nach außen. Federatmung. Zählen Sie zehn Sekunden, während Sie in die Knie gehen, als wenn Sie sich auf einen Stuhl setzen würden. Halten Sie zwei Sekunden lang am MTP an. Drücken Sie die Fersen in den Boden, kehren Sie in die Ausgangsposition zurück und zählen Sie dabei wieder zehn Sekunden. Machen Sie sofort im Anschluss noch drei Wiederholungen.

Diamantgriff

B Rücken

Überzüge auf dem Ball (*Pullover on Swiss Ball*)

Halten Sie eine Hantel im sogenannten Diamantgriff. Legen Sie sich so auf den Ball, dass Kopf und Nacken aufliegen. Halten Sie während der gesamten Übung Ihr Becken oben und die Bauchmuskeln angespannt. Heben Sie die Hantel über dem Brustkorb hoch, ohne dabei die Ellenbogen durchzustrecken. Federatmung. Zählen Sie zehn Sekunden, während Sie das Gewicht hinter Ihrem Kopf absenken. Halten Sie zwei Sekunden lang am MTP an. Führen Sie das Gewicht in die Ausgangsposition zurück und zählen Sie dabei wieder zehn Sekunden. Machen Sie sofort im Anschluss noch drei Wiederholungen.

TIPP: Wo Ihr MTP liegt, hängt davon ab, wie weit Sie Ihre Arme nach hinten strecken können.

MTP: *maximum tension point* (Höchstspannungspunkt). **Federatmung:** tief einatmen und in kurzen Stößen ausatmen. **Zeitplan:** Jede Übung dauert 90 Sekunden, jeder Zirkel sechs Minuten.

C Brust

Butterflys mit Hanteln auf dem Ball
(*Flat Dumbbell Fly on Swiss Ball*)

Nehmen Sie in jede Hand eine Hantel und legen Sie sich so auf den Ball, dass Kopf und Nacken aufliegen. Halten Sie die Hanteln mit gestreckten Armen über dem Brustkorb. Die Handflächen zeigen zueinander, die Ellenbogen sind leicht gebeugt. Federatmung. Zählen Sie zehn Sekunden, während Sie die Hanteln zur Seite absenken. Halten Sie zwei Sekunden lang am MTP an, bevor Sie die Arme wieder zusammenführen und so die Gewichte zurück in die Ausgangsposition heben; zählen Sie dabei wieder zehn Sekunden. Machen Sie sofort im Anschluss noch drei Wiederholungen.

D Bauch

Bein-Crunches auf dem Stuhl
(*Chair Crunch*)

Setzen Sie sich auf den Rand eines stabilen Stuhls oder einer Hantelbank. Greifen Sie hinter sich und halten Sie sich an den Seiten des Stuhls fest. Strecken Sie die Beine aus, wobei sich der Oberkörper etwas nach hinten neigt. Federatmung. Zählen Sie zehn Sekunden, während Sie die Knie langsam zum Oberkörper ziehen. Am MTP kontrahieren Sie zwei Sekunden lang die Bauchmuskeln. Bewegen Sie die Beine zurück in die Ausgangsposition und zählen Sie dabei wieder zehn Sekunden. Machen Sie sofort im Anschluss noch drei Wiederholungen.

A Beine

Quadrizeps-Kniebeugen (*Quadriceps Flex*)

Stellen Sie die Füße schulterbreit auseinander und halten Sie sich an einer Stuhllehne oder einer ähnlichen, etwa hüfthohen Stütze fest. Federatmung. Zählen Sie zehn Sekunden, während Sie die Knie beugen und den Oberkörper nach hinten kippen, sodass die Fersen sich vom Boden heben. Am MTP – die Knie sind dabei nah am Boden – kontrahieren Sie zwei Sekunden lang den Quadrizeps. Kehren Sie in die Ausgangsposition zurück und zählen Sie dabei wieder zehn Sekunden. Machen Sie im Anschluss noch drei Wiederholungen.

B Rücken

Vorgebeugtes Rudern im Standardgriff (*Bent-over Row, standard grip*)

Halten Sie ein Paar Hanteln mit gestreckten Armen. Die Handflächen zeigen zueinander. Beugen Sie die Hüfte, als wenn Sie Ihre Schuhe binden möchten; der Kopf ist angehoben, der Brustkorb gestreckt, sodass der Rücken ein wenig durchgedrückt ist. Die Knie sind leicht gebeugt. Federatmung. Zählen Sie zehn Sekunden, während Sie die Hanteln in einer fließenden Ruderbewegung hochziehen. Die Ellenbogen bleiben dabei nah am Körper. Am MTP ziehen Sie die Schulterblätter zwei Sekunden lang zusammen. Senken Sie die Arme in die Ausgangsposition ab und zählen Sie dabei wieder zehn Sekunden. Machen Sie sofort im Anschluss noch drei Wiederholungen.

MTP: *maximum tension point* (Höchstspannungspunkt). **Federatmung:** tief einatmen und in kurzen Stößen ausatmen. **Zeitplan:** Jede Übung dauert 90 Sekunden, jeder Zirkel sechs Minuten.

C Brust

Schräge Liegestütze
(*Incline Push-up*)

Stützen Sie sich mit den Armen gegen eine
Wand oder auf eine Treppe, sodass Ihr Oberkörper höher ist als die Füße. Der Rücken ist
gerade, die Bauchmuskeln sind angespannt,
der Kopf ist angehoben. Federatmung. Zählen
Sie zehn Sekunden, während Sie sich absenken. Halten Sie zwei Sekunden lang am MTP
an. Kehren Sie in die Ausgangsposition zurück
und zählen Sie dabei wieder zehn Sekunden.
Machen Sie sofort im Anschluss noch drei
Wiederholungen.

D Bauch

Doppel-Crunches
(*Double Crunch*)

Legen Sie sich auf eine Matte oder ein Handtuch. Nehmen Sie die Hände an den Hinterkopf und die Fersen so dicht wie möglich an
den Po. Ellenbogen und Kinn sind angehoben,
die Bauchmuskeln angespannt. Federatmung.
Zählen Sie zehn Sekunden, während Sie sich
mit den oberen Bauchmuskeln nach oben
heben und gleichzeitig die Knie anziehen. Am
MTP kontrahieren Sie zwei Sekunden lang.
Kehren Sie in die Ausgangsposition zurück
und zählen Sie dabei wieder zehn Sekunden.
Berühren Sie mit dem oberen Rücken nicht
den Boden. Machen Sie sofort im Anschluss
noch drei Wiederholungen.
TIPP: Da der Bewegungsspielraum bei dieser
Übung sehr gering ist, sollten Sie sie so langsam ausführen, dass Sie den MTP erst mit der
zehnten Sekunde erreichen.

A Beine

Ausfallschritt
(*Lunge*)

Gehen Sie in den Ausfallschritt. Der Rücken
bleibt gerade, die Bauchmuskeln angespannt,
der Brustkorb gestreckt. Federatmung. Zählen
Sie zehn Sekunden, während Sie das hintere
Knie zum Boden absenken. Halten Sie zwei Sekunden lang am MTP, knapp über dem Boden,
an. Kehren Sie in die Ausgangsposition zurück
und zählen Sie dabei wieder zehn Sekunden.
Machen Sie sofort im Anschluss noch eine
Wiederholung. Wechseln Sie das Bein und
wiederholen Sie die Übung zweimal. So kommen Sie auf insgesamt vier Wiederholungen.
TIPP: Um Verletzungen zu vermeiden, sollte
das vordere Knie immer in dieselbe Richtung
zeigen wie die Zehen und nicht stärker als
90 Grad gebeugt werden.

B Rücken

Hyperextensions auf dem Ball
(*Hyperextension on Swiss Ball*)

Legen Sie sich mit dem Becken auf den Ball
und halten Sie die Hände an den Hinterkopf.
Beugen Sie die Hüfte. Federatmung. Zählen
Sie zehn Sekunden, während Sie mit den
Muskeln des unteren Rückens den Oberkörper
anheben. Halten Sie zwei Sekunden lang am
MTP an. Kehren Sie in die Ausgangsposition
zurück und zählen Sie dabei wieder zehn Sekunden. Machen Sie sofort im Anschluss noch
drei Wiederholungen.

MTP: *maximum tension point* (Höchstspannungspunkt). **Federatmung:** tief einatmen und in kurzen Stößen
ausatmen. **Zeitplan:** Jede Übung dauert 90 Sekunden, jeder Zirkel sechs Minuten.

C Brust

Hanteldrücken schräg auf dem Ball
(*Incline Press on Swiss Ball*)

Nehmen Sie in jede Hand eine Hantel und legen Sie sich so auf den Ball, dass Kopf und Nacken aufliegen. Lassen Sie Ihr Becken fast bis zum Boden gleiten. Heben Sie die Hanteln hoch und halten Sie sie mit leicht gebeugten Ellenbogen so zusammen, dass die obere Brustmuskulatur angesprochen wird. Federatmung. Zählen Sie zehn Sekunden, während Sie die Hanteln absenken. Halten Sie zwei Sekunden lang am MTP an. Stemmen Sie das Gewicht zurück in die Ausgangsposition und zählen Sie dabei wieder zehn Sekunden. Machen Sie sofort im Anschluss noch drei Wiederholungen.

D Bauch

Rumpfdrehen auf dem Ball mit Gewicht
(*Weighted Oblique Twist on Swiss Ball*)

Setzen Sie sich auf den Ball und halten Sie eine Hantel mit beiden Händen unterhalb des Kinns. Machen Sie ein paar Schritte vorwärts, bis Ihr Becken etwas tiefer liegt als Ihr Brustkorb. Die Bauchmuskeln sind angespannt, das Kinn ist angehoben. Drehen Sie sich zur Seite. Zählen Sie zehn Sekunden, während Sie Ihren Oberkörper zur anderen Seite drehen. Am MTP kontrahieren Sie zwei Sekunden lang. Gehen Sie dann zurück in die Ausgangsposition und zählen Sie dabei wieder zehn Sekunden. Machen Sie sofort im Anschluss noch drei Wiederholungen.

Ende

A Schultern

Schulterdrücken im Stehen (*Standing Shoulder Press*)

Nehmen Sie in jede Hand eine Hantel; Ihre Füße stehen schulterbreit auseinander, die Knie sind leicht gebeugt, der Rücken gerade, der Bauch angespannt und das Kinn angehoben. Heben Sie die Gewichte hoch über Ihren Kopf und halten Sie sie eng zusammen; Ihre Handflächen zeigen nach vorne. Federatmung. Zählen Sie zehn Sekunden, während Sie die Gewichte absenken. Halten Sie zwei Sekunden lang am MTP auf Kinnhöhe an. Stemmen Sie die Hanteln zurück in die Ausgangsposition und zählen Sie dabei wieder zehn Sekunden. Machen Sie sofort im Anschluss noch drei Wiederholungen.

B Bizeps

Seitliche Curls im Stehen (*Standing Side Curl*)

Halten Sie in jeder Hand eine Hantel; Ihre Handflächen zeigen nach oben, die Ellenbogen sind gegen den Körper gepresst. Halten Sie während der ganzen Übung den Brustkorb gestreckt, die Füße hüftbreit auseinander, die Knie gebeugt und die Bauchmuskeln angespannt. Federatmung. Zählen Sie zehn Sekunden, während Sie die Hanteln anheben. Am MTP kontrahieren Sie den Bizeps zwei Sekunden lang. Senken Sie die Gewichte in die Ausgangsposition ab, bis die Arme gestreckt, aber nicht durchgestreckt sind, und zählen Sie dabei wieder zehn Sekunden. Machen Sie sofort im Anschluss noch drei Wiederholungen. **TIPP:** Achten Sie darauf, dass die Ellenbogen dicht am Körper bleiben.

C Trizeps

»Skull Crushers« auf dem Ball
(Dumbbell »Skull Crusher« on Swiss Ball)

Nehmen Sie in jede Hand eine Hantel und legen Sie sich so auf den Ball, dass Kopf und Nacken aufliegen. Das Becken ist leicht angehoben, die Bauchmuskeln sind angespannt. Strecken Sie die Arme senkrecht nach oben, die Handflächen zeigen zueinander. Winkeln Sie die Arme etwa fünf Zentimeter aus der Senkrechten in Richtung Kopf ab. Federatmung. Zählen Sie zehn Sekunden, während Sie die Ellenbogen beugen und die Hanteln nach hinten absenken. Halten Sie zwei Sekunden lang am MTP, knapp oberhalb der Stirn, an. Führen Sie die Gewichte in die Ausgangsposition und zählen Sie dabei wieder zehn Sekunden. Machen Sie noch drei Wiederholungen.

D Bauch

Crunches mit den Füßen auf dem Ball
(Crunch with Feet Elevated on Swiss Ball)

Legen Sie sich auf den Rücken, die Beine sind gebeugt, die Füße liegen auf dem Ball. Der Rücken ist gerade, die Bauchmuskeln sind angespannt, und die Hände liegen am Hinterkopf, um den Nacken zu stützen. Das Kinn ist angehoben. Federatmung. Zählen Sie zehn Sekunden, während Sie Ihren Oberkörper in Richtung Knie anheben. Am MTP kontrahieren Sie zwei Sekunden lang. Kehren Sie in die Ausgangsposition zurück und zählen Sie wieder zehn Sekunden. Machen Sie sofort im Anschluss noch drei Wiederholungen.

A Schultern

Frontheben am Ball
(*Front Delt Raise on Swiss Ball*)

Nehmen Sie in jede Hand eine Hantel; drücken
Sie den Ball an eine solide Wand und lehnen
Sie sich daran; der Ball liegt dabei zwischen
Ihren Schulterblättern. Federatmung. Zählen
Sie zehn Sekunden, während Sie die Hanteln
mit leicht gebeugten Ellenbogen anheben.
Halten Sie zwei Sekunden lang am MTP, auf
Augenhöhe, an. Senken Sie die Gewichte in
die Ausgangsposition ab und zählen Sie dabei
wieder zehn Sekunden. Machen Sie sofort im
Anschluss noch drei Wiederholungen.

B Bizeps

Curls am Ball
(*Standing Biceps Curl
on Swiss Ball*)

Nehmen Sie in jede Hand eine Hantel;
drücken Sie den Ball gegen eine solide Wand
und lehnen Sie sich daran; der Ball liegt dabei
zwischen Ihren Schulterblättern und Ihrem
Becken. Die Knie sind leicht gebeugt, die
Bauchmuskeln angespannt, der Brustkorb
gestreckt. Federatmung. Zählen Sie zehn
Sekunden, während Sie die Hanteln anheben.
Am MTP kontrahieren Sie den Bizeps zwei
Sekunden lang. Senken Sie die Gewichte so
weit in die Ausgangsposition ab, bis die Arme
ganz gestreckt sind, und zählen Sie dabei
wieder zehn Sekunden. Machen Sie sofort im
Anschluss noch drei Wiederholungen.
TIPP: Achten Sie darauf, dass sich die Ellen-
bogen nicht vom Körper wegbewegen.

C Trizeps

Dips mit Stuhl und Ball
(*Chair Dip with Swiss Ball*)

Setzen Sie sich auf den Rand eines stabilen Stuhls. Halten Sie sich mit den Händen an der vorderen Stuhlkante fest, die Finger zeigen nach vorne; die Beine liegen ausgestreckt auf dem Ball. Federatmung. Zählen Sie zehn Sekunden, während Sie Ihren Körper absenken. Halten Sie zwei Sekunden lang am MTP an. Stemmen Sie sich zurück in die Ausgangsposition und zählen Sie wieder zehn Sekunden. Machen Sie noch drei Wiederholungen.
TIPP: Wo der MTP liegt, hängt davon ab, wie gelenkig Ihre Schultern sind. Ihr MTP liegt etwa drei Zentimeter über dem flexibelsten Punkt. Falls diese Übung zu schwierig ist, machen Sie »Dips am Stuhl« ohne Ball von Seite 83.

D Bauch

Umgekehrte Crunches
(*Reverse Crunch*)

Legen Sie sich mit dem Rücken auf den Boden. Die Arme liegen seitlich neben Ihnen, die Handflächen zeigen nach unten. Ziehen Sie die Fersen so dicht wie möglich an den Po. Heben Sie die Fersen etwa fünf Zentimeter vom Boden ab. Das Kinn bleibt angehoben, die Bauchmuskeln angespannt. Federatmung. Zählen Sie zehn Sekunden, während Sie mit den unteren Bauchmuskeln die Knie hochziehen. Am MTP, der Po ist dabei knapp über dem Boden, kontrahieren Sie die Bauchmuskeln zwei Sekunden lang. Gehen Sie mit dem Körper in die Ausgangsposition zurück und zählen Sie dabei wieder zehn Sekunden. Machen Sie sofort im Anschluss noch drei Wiederholungen.

A Schultern

Vorgebeugtes Seitheben
(*Bent-over Rear Delt Raise*)

Halten Sie in jeder Hand eine Hantel, die Handflächen zeigen zueinander. Beugen Sie die Hüfte, als wenn Sie Ihre Schuhe binden möchten. Heben Sie nur das Kinn an und richten Sie den Brustkorb auf, sodass der Rücken leicht durchgestreckt ist. Federatmung. Zählen Sie zehn Sekunden, während Sie die Hanteln seitwärts anheben. Am MTP kontrahieren Sie zwei Sekunden lang. Senken Sie die Gewichte in die Ausgangsposition ab und zählen Sie dabei wieder zehn Sekunden. Machen Sie sofort im Anschluss noch drei Wiederholungen.

B Bizeps

Hammer-Curls im Stehen
(*Standing Hammer Curl*)

Nehmen Sie in jede Hand eine Hantel; Ihre Füße stehen schulterbreit auseinander, die Knie sind leicht gebeugt. Die Arme sind gestreckt und dicht am Körper, die Handflächen zeigen zueinander. Federatmung. Zählen Sie zehn Sekunden, während Sie die Hanteln anheben. Die Handflächen zeigen weiterhin zueinander. Am MTP kontrahieren Sie zwei Sekunden lang. Senken Sie die Gewichte in die Ausgangsposition ab und zählen Sie dabei wieder zehn Sekunden. Machen Sie sofort im Anschluss noch drei Wiederholungen.

MTP: *maximum tension point* (Höchstspannungspunkt). **Federatmung:** tief einatmen und in kurzen Stößen ausatmen. **Zeitplan:** Jede Übung dauert 90 Sekunden, jeder Zirkel sechs Minuten.

C Brust

Trizeps-Kickbacks im Stehen
(*Standing Triceps Kickback*)

Nehmen Sie in jede Hand eine Hantel; Ihre
Füße stehen schulterbreit auseinander, die
Knie sind leicht gebeugt. Beugen Sie die
Hüfte, als wenn Sie sich Ihre Schuhe bin-
den würden; der Kopf ist angehoben, der
Brustkorb gestreckt, sodass der Rücken ein
wenig durchgedrückt ist. Die Ellenbogen
sind gebeugt und so hoch wie möglich
angehoben. Federatmung. Zählen Sie zehn
Sekunden, während Sie die Arme nach hinten
ausstrecken. Am MTP kontrahieren Sie den
Trizeps zwei Sekunden lang. Kehren Sie in die
Ausgangsposition zurück und zählen Sie dabei
wieder zehn Sekunden. Machen Sie sofort im
Anschluss noch drei Wiederholungen.

D Bauch

Käfer-Crunches
(*Bicycle Crunch*)

Legen Sie sich auf den Rücken, die Hände sind
am Hinterkopf. Heben Sie Ihre Fersen etwa
fünf Zentimeter vom Boden ab. Während der
ganzen Übung bleibt das Kinn angehoben
und der Bauch angespannt. Federatmung.
Bewegen Sie den rechten Ellenbogen zum linken Knie. Zählen Sie zehn Sekunden, während
Sie sich zur anderen Seite drehen. Am MTP
– wenn der linke Ellenbogen am rechten Knie
ist – kontrahieren Sie zwei Sekunden lang.
Gehen Sie in die Ausgangsposition zurück
und zählen Sie dabei wieder zehn Sekunden.
Machen Sie im Anschluss noch drei Wiederholungen mit Seitenwechsel, sodass Sie auf
zwei Wiederholungen pro Seite kommen.

Start

A Beine

Seitliche Kniebeugen (*Lateral Squat*)

Die Füße stehen etwa einen Schritt breiter als schulterbreit auseinander. Federatmung. Zählen Sie zehn Sekunden, während Sie ein Knie beugen; das andere Bein bleibt gestreckt. Halten Sie zwei Sekunden lang am MTP an. Kehren Sie in die Ausgangsposition zurück und zählen Sie dabei wieder zehn Sekunden. Machen Sie im Anschluss noch drei Wiederholungen mit Seitenwechsel, sodass Sie auf zwei Wiederholungen pro Seite kommen.

Diamantgriff

B Rücken

Überzüge auf dem Ball (*Pullover on Swiss Ball*)

Halten Sie eine Hantel im sogenannten Diamantgriff. Legen Sie sich so auf den Ball, dass Kopf und Nacken aufliegen. Halten Sie während der gesamten Übung Ihr Becken oben und die Bauchmuskeln angespannt. Heben Sie die Hantel über dem Brustkorb hoch, ohne dabei die Ellenbogen durchzustrecken. Federatmung. Zählen Sie zehn Sekunden, während Sie das Gewicht hinter Ihrem Kopf absenken. Halten Sie zwei Sekunden lang am MTP an. Führen Sie das Gewicht in die Ausgangsposition zurück und zählen Sie dabei wieder zehn Sekunden. Machen Sie sofort im Anschluss noch drei Wiederholungen.
TIPP: Wo Ihr MTP liegt, hängt davon ab, wie weit Sie Ihre Arme nach hinten strecken können.

MTP: *maximum tension point* (Höchstspannungspunkt). **Federatmung:** tief einatmen und in kurzen Stößen ausatmen. **Zeitplan:** Jede Übung dauert 90 Sekunden, jeder Zirkel sechs Minuten.

C Brust

Schräge Liegestütze
(*Incline Push-up*)

Stützen Sie sich mit den Armen gegen eine
Wand oder auf eine Treppe, sodass Ihr Oberkörper höher ist als die Füße. Der Rücken ist
gerade, die Bauchmuskeln sind angespannt,
der Kopf ist angehoben. Federatmung. Zählen
Sie zehn Sekunden, während Sie sich absenken. Halten Sie zwei Sekunden lang am MTP
an. Kehren Sie in die Ausgangsposition zurück
und zählen Sie dabei wieder zehn Sekunden.
Machen Sie sofort im Anschluss noch drei
Wiederholungen.

D Bauch

Doppel-Crunches
(*Double Crunch*)

Legen Sie sich auf eine Matte. Nehmen Sie
die Hände an den Hinterkopf und die Fersen
so dicht wie möglich an den Po. Ellenbogen
und Kinn sind angehoben, die Bauchmuskeln
angespannt. Federatmung. Zählen Sie zehn
Sekunden, während Sie sich mit den oberen
Bauchmuskeln nach oben heben und gleichzeitig die Knie anziehen. Am MTP kontrahieren Sie zwei Sekunden lang. Kehren Sie in die
Ausgangsposition zurück und zählen Sie dabei
wieder zehn Sekunden. Berühren Sie mit dem
oberen Rücken nicht den Boden. Machen Sie
im Anschluss noch drei Wiederholungen.
TIPP: Da der Bewegungsspielraum bei dieser
Übung sehr gering ist, sollten Sie sie so langsam ausführen, dass Sie den MTP erst mit der
zehnten Sekunde erreichen.

A Beine

Kniebeugen mit einem Stuhl (*Chair Squat*)

Stellen Sie sich mit verschränkten Armen vor einen Stuhl, die Füße stehen hüftbreit auseinander. Der Rücken ist gerade, die Bauchmuskeln sind angespannt, der Kopf ist angehoben. Federatmung. Zählen Sie zehn Sekunden, während Sie in die Knie gehen, so als wollten Sie sich auf den Stuhl setzen. Halten Sie zwei Sekunden lang am MTP, etwa fünf Zentimeter über der Sitzfläche, an. Drücken Sie dann die Fersen in den Boden, kehren Sie in die Ausgangsposition zurück und zählen Sie dabei wieder zehn Sekunden. Machen Sie sofort im Anschluss noch drei Wiederholungen.

B Rücken

Rudern auf dem Ball (*Swiss Ball Row*)

Nehmen Sie in jede Hand eine Hantel und legen Sie sich so auf den Ball, dass die Taille aufliegt. Heben Sie Kopf und Brustkorb, sodass der Rücken leicht gestreckt ist. Federatmung. Zählen Sie zehn Sekunden, während Sie mit einer Ruderbewegung die Hanteln hoch und nach hinten in Richtung Hüfte ziehen. Halten Sie zwei Sekunden lang am MTP an und ziehen Sie die Schulterblätter zusammen. Kehren Sie in die Ausgangsposition zurück und zählen Sie dabei wieder zehn Sekunden. Machen Sie im Anschluss noch drei Wiederholungen.

MTP: *maximum tension point* (Höchstspannungspunkt). **Federatmung:** tief einatmen und in kurzen Stößen ausatmen. **Zeitplan:** Jede Übung dauert 90 Sekunden, jeder Zirkel sechs Minuten.

C Brust

Hanteldrücken auf dem Ball
(*Flat Press on Swiss Ball*)

Nehmen Sie in jede Hand eine Hantel und legen Sie sich so auf den Ball, dass die Schulterblätter bequem aufliegen. Heben Sie die Arme
hoch und pressen Sie die Hanteln zusammen.
Federatmung. Zählen Sie zehn Sekunden,
während Sie die Hanteln absenken. Halten Sie
zwei Sekunden lang am MTP, knapp oberhalb
der Brust, an. Bringen Sie die Hanteln erneut
nach oben und zusammen in die Ausgangsposition und zählen Sie dabei wieder zehn
Sekunden. Machen Sie sofort im Anschluss
noch drei Wiederholungen.

D Bauch

Beinheben
(*Leg Lift*)

Legen Sie sich auf den Rücken. Die Hände
liegen mit den Handflächen nach unten unter
dem Po. Ziehen Sie sich nach oben, sodass
sich die Schulterblätter vom Boden abheben.
Heben Sie die Beine etwa drei Zentimeter vom
Boden ab. Der Bauch bleibt angespannt, das
Kinn erhoben. Federatmung. Zählen Sie zehn
Sekunden, während Sie die Beine anheben.
Am MTP kontrahieren Sie zwei Sekunden lang.
Senken Sie die Beine in die Ausgangsposition
ab und zählen Sie dabei wieder zehn Sekun-
den. Machen Sie sofort im Anschluss noch drei
Wiederholungen.

A Beine

Ausfallschritt
(*Lunge*)

Gehen Sie in den Ausfallschritt. Der Rücken
bleibt gerade, die Bauchmuskeln angespannt,
der Brustkorb gestreckt. Federatmung. Zählen
Sie zehn Sekunden, während Sie das hintere
Knie zum Boden absenken. Halten Sie zwei Sekunden lang am MTP, knapp über dem Boden,
an. Kehren Sie in die Ausgangsposition zurück
und zählen Sie dabei wieder zehn Sekunden.
Machen Sie sofort im Anschluss noch eine
Wiederholung. Wechseln Sie das Bein und
wiederholen Sie die Übung zweimal. So kommen Sie auf insgesamt vier Wiederholungen.
TIPP: Um Verletzungen zu vermeiden, sollte
das vordere Knie immer in dieselbe Richtung
zeigen wie die Zehen und nicht stärker als
90 Grad gebeugt werden.

B Rücken

Umgekehrte Hyperextensions
auf dem Ball
(*Reverse Hyperextension
on Swiss Ball*)

Legen Sie sich bäuchlings auf den Ball. Rollen
Sie sich vorwärts, bis der Ball unter Ihrem Becken ist und sich Ihr Oberkörper zum Boden
hin neigt. Legen Sie die Hände etwa schulterbreit auseinander auf den Boden. Die Füße
bleiben zusammen. Federatmung. Zählen Sie
zehn Sekunden, während Sie mit den Muskeln
des unteren Rückens und der hinteren Oberschenkel die Fersen in Richtung Decke anheben. Am MTP kontrahieren Sie zwei Sekunden
lang. Senken Sie die ausgestreckten Beine in
die Ausgangsposition, knapp über dem Boden,
ab und zählen Sie dabei wieder zehn Sekunden. Machen Sie sofort im Anschluss noch drei
Wiederholungen.

MTP: *maximum tension point* (Höchstspannungspunkt). **Federatmung:** tief einatmen und in kurzen Stößen
ausatmen. **Zeitplan:** Jede Übung dauert 90 Sekunden, jeder Zirkel sechs Minuten.

C Brust

Butterflys mit Hanteln schräg auf dem Ball
(*Incline Dumbbell Fly on Swiss Ball*)

Nehmen Sie in jede Hand eine Hantel und legen Sie sich so auf den Ball, dass Kopf und Nacken aufliegen. Rollen Sie am Ball hinab, bis das Becken fast am Boden ist. Strecken Sie die Hanteln über dem Brustkorb nach oben. Die Ellenbogen sind leicht gebeugt, die Handflächen zeigen zueinander. Federatmung. Zählen Sie zehn Sekunden, während Sie die Hanteln zur Seite absenken. Halten Sie zwei Sekunden lang am MTP an, bevor Sie die Arme wieder schließen und so die Gewichte zurück in die Ausgangsposition heben; zählen Sie dabei wieder zehn Sekunden. Machen Sie sofort im Anschluss noch drei Wiederholungen.

D Bauch

Rumpfdrehen mit gestreckten Armen
(*Russian Twist*)

Setzen Sie sich mit gebeugten Knien und geschlossenen Füßen auf den Boden oder auf die Matte. Lehnen Sie sich leicht nach hinten, sodass die Bauchmuskeln aktiviert werden. Das Kinn ist angehoben. Gehen Sie in die Ausgangsposition, indem Sie die Arme mit zusammengepressten Handflächen zur Seite strecken und den Brustkorb in die gleiche Richtung drehen. Federatmung. Zählen Sie zehn Sekunden, während Sie den Oberkörper langsam so weit wie möglich zur anderen Seite drehen. Halten Sie zwei Sekunden lang am MTP an. Drehen Sie sich zurück in die Ausgangsposition und zählen Sie dabei wieder zehn Sekunden. Machen Sie sofort im Anschluss noch drei Wiederholungen.

119

Ende

8

WOCHE 4

7. WORKOUT

ZIRKEL 3

Start

A Schultern

Umgekehrtes Seitheben auf dem Ball
(*Reverse Lateral on Swiss Ball*)

Nehmen Sie in jede Hand eine Hantel und setzen Sie sich auf den Ball. Der Rücken ist gerade, die Bauchmuskeln sind angespannt. Heben Sie die Hanteln hoch über Ihren Kopf; die Ellenbogen sind leicht gebeugt, die Handflächen zeigen zueinander. Federatmung. Zählen Sie zehn Sekunden, während Sie die Gewichte zur Seite absenken. Die Handflächen zeigen dabei nach oben. Halten Sie zwei Sekunden lang am MTP, bei waagerechten Armen, an. Kehren Sie zurück in die Ausgangsposition und zählen Sie dabei wieder zehn Sekunden. Machen Sie sofort im Anschluss noch drei Wiederholungen.

B Bizeps

Curls im Stehen
(*Standing Curl*)

Nehmen Sie in jede Hand eine Hantel; Ihre Füße stehen schulterbreit auseinander, die Knie sind leicht gebeugt. Halten Sie die Arme gestreckt und dicht am Körper, die Handflächen zeigen nach vorne. Federatmung. Zählen Sie zehn Sekunden, während Sie die Hanteln aufwärts bewegen, bis die Ellenbogen etwas über den rechten Winkel hinaus gebeugt sind. Am MTP kontrahieren Sie den Bizeps zwei Sekunden lang. Halten Sie die Ellenbogen dicht am Körper. Senken Sie die Gewichte zurück in die Ausgangsposition und zählen Sie dabei wieder zehn Sekunden. Machen Sie sofort im Anschluss noch drei Wiederholungen.
TIPP: Halten Sie während der gesamten Übung die Ellenbogen eng an den Körper gepresst.

MTP: *maximum tension point* (Höchstspannungspunkt). **Federatmung:** tief einatmen und in kurzen Stößen ausatmen. **Zeitplan:** Jede Übung dauert 90 Sekunden, jeder Zirkel sechs Minuten.

C Trizeps

Trizeps-Kickbacks im Stehen
(Standing Triceps Kickback)

Nehmen Sie in jede Hand eine Hantel; Ihre
Füße stehen schulterbreit auseinander, die
Knie sind leicht gebeugt. Beugen Sie die
Hüfte, als wenn Sie sich Ihre Schuhe binden würden; der Kopf ist angehoben, der
Brustkorb gestreckt, sodass der Rücken ein
wenig durchgedrückt ist. Die Ellenbogen sind
gebeugt und so hoch wie möglich angehoben.
Federatmung. Zählen Sie zehn Sekunden,
während Sie die Arme nach hinten ausstrecken. Am MTP kontrahieren Sie den Trizeps
zwei Sekunden lang. Kehren Sie zurück in
die Ausgangsposition und zählen Sie dabei
wieder zehn Sekunden. Machen Sie sofort im
Anschluss noch drei Wiederholungen.

D Bauch

Crunches mit den Füßen
an der Wand
*(Swiss Ball Crunch with
Elevated Feet)*

Setzen Sie sich etwa 60 Zentimeter von einer
Wand entfernt auf den Ball und legen Sie die
Hände an den Hinterkopf. Machen Sie ein paar
Schritte vorwärts und aufwärts und stellen
Sie die Füße hoch an die Wand. Federatmung.
Zählen Sie zehn Sekunden, während Sie sich
nur mithilfe der Bauchmuskeln nach oben ziehen. Am MTP kontrahieren Sie zwei Sekunden
lang. Kehren Sie dann in die Ausgangsposition
zurück und zählen Sie dabei wieder zehn Sekunden. Machen Sie sofort im Anschluss noch
drei Wiederholungen.
TIPP: Da der Bewegungsspielraum bei dieser
Übung sehr gering ist, sollten Sie sie besonders langsam ausführen.

A Schultern

Aufrechtes Rudern
(*Upright Row*)

Nehmen Sie in jede Hand eine Hantel; Ihre Ellenbogen sind dabei leicht gebeugt, Ihre Handflächen zeigen nach hinten. Die Füße stehen eng zusammen, die Knie sind leicht gebeugt. Federatmung. Zählen Sie zehn Sekunden, während Sie die Hanteln in Richtung Kinn anheben. Halten Sie zwei Sekunden lang am MTP, direkt unter dem Kinn, an. Kehren Sie in die Ausgangsposition zurück und zählen Sie wieder zehn Sekunden. Machen Sie sofort im Anschluss noch drei Wiederholungen.
TIPP: Der Nacken sollte sich nicht verkrampft anfühlen; falls dies doch der Fall ist, entspannen Sie die Nackenmuskulatur und lassen Sie die Schultern arbeiten.

B Bizeps

Seitliche Curls im Stehen
(*Standing Side Curl*)

Halten Sie in jeder Hand eine Hantel; Ihre Handflächen zeigen nach oben, die Ellenbogen sind gegen den Körper gepresst. Halten Sie während der ganzen Übung den Brustkorb gestreckt, die Füße hüftbreit auseinander, die Knie gebeugt und die Bauchmuskeln angespannt. Federatmung. Zählen Sie zehn Sekunden, während Sie die Hanteln anheben. Am MTP kontrahieren Sie den Bizeps zwei Sekunden lang. Senken Sie die Gewichte in die Ausgangsposition ab, bis die Arme gestreckt, aber nicht durchgestreckt sind, und zählen Sie dabei wieder zehn Sekunden. Machen Sie sofort im Anschluss noch drei Wiederholungen.
TIPP: Achten Sie darauf, dass die Ellenbogen dicht am Körper bleiben.

MTP: *maximum tension point* (Höchstspannungspunkt). **Federatmung:** tief einatmen und in kurzen Stößen ausatmen. **Zeitplan:** Jede Übung dauert 90 Sekunden, jeder Zirkel sechs Minuten.

C Trizeps

»Skull Crushers« auf dem Ball (*Dumbbell »Skull Crusher« on Swiss Ball*)

Nehmen Sie in jede Hand eine Hantel und legen Sie sich so auf den Ball, dass Kopf und Nacken aufliegen. Das Becken ist leicht angehoben, die Bauchmuskeln sind angespannt. Strecken Sie die Arme senkrecht nach oben, die Handflächen zeigen zueinander. Winkeln Sie die Arme etwa fünf Zentimeter aus der Senkrechten in Richtung Kopf ab. Federatmung. Zählen Sie zehn Sekunden, während Sie die Ellenbogen beugen und die Hanteln nach hinten absenken. Halten Sie zwei Sekunden lang am MTP, knapp oberhalb der Stirn, an. Führen Sie die Gewichte in die Ausgangsposition und zählen Sie dabei wieder zehn Sekunden. Machen Sie noch drei Wiederholungen.

D Bauch

Bein-Crunches (*Seated V-up*)

Setzen Sie sich auf den Boden und stützen Sie sich mit den Händen hinter Ihrem Körper ab. Die Ellenbogen sind gebeugt, die Fingerspitzen zeigen nach vorne. In der Ausgangsposition halten Sie die Beine gestreckt, die Knie eng zusammen und die Fersen fünf Zentimeter über dem Boden. Verlagern Sie das Gewicht Ihres Oberkörpers ein wenig auf die Hände. Federatmung. Zählen Sie zehn Sekunden, während Sie die Knie zur Brust ziehen. Am MTP kontrahieren Sie zwei Sekunden lang. Kehren Sie erneut in die Ausgangsposition zurück und zählen Sie dabei wieder zehn Sekunden; die Bauchmuskeln sind weiterhin angespannt. Machen Sie sofort im Anschluss noch drei Wiederholungen.

A Schultern

Ententanz
(*Chicken Wing*)

Halten Sie in jeder Hand eine Hantel, Ihre Ellenbogen sind gebeugt und in einem Winkel von 45 Grad vor dem Oberkörper (siehe Abbildung). Die Füße stehen hüftbreit auseinander und die Knie sind leicht gebeugt. Halten Sie die Unterarme angespannt. Federatmung. Zählen Sie zehn Sekunden, während Sie die Ellenbogen seitwärts anheben. Am MTP kontrahieren Sie zwei Sekunden lang. Kehren Sie in die Ausgangsposition zurück und zählen Sie dabei wieder zehn Sekunden. Machen Sie sofort im Anschluss noch drei Wiederholungen. **TIPP:** Achten Sie darauf, dass der Nacken entspannt bleibt, und ziehen Sie die Schultern nicht hoch.

B Bizeps

Preacher-Curls auf dem Ball
(*Preacher Curl on Swiss Ball*)

Nehmen Sie in jede Hand eine Hantel. Knien Sie sich zunächst vor den Ball und legen Sie sich dann bäuchlings darüber. Ihre Arme sollten 15 bis 20 Zentimeter voneinander entfernt sein. Heben Sie die Gewichte in die Ausgangsposition; die Ellenbogen sind dabei im rechten Winkel gebeugt. Federatmung. Zählen Sie zehn Sekunden, während Sie die Gewichte absenken. Halten Sie zwei Sekunden lang am MTP an. Führen Sie die Gewichte in die Ausgangsposition und zählen Sie dabei wieder zehn Sekunden. Machen Sie sofort im Anschluss noch drei Wiederholungen.

MTP: *maximum tension point* (Höchstspannungspunkt). **Federatmung:** tief einatmen und in kurzen Stößen ausatmen. **Zeitplan:** Jede Übung dauert 90 Sekunden, jeder Zirkel sechs Minuten.

C Trizeps

Dips mit Stuhl und Ball
(Chair Dip with Swiss Ball)

Setzen Sie sich auf den Rand eines stabilen Stuhls. Halten Sie sich mit den Händen an der vorderen Stuhlkante fest, die Finger zeigen nach vorne; die Beine liegen ausgestreckt auf dem Ball. Federatmung. Zählen Sie zehn Sekunden, während Sie Ihren Körper absenken. Halten Sie zwei Sekunden lang am MTP an. Stemmen Sie sich zurück in die Ausgangsposition und zählen Sie wieder zehn Sekunden. Machen Sie noch drei Wiederholungen.
TIPP: Wo der MTP liegt, hängt davon ab, wie gelenkig Ihre Schultern sind. Ihr MTP liegt etwa drei Zentimeter über dem flexibelsten Punkt. Falls diese Übung zu schwierig ist, machen Sie »Dips am Stuhl« von Seite 83.

D Bauch

Käfer-Crunches
(Bicycle Crunch)

Legen Sie sich auf den Rücken, die Hände sind am Hinterkopf. Heben Sie Ihre Fersen etwa fünf Zentimeter vom Boden ab. Während der ganzen Übung bleibt das Kinn angehoben und der Bauch angespannt. Federatmung. Bewegen Sie den rechten Ellenbogen zum linken Knie. Zählen Sie zehn Sekunden, während Sie sich zur anderen Seite drehen. Am MTP – wenn der linke Ellenbogen am rechten Knie ist – kontrahieren Sie zwei Sekunden lang. Gehen Sie in die Ausgangsposition zurück und zählen Sie dabei wieder zehn Sekunden. Machen Sie im Anschluss noch drei Wiederholungen mit Seitenwechsel, sodass Sie auf zwei Wiederholungen pro Seite kommen.

A Beine

Kniebeugen am Kabelzug
(*Bench Squat on Cable Machine*)

Die Kabelrollen sind in der niedrigsten Position. Stellen Sie sich mit der Stange auf den Schultern mit etwas mehr als schulterbreit geöffneten Beinen über die Bank. Der Rücken ist gerade, die Bauchmuskeln sind angespannt, der Kopf ist angehoben. Federatmung. Zählen Sie zehn Sekunden, während Sie in die Knie gehen, als wollten Sie sich schräg vorgebeugt hinsetzen. Halten Sie zwei Sekunden lang am MTP, etwa fünf Zentimeter über der Bank, an. Drücken Sie die Fersen in den Boden, um in die Ausgangsposition zurückzukehren, und zählen Sie wieder zehn Sekunden. Machen Sie noch drei Wiederholungen. **ALTERNATIVE ÜBUNG:** »Kniebeugen mit weit geöffneten Beinen« auf Seite 80.

Breiter Griff

B Rücken

Latziehen am Kabelzug
mit breitem Griff
(*Wide-Grip Pull-down with Cable Machine*)

Die Kabelrollen sind in der höchsten Position. Fassen Sie die Stange an den Enden. Setzen Sie sich mit vollständig gestreckten Armen auf Ihre Fersen. Der Rücken ist gerade, die Bauchmuskeln sind angespannt, der Brustkorb ist gestreckt. Federatmung. Zählen Sie zehn Sekunden, während Sie die Stange zu sich herunterziehen. Am MTP kontrahieren Sie zwei Sekunden lang. Bringen Sie das Gewicht langsam und kontrolliert in die Ausgangsposition zurück und zählen Sie dabei wieder zehn Sekunden. Machen Sie sofort im Anschluss noch drei Wiederholungen.

MTP: *maximum tension point* (Höchstspannungspunkt). **Federatmung:** tief einatmen und in kurzen Stößen ausatmen. **Zeitplan:** Jede Übung dauert 90 Sekunden, jeder Zirkel sechs Minuten.

C Brust

Bankdrücken mit Kabelzug auf dem Ball
(Flat Press on Swiss Ball with Cable Machine)

Legen Sie sich so auf den Ball, dass Kopf und Nacken aufliegen. Halten Sie die Stange; Ihre Hände sind etwa doppelt so breit wie schulterbreit geöffnet. Strecken Sie die Arme und drücken Sie den Rücken nicht durch. Federatmung. Zählen Sie zehn Sekunden, während Sie die Stange auf die Brust absenken. Halten Sie zwei Sekunden lang am MTP an. Führen Sie die Stange zurück in die Ausgangsposition, ohne die Ellenbogen durchzudrücken, und zählen Sie wieder zehn Sekunden. Machen Sie im Anschluss noch drei Wiederholungen.
ALTERNATIVE ÜBUNG: »Vorgebeugtes Rudern im Standardgriff« auf Seite 104.

D Bauch

Crunches mit Kabelzug auf dem Ball
(Swiss Ball Crunch with Cable Machine)

Die Kabelrollen sind in der niedrigsten Position. Nehmen Sie das Seil in die Hände und ziehen Sie es heraus, bis es an Ihren Hinterkopf reicht. Legen Sie sich auf den Ball und senken Sie das Becken ein wenig ab. Federatmung. Zählen Sie zehn Sekunden, während Sie sich zusammenziehen und die Ellenbogen zu den Knien ziehen. Am MTP kontrahieren Sie zwei Sekunden lang. Kehren Sie in die Ausgangsposition zurück und zählen Sie dabei wieder zehn Sekunden. Machen Sie sofort im Anschluss noch drei Wiederholungen.
ALTERNATIVE ÜBUNG: »Crunches auf dem Ball« auf Seite 85.

A Beine

Einbeinige Kniebeugen
(*Split Squat*)

Stellen Sie sich knapp einen Meter vor eine
Bank und legen Sie einen Fuß so darauf, dass
die Oberseite Ihres Schuhs leicht aufliegt.
Der Rücken ist gerade, der Bauch angespannt,
der Brustkorb ist gestreckt. Federatmung.
Zählen Sie zehn Sekunden, während Sie das
vordere Knie beugen und sich zum Boden
absenken. Halten Sie zwei Sekunden lang am
MTP an. Kehren Sie sofort in die Ausgangsposition zurück und zählen Sie dabei wieder
zehn Sekunden. Wechseln Sie das Bein und
wiederholen Sie die Übung zweimal. So kommen Sie auf insgesamt vier Wiederholungen.

Obergriff

B Rücken

Vorgebeugtes Rudern am
Kabelzug im Obergriff
(*Bent-over Cable Overhand Row*)

Die Kabelrollen sind in der niedrigsten
Position. Halten Sie die Stange im Obergriff.
Beugen Sie die Hüfte, als wenn Sie Ihre Schuhe binden möchten; der Kopf ist angehoben,
der Brustkorb gestreckt, sodass der Rücken
ein wenig durchgedrückt ist. Die Knie sind
leicht gebeugt. Federatmung. Zählen Sie zehn
Sekunden, während Sie mit einer Ruderbewe-
gung die Stange zur Hüfte hochziehen. Die
Ellenbogen bleiben dicht am Körper. Am MTP
ziehen Sie die Schulterblätter zwei Sekunden
lang zusammen. Senken Sie die Stange in die
Ausgangsposition ab und zählen Sie zehn
Sekunden. Machen Sie drei Wiederholungen.
ALTERNATIVE ÜBUNG: »Vorgebeugtes
Rudern im Obergriff« auf Seite 78.

MTP: *maximum tension point* (Höchstspannungspunkt). **Federatmung:** tief einatmen und in kurzen Stößen
ausatmen. **Zeitplan:** Jede Übung dauert 90 Sekunden, jeder Zirkel sechs Minuten.

C Brust

Hanteldrücken auf dem Ball
(Flat Press on Swiss Ball)

Nehmen Sie in jede Hand eine Hantel und legen Sie sich so auf den Ball, dass die Schulterblätter bequem aufliegen. Heben Sie die Arme
hoch und pressen Sie die Hanteln zusammen.
Federatmung. Zählen Sie zehn Sekunden,
während Sie die Hanteln absenken. Halten Sie
zwei Sekunden lang am MTP, knapp oberhalb
der Brust, an. Bringen Sie die Hanteln erneut
nach oben und zusammen in die Ausgangsposition und zählen Sie dabei wieder zehn
Sekunden. Machen Sie sofort im Anschluss
noch drei Wiederholungen.

D Bauch

Bein-Crunches auf der Bank, ggf. mit Kabelzug
(Bench Crunch, cable optional)

Die Befestigung
der Kabelschlaufe

Setzen Sie sich auf den Rand einer Hantelbank. Halten Sie sich an den Seiten der Bank
fest. Strecken Sie die Beine aus, wobei sich der
Oberkörper etwas nach hinten neigt. Federatmung. Zählen Sie zehn Sekunden, während Sie
die Knie langsam an den Körper und hoch in
Richtung Kinn ziehen. Am MTP kontrahieren
Sie zwei Sekunden lang die Bauchmuskeln.
Bewegen Sie die Beine in die Ausgangsposition zurück und zählen Sie wieder zehn Sekunden. Machen Sie drei Wiederholungen.
TIPP: Um den Widerstand zu erhöhen,
befestigen Sie die Griffe des Kabelzugs an den
Füßen und stellen ein leichtes Gewicht ein.
ALTERNATIVE ÜBUNG: »Bein-Crunches
auf dem Stuhl« auf Seite 79.

A Beine

Ausfallschritt
(Lunge)

Gehen Sie in den Ausfallschritt. Der Rücken bleibt gerade, die Bauchmuskeln angespannt, der Brustkorb gestreckt. Federatmung. Zählen Sie zehn Sekunden, während Sie das hintere Knie zum Boden absenken. Halten Sie zwei Sekunden lang am MTP, knapp über dem Boden, an. Kehren Sie in die Ausgangsposition zurück und zählen Sie dabei wieder zehn Sekunden. Machen Sie sofort im Anschluss noch eine Wiederholung. Wechseln Sie das Bein und wiederholen Sie die Übung zweimal. So kommen Sie auf insgesamt vier Wiederholungen. **TIPP:** Um Verletzungen zu vermeiden, sollte das vordere Knie immer in dieselbe Richtung zeigen wie die Zehen und nicht stärker als 90 Grad gebeugt werden.

B Rücken

Umgekehrte Hyperextensions mit dem Ball auf der Bank
(Reverse Hyperextension on Bench with Swiss Ball)

Legen Sie den Ball auf die Hantelbank und sich vornüber auf den Ball. Rollen Sie sich vorwärts, bis das Becken aufliegt und sich der Oberkörper zum Boden hin neigt. Halten Sie sich mit den Händen an der Bank fest. Die Beine sind gestreckt. Federatmung. Zählen Sie zehn Sekunden, während Sie mit dem unteren Rücken und den hinteren Oberschenkelmuskeln Ihre Fersen in Richtung Decke heben. Am MTP kontrahieren Sie zwei Sekunden lang. Senken Sie die gestreckten Beine in die Ausgangsposition ab und zählen Sie zehn Sekunden. Machen Sie drei Wiederholungen. **ALTERNATIVE ÜBUNG:** »Umgekehrte Hyperextensions auf dem Ball« auf Seite 92.

130   **MTP:** *maximum tension point* (Höchstspannungspunkt). **Federatmung:** tief einatmen und in kurzen Stößen ausatmen. **Zeitplan:** Jede Übung dauert 90 Sekunden, jeder Zirkel sechs Minuten.

C Brust

Abwärtsgerichtete Butterflys am Kabelzug
(*Downward Cable Fly*)

Die Kabelrollen sind in der höchsten Position.
Fassen Sie die Griffe und gehen Sie in den
Ausfallschritt. Der Rücken ist gerade, der
Bauch angespannt, der Brustkorb gestreckt.
Schieben Sie die Hände vor Ihrem Brustbein
nach vorne und zusammen. Federatmung.
Zählen Sie zehn Sekunden, während die Arme
langsam und in weitem Bogen dem Zug nach
hinten nachgeben. Halten Sie zwei Sekunden
lang am MTP an. Ziehen Sie das Gewicht in die
Ausgangsposition zurück und zählen Sie dabei
wieder zehn Sekunden. Machen Sie sofort im
Anschluss noch drei Wiederholungen.
ALTERNATIVE ÜBUNG: »Butterflys mit
Hanteln auf dem Ball« auf Seite 81.

D Bauch

Rumpfdrehen am Kabelzug
(*Wood Chopper on Cable Machine*)

Die Kabelrollen sind in der höchsten Position.
Nehmen Sie einen Griff in die Hände und stellen Sie sich einen Schritt weit vom Kabelzug
entfernt auf. Die Füße sind etwa einen Meter
auseinander. Der Brustkorb ist gestreckt, der
Rücken gerade, die Arme sind gestreckt. Federatmung. Zählen Sie zehn Sekunden, während
Sie mithilfe der schrägen Bauchmuskulatur
das Kabel am Körper vorbei nach unten ziehen. Am MTP kontrahieren Sie zwei Sekunden
lang. Führen Sie das Gewicht langsam in die
Ausgangsposition zurück und zählen Sie zehn
Sekunden. Wechseln Sie das Bein und wiederholen Sie die Übung zweimal. So kommen Sie
auf insgesamt vier Wiederholungen.
ALTERNATIVE ÜBUNG: »Stabdrehen« auf
Seite 81.

Ende

Start

A Schultern

Schulterdrücken im Sitzen am Kabelzug
(*Beated Cable Shoulder Press*)

Die Kabelrollen sind in der niedrigsten Position. Greifen Sie die Stange und setzen Sie sich auf die Bank oder den Ball. Der Rücken ist gerade, der Bauch angespannt, der Brustkorb gestreckt. Ziehen Sie die Stange bis unter das Kinn und drücken Sie sie nach oben; die Handflächen zeigen nach vorne. Federatmung. Zählen Sie zehn Sekunden, während Sie die Stange absenken. Halten Sie zwei Sekunden lang am MTP, knapp unter Kinnhöhe, an. Dann stemmen Sie die Stange in die Ausgangsposition zurück und zählen wieder zehn Sekunden. Machen Sie drei Wiederholungen.
ALTERNATIVE ÜBUNG: »Schulterdrücken auf dem Ball« auf Seite 94.

B Bizeps

Curls am Kabelzug
(*Cable Curl*)

Die Kabelrollen sind in der niedrigsten Position. Fassen Sie die Stange; die Handflächen zeigen nach vorne. Die Arme sind ausgestreckt seitlich am Körper. Die Füße stehen schulterbreit auseinander, die Knie sind leicht gebeugt. Federatmung. Zählen Sie zehn Sekunden, während Sie die Stange heben. Am MTP kontrahieren Sie zwei Sekunden lang. Halten Sie die Ellenbogen dicht am Körper, senken Sie das Gewicht in die Ausgangsposition ab und zählen Sie dabei wieder zehn Sekunden. Machen Sie sofort im Anschluss noch drei Wiederholungen.
TIPP: Achten Sie darauf, dass die Ellenbogen während der Übung am Körper bleiben.
ALTERNATIVE ÜBUNG: »Curls im Stehen« auf Seite 82.

MTP: *maximum tension point* (Höchstspannungspunkt). **Federatmung:** tief einatmen und in kurzen Stößen ausatmen. **Zeitplan:** Jede Übung dauert 90 Sekunden, jeder Zirkel sechs Minuten.

C Trizeps

Trizepsdrücken am Kabelzug
(*Triceps Cable Press-down*)

Die Kabelrollen sind in der höchsten Position. Fassen Sie die Stange; Ihre Hände sind etwa 30 Zentimeter weit auseinander. Ziehen Sie die Ellenbogen an den Körper und strecken Sie die Arme nach unten. Federatmung. Zählen Sie zehn Sekunden, während Sie die Stange nach oben steigen lassen. Halten Sie zwei Sekunden lang am MTP an – die Ellenbogen sind dabei im rechten Winkel, kurz bevor sie nicht weitergebeugt werden können. Drücken Sie das Gewicht in die Ausgangsposition zurück und zählen Sie dabei wieder zehn Sekunden. Machen Sie sofort im Anschluss noch drei Wiederholungen.
ALTERNATIVE ÜBUNG: »Dips am Stuhl« auf Seite 83.

D Bauch

Crunches mit den Füßen an der Wand
(*Swiss Ball Crunch with Elevated Feet*)

Setzen Sie sich etwa 60 Zentimeter von einer Wand entfernt auf den Ball und legen Sie die Hände an den Hinterkopf. Machen Sie ein paar Schritte vorwärts und aufwärts und stellen Sie die Füße hoch an die Wand. Federatmung. Zählen Sie zehn Sekunden, während Sie sich nur mithilfe der Bauchmuskeln nach oben ziehen. Am MTP kontrahieren Sie zwei Sekunden lang. Kehren Sie dann in die Ausgangsposition zurück und zählen Sie dabei wieder zehn Sekunden. Machen Sie sofort im Anschluss noch drei Wiederholungen.
TIPP: Da der Bewegungsspielraum bei dieser Übung sehr gering ist, sollten Sie sie besonders langsam ausführen.

A Schultern

Frontheben am Ball
(*Front Delt Raise on Swiss Ball*)

Nehmen Sie in jede Hand eine Hantel; drücken Sie den Ball an eine solide Wand und lehnen Sie sich daran; der Ball liegt dabei zwischen Ihren Schulterblättern. Federatmung. Zählen Sie zehn Sekunden, während Sie die Hanteln mit leicht gebeugten Ellenbogen anheben. Halten Sie zwei Sekunden lang am MTP, auf Augenhöhe, an. Senken Sie die Gewichte in die Ausgangsposition ab und zählen Sie dabei wieder zehn Sekunden. Machen Sie sofort im Anschluss noch drei Wiederholungen.

B Bizeps

Curls auf der Schrägbank
(*Incline Biceps Curl*)

Nehmen Sie in jede Hand eine Hantel und legen Sie sich mit dem Rücken auf die Schrägbank; Ihre Arme hängen herab, die Handflächen zeigen nach vorne. Federatmung. Zählen Sie zehn Sekunden, während Sie die Hanteln hochziehen. Am MTP kontrahieren Sie zwei Sekunden lang. Senken Sie die Gewichte so weit ab, bis die Arme ganz gestreckt sind, und zählen Sie dabei wieder zehn Sekunden. Machen Sie sofort im Anschluss noch drei Wiederholungen.
TIPP: Achten Sie darauf, dass die Ellenbogen am Körper bleiben.

MTP: *maximum tension point* (Höchstspannungspunkt). **Federatmung:** tief einatmen und in kurzen Stößen ausatmen. **Zeitplan:** Jede Übung dauert 90 Sekunden, jeder Zirkel sechs Minuten.

C Trizeps

Dips mit Bank und Ball
(*Bench Dip on Swiss Ball*)

Setzen Sie sich auf den Rand einer stabilen
Bank. Halten Sie sich mit den Händen an der
vorderen Kante fest, die Finger zeigen nach
vorne; die Beine liegen ausgestreckt auf dem
Ball. Federatmung. Zählen Sie zehn Sekunden,
während Sie Ihren Körper absenken. Halten
Sie zwei Sekunden lang am MTP an. Stemmen
Sie sich zurück in die Ausgangsposition und
zählen Sie wieder zehn Sekunden. Machen Sie
noch drei Wiederholungen.
TIPP: Wo der MTP liegt, hängt davon ab, wie
gelenkig Ihre Schultern sind. Ihr MTP liegt
etwa drei Zentimeter über dem flexibelsten
Punkt. Falls diese Übung zu schwierig ist,
machen Sie die »Dips am Stuhl« von Seite 83.

D Bauch

Umgekehrte Crunches
auf der Bank
(*Knees to Elbows on Bench*)

Legen Sie sich mit dem Rücken auf die Bank,
Ihr Kopf ist fast am Ende. Halten Sie sich mit
den Händen neben Ihren Ohren an der Bank
fest. Ziehen Sie die Ellenbogen zusammen.
Heben Sie das Kinn an und spannen Sie den
Bauch an. Federatmung. Zählen Sie zehn
Sekunden, während Sie die Knie langsam bis
zu den Ellenbogen ziehen. Am MTP – wenn die
Ellenbogen an den Knien sind – kontrahieren
Sie zwei Sekunden lang. Kehren Sie in die
Ausgangsposition zurück, ohne die Füße auf-
zusetzen, und zählen Sie dabei wieder zehn
Sekunden. Machen Sie sofort im Anschluss
noch drei Wiederholungen.

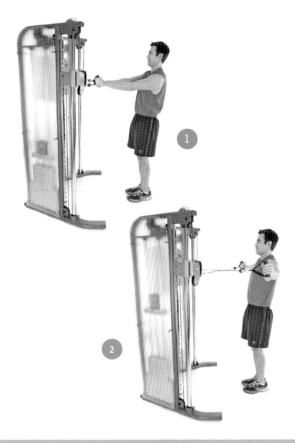

A Schultern

Umgekehrte Butterflys am Kabelzug
(Rear Delt Cable Extension)

Die Kabelrollen sind auf Schulterhöhe. Fassen Sie den Griff mit überkreuzten Armen und gehen Sie so weit zurück, bis die Hände übereinander liegen. Federatmung. Zählen Sie zehn Sekunden, während Sie die Arme auseinander und nach hinten ziehen, bis Sie eine T-förmige Haltung erreichen. Am MTP kontrahieren Sie zwei Sekunden lang. Lassen Sie die Kabel langsam zurück in die Ausgangsposition gleiten und zählen Sie dabei wieder zehn Sekunden. Machen Sie sofort im Anschluss noch drei Wiederholungen.

ALTERNATIVE ÜBUNG: »Vorgebeugtes Seitheben im Sitzen« auf Seite 86.

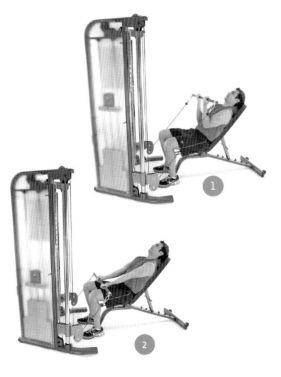

B Bizeps

Schräge Curls am Kabelzug
(Reclined Cabel Bar Curl)

Die Kabelrollen sind in der niedrigsten Position. Fassen Sie die Stange; Ihre Handflächen zeigen nach oben. Lehnen Sie sich auf einer schräg gestellten Hantelbank zurück. Die Ellenbogen sind dicht am Körper, die Arme ganz gestreckt. Federatmung. Zählen Sie zehn Sekunden, während Sie die Stange zu den Schultern ziehen. Halten Sie zwei Sekunden lang am MTP an – wenn die Bizepse voll kontrahiert sind. Senken Sie die Stange in die Ausgangsposition ab und zählen Sie dabei wieder zehn Sekunden. Machen Sie sofort im Anschluss noch drei Wiederholungen.

TIPP: Achten Sie darauf, dass die Ellenbogen während der Übung am Körper sind.

ALTERNATIVE ÜBUNG: »Curls im Stehen« auf Seite 82.

MTP: *maximum tension point* (Höchstspannungspunkt). **Federatmung:** tief einatmen und in kurzen Stößen ausatmen. **Zeitplan:** Jede Übung dauert 90 Sekunden, jeder Zirkel sechs Minuten.

C Trizeps

Trizepsdrücken über Kopf am Kabelzug (*Overhead Triceps Cable Extension*)

Die Kabelrollen sind in der niedrigsten Position. Greifen Sie die Stange; Ihre Handflächen zeigen nach oben. Lehnen Sie sich gegen den Ball. Strecken Sie die Arme nach oben und halten Sie die Oberarme dicht am Kopf. Federatmung. Zählen Sie zehn Sekunden, während Sie die Stange hinter Ihrem Kopf absenken. Halten Sie zwei Sekunden lang am MTP an – die Ellenbogen sind dabei im rechten Winkel. Strecken Sie die Arme, bringen Sie die Stange in die Ausgangsposition zurück und zählen Sie dabei wieder zehn Sekunden. Machen Sie noch drei Wiederholungen.
ALTERNATIVE ÜBUNG: »Trizepsdrücken auf dem Ball« auf Seite 95.

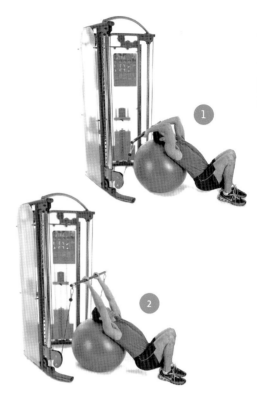

D Bauch

Seitbeugen auf der Römischen Liege (*Oblique Side Bends on Roman Chair*)

Legen Sie sich mit verschränkten Armen seitlich in die Römische Liege (Roman Chair). Gehen Sie in die Ausgangsposition, indem Sie sich seitwärts nach unten beugen. Der Rücken bleibt gerade, der Bauch ist angespannt. Zählen Sie zehn Sekunden, während Sie sich hochziehen. Am MTP kontrahieren Sie zwei Sekunden lang. Gehen Sie in die Ausgangsposition zurück und zählen Sie dabei wieder zehn Sekunden. Machen Sie noch eine Wiederholung. Wechseln Sie die Seite und wiederholen Sie die Übung zweimal.

Start

1

2

A Beine

Einbeinige Kniebeugen (*Split Squat*)

Stellen Sie sich knapp einen Meter vor eine Bank und legen Sie einen Fuß so darauf, dass die Oberseite Ihres Schuhs leicht aufliegt. Der Rücken ist gerade, der Bauch angespannt, der Brustkorb ist gestreckt. Federatmung. Zählen Sie zehn Sekunden, während Sie das vordere Knie beugen und sich zum Boden absenken. Halten Sie zwei Sekunden lang am MTP an. Kehren Sie in die Ausgangsposition zurück und zählen Sie dabei wieder zehn Sekunden. Wechseln Sie das Bein und wiederholen Sie die Übung zweimal. So kommen Sie auf insgesamt vier Wiederholungen.

Enger Griff

1

2

B Rücken

Latziehen am Kabelzug mit engem Griff (*Close-Grip Pull-down on Cable Machine*)

Die Kabelrollen sind in der höchsten Position. Fassen Sie eine Doppelschlaufe und setzen Sie sich mit ausgestreckten Armen auf Ihre Fersen. Der Rücken ist gerade, die Bauchmuskeln sind angespannt, der Brustkorb ist gestreckt. Federatmung. Zählen Sie zehn Sekunden, während Sie den Griff zum oberen Teil der Brust herunterziehen. Am MTP kontrahieren Sie zwei Sekunden lang. Senken Sie das Gewicht in die Ausgangsposition zurück und zählen Sie dabei wieder zehn Sekunden. Machen Sie sofort im Anschluss noch drei Wiederholungen.

138   **MTP:** *maximum tension point* (Höchstspannungspunkt). **Federatmung:** tief einatmen und in kurzen Stößen ausatmen. **Zeitplan:** Jede Übung dauert 90 Sekunden, jeder Zirkel sechs Minuten.

C Brust

Schrägbankdrücken mit Kabelzug auf dem Ball (*Incline Cable Barbell Press on Swiss Ball*)

Die Kabelrollen sind in der niedrigsten Position. Greifen Sie die Stange. Kopf und Nacken liegen auf dem Ball auf. Senken Sie Ihr Becken bis fast auf den Boden ab. Strecken Sie die Arme und drücken Sie den Rücken an den Ball. Federatmung. Zählen Sie zehn Sekunden, während Sie die Stange zum Brustbein absenken. Halten Sie zwei Sekunden lang am MTP an. Stemmen Sie das Gewicht in die Ausgangsposition zurück, sodass die Arme gestreckt sind, zählen Sie zehn Sekunden. Machen Sie drei Wiederholungen.

ALTERNATIVE ÜBUNG: »Hanteldrücken schräg auf dem Ball« auf Seite 77.

D Bauch

Crunches mit Kabelzug auf dem Ball (*Swiss Ball Crunch with Cable Machine*)

Die Kabelrollen sind in der niedrigsten Position. Nehmen Sie das Seil in die Hände und ziehen Sie es heraus, bis es an Ihren Hinterkopf reicht. Legen Sie sich auf den Ball und senken Sie das Becken ein wenig ab. Federatmung. Zählen Sie zehn Sekunden, während Sie sich zusammenziehen und die Ellenbogen zu den Knien ziehen. Am MTP kontrahieren Sie zwei Sekunden lang. Kehren Sie in die Ausgangsposition zurück und zählen Sie dabei wieder zehn Sekunden. Machen Sie sofort im Anschluss noch drei Wiederholungen.

ALTERNATIVE ÜBUNG: »Crunches auf dem Ball« auf Seite 85.

A Beine

Kniebeugen am Kabelzug
(Bench Squat on Cable Machine)

Die Kabelrollen sind in der niedrigsten Position. Stellen Sie sich mit der Stange auf den Schultern mit etwas mehr als schulterbreit geöffneten Beinen über die Bank. Der Rücken ist gerade, die Bauchmuskeln sind angespannt, der Kopf ist angehoben. Federatmung. Zählen Sie zehn Sekunden, während Sie in die Knie gehen, als wollten Sie sich schräg vorgebeugt hinsetzen. Halten Sie zwei Sekunden lang am MTP, etwa fünf Zentimeter über der Bank, an. Drücken Sie die Fersen in den Boden, um in die Ausgangsposition zurückzukehren, und zählen Sie wieder zehn Sekunden. Machen Sie noch drei Wiederholungen.
ALTERNATIVE ÜBUNG: »Kniebeugen mit weit geöffneten Beinen« auf Seite 80.

Untergriff

B Rücken

Vorgebeugtes Rudern am Kabelzug im Untergriff
(Bent-over Row on Cable Machine, underhand grip)

Die Kabelrollen sind in der niedrigsten Position. Fassen Sie die Stange im Untergriff. Beugen Sie die Hüfte; Ihr Kopf ist angehoben, Ihr Brustkorb gestreckt, sodass der Rücken ein wenig durchgedrückt ist. Die Knie sind leicht gebeugt. Federatmung. Zählen Sie zehn Sekunden, während Sie die Stange in Richtung Hüfte hochziehen. Die Ellenbogen bleiben dicht am Körper. Am MTP ziehen Sie die Schulterblätter zwei Sekunden lang zusammen. Senken Sie die Stange in die Ausgangsposition ab und zählen Sie wieder zehn Sekunden. Machen Sie noch drei Wiederholungen.
ALTERNATIVE ÜBUNG: »Vorgebeugtes Rudern im Untergriff« auf Seite 90.

MTP: *maximum tension point* (Höchstspannungspunkt). **Federatmung:** tief einatmen und in kurzen Stößen ausatmen. **Zeitplan:** Jede Übung dauert 90 Sekunden, jeder Zirkel sechs Minuten.

C Brust

Hanteldrücken auf der Schrägbank
(*Incline Dumbbell Press*)

Nehmen Sie in jede Hand eine Hantel und lehnen Sie sich auf der Schrägbank zurück. Heben
Sie die Gewichte hoch und halten Sie sie mit
leicht gebeugten Ellenbogen eng zusammen.
Der Rücken ist gerade, die Bauchmuskeln
sind angespannt. Federatmung. Zählen Sie
zehn Sekunden, während Sie die Hanteln
absenken. Halten Sie zwei Sekunden lang
am MTP an. Stemmen Sie die Gewichte in die
Ausgangsposition zurück und zählen Sie dabei
wieder zehn Sekunden. Machen Sie sofort im
Anschluss noch drei Wiederholungen.

D Bauch

Doppel-Crunches auf der Bank
(*Double Crunch on Bench*)

Legen Sie sich mit dem Rücken auf die Bank
und halten Sie eine Hantel mit beiden Händen
unterhalb des Kinns, um mehr Widerstand
zu haben. Heben Sie die Füße etwa fünf
Zentimeter an. Federatmung. Zählen Sie zehn
Sekunden, während Sie sich zusammenziehen
und gleichzeitig die Knie anheben. Am MTP
kontrahieren Sie zwei Sekunden lang. Kehren
Sie in die Ausgangsposition zurück und zählen
Sie dabei wieder zehn Sekunden. Achten Sie
darauf, dass die Füße fünf Zentimeter über
dem Boden bleiben. Machen Sie sofort im
Anschluss noch drei Wiederholungen.

A Beine

Oberschenkel-Kickbacks auf der Bank, ggf. mit Kabelzug (*Hamstring Kickback on Bench, cable optional*)

Befestigen Sie das Kabel am Fußgelenk. Stützen Sie sich mit einem Knie und beiden Armen auf der Bank auf. Während der Übung ist der Kopf angehoben, der Rücken gerade und das eine Bein angewinkelt. Federatmung. Zählen Sie zehn Sekunden, während Sie das gestreckte Bein nach hinten und oben heben. Am MTP kontrahieren Sie zwei Sekunden lang. Kehren Sie in die Ausgangsposition zurück und zählen Sie zehn Sekunden. Wechseln Sie das Bein und wiederholen Sie die Übung zweimal.
So kommen Sie auf vier Wiederholungen.
ALTERNATIVE ÜBUNG: »Po-Kickbacks auf dem Ball« auf Seite 92.

B Rücken

Hyperextensions auf der Römischen Liege (*Hyperextension on Roman Chair*)

Stellen Sie sich auf die Römische Liege (Roman Chair); die Arme sind vor der Brust gekreuzt. Beugen Sie die Hüfte. Federatmung. Zählen Sie zehn Sekunden, während Sie den Oberkörper anheben. Am MTP kontrahieren Sie zwei Sekunden lang. Gehen Sie in die Ausgangsposition zurück und zählen Sie dabei wieder zehn Sekunden. Machen Sie sofort im Anschluss noch drei Wiederholungen.
TIPP: Der MTP hängt davon ab, wie dehnbar Sie sind.

MTP: *maximum tension point* (Höchstspannungspunkt). **Federatmung:** tief einatmen und in kurzen Stößen ausatmen. **Zeitplan:** Jede Übung dauert 90 Sekunden, jeder Zirkel sechs Minuten.

C Brust

Aufwärtsgerichtete Butterflys am Kabelzug
(*Upward Cable Fly*)

Die Kabelrollen sind in der niedrigsten Position. Fassen Sie die Griffe, die Handflächen zeigen nach vorne, und gehen Sie in den Ausfallschritt. Federatmung. Zählen Sie zehn Sekunden, während Sie die Kabel hochziehen und dabei die Griffe zusammenbringen. Bringen Sie das Gewicht in die Ausgangsposition zurück und zählen Sie wieder zehn Sekunden. Machen Sie sofort im Anschluss noch drei Wiederholungen.

ALTERNATIVE ÜBUNG: »Butterflys mit Hanteln schräg auf dem Ball« auf Seite 91.

D Bauch

Rumpfdrehen mit Kabelzug auf dem Ball
(*Cable Russian Twist on Ball*)

Die Kabelrollen sind in der höchsten Position. Fassen Sie den Griff mit beiden Händen und legen Sie sich so auf den Ball, dass Kopf und Nacken aufliegen. Die Hüfte ist angehoben, die Arme sind gestreckt, der Bauch ist angespannt. Federatmung. Zählen Sie zehn Sekunden, während Sie den Oberkörper verdrehen. Am MTP, mit waagerechten Armen, kontrahieren Sie zwei Sekunden lang. Drehen Sie sich in die Ausgangsposition zurück und zählen Sie dabei wieder zehn Sekunden. Wechseln Sie die Seite und wiederholen Sie die Übung zweimal. So kommen Sie auf insgesamt vier Wiederholungen.

ALTERNATIVE ÜBUNG: »Rumpfdrehen mit gestreckten Armen« auf Seite 99.

Ende

A Schultern

Schulterdrücken im Sitzen am Kabelzug
(*Seated Cable Shoulder Press*)

Die Kabelrollen sind in der niedrigsten Position. Greifen Sie die Stange und setzen Sie sich auf die Bank oder den Ball. Der Rücken ist gerade, der Bauch angespannt, der Brustkorb gestreckt. Ziehen Sie die Stange bis unter das Kinn und drücken Sie sie nach oben; die Handflächen zeigen nach vorne. Federatmung. Zählen Sie zehn Sekunden, während Sie die Stange absenken. Halten Sie zwei Sekunden lang am MTP, knapp unter Kinnhöhe, an. Dann stemmen Sie die Stange in die Ausgangsposition zurück und zählen wieder zehn Sekunden. Machen Sie drei Wiederholungen.
ALTERNATIVE ÜBUNG: »Schulterdrücken auf dem Ball« auf Seite 94.

B Bizeps

Curls am Kabelzug
(*Cable Curl*)

Die Kabelrollen sind in der niedrigsten Position. Fassen Sie die Stange; die Handflächen zeigen nach vorne. Die Arme sind ausgestreckt seitlich am Körper. Die Füße stehen schulterbreit auseinander, die Knie sind leicht gebeugt. Federatmung. Zählen Sie zehn Sekunden, während Sie die Stange heben. Am MTP kontrahieren Sie zwei Sekunden lang. Halten Sie die Ellenbogen dicht am Körper, senken Sie das Gewicht in die Ausgangsposition ab und zählen Sie dabei wieder zehn Sekunden. Machen Sie sofort im Anschluss noch drei Wiederholungen.
TIPP: Achten Sie darauf, dass die Ellenbogen während der Übung am Körper bleiben.
ALTERNATIVE ÜBUNG: »Curls im Stehen« auf Seite 82.

MTP: *maximum tension point* (Höchstspannungspunkt). **Federatmung:** tief einatmen und in kurzen Stößen ausatmen. **Zeitplan:** Jede Übung dauert 90 Sekunden, jeder Zirkel sechs Minuten.

C Trizeps

»Skull Crushers« mit Seil am Kabelzug
(Cable »Skull Crusher« on Swiss Ball with Rope)

Die Kabelrollen sind in der niedrigsten Position. Greifen Sie das Seil und legen Sie sich so auf den Ball, dass Kopf und Nacken aufliegen. Strecken Sie die Arme mit leicht gebeugten Ellenbogen; die Handflächen zeigen zueinander. Beugen Sie die Arme etwa fünf Zentimeter nach hinten. Federatmung. Zählen Sie zehn Sekunden, während Sie das Gewicht absenken. Halten Sie zwei Sekunden am MTP, knapp oberhalb der Stirn, an. Gehen Sie in die Ausgangsposition zurück, zählen Sie zehn Sekunden. Machen Sie drei Wiederholungen. **ALTERNATIVE ÜBUNG:** »›Skull Crushers‹ auf dem Ball« auf Seite 85.

D Bauch

Umgekehrte Crunches auf der Bank
(Knees to Elbows on Bench)

Legen Sie sich mit dem Rücken auf die Bank, Ihr Kopf ist fast am Ende. Halten Sie sich mit den Händen neben Ihren Ohren an der Bank fest. Ziehen Sie die Ellenbogen zusammen. Heben Sie das Kinn an und spannen Sie den Bauch an. Federatmung. Zählen Sie zehn Sekunden, während Sie die Knie langsam bis zu den Ellenbogen ziehen. Am MTP – wenn die Ellenbogen an den Knien sind – kontrahieren Sie zwei Sekunden lang. Kehren Sie in die Ausgangsposition zurück, ohne die Füße aufzusetzen, und zählen Sie dabei wieder zehn Sekunden. Machen Sie sofort im Anschluss noch drei Wiederholungen.

A Schultern

Seitheben mit Kabelzug im Stehen
(*Standing Cable Lateral Raise*)

Die Kabelrollen sind in der niedrigsten Position. Fassen Sie die Griffe über Kreuz. Stellen Sie sich aufrecht hin, der Rücken ist gerade, der Bauch angespannt. Federatmung. Zählen Sie zehn Sekunden, während Sie die Griffe seitwärts anheben. Am MTP kontrahieren Sie zwei Sekunden lang. Senken Sie dann die Gewichte in die Ausgangsposition ab und zählen Sie dabei wieder zehn Sekunden. Machen Sie sofort im Anschluss noch drei Wiederholungen.
ALTERNATIVE ÜBUNG: »Seitheben im Stehen« auf Seite 84.

B Bizeps

Seitliche Curls im Stehen
(*Standing Side Curl*)

Halten Sie in jeder Hand eine Hantel; Ihre Handflächen zeigen nach oben, die Ellenbogen sind gegen den Körper gepresst. Halten Sie während der ganzen Übung den Brustkorb gestreckt, die Füße hüftbreit auseinander, die Knie gebeugt und die Bauchmuskeln angespannt. Federatmung. Zählen Sie zehn Sekunden, während Sie die Hanteln anheben. Am MTP kontrahieren Sie den Bizeps zwei Sekunden lang. Senken Sie die Gewichte in die Ausgangsposition ab, bis die Arme gestreckt, aber nicht durchgestreckt sind, und zählen Sie dabei wieder zehn Sekunden. Machen Sie sofort im Anschluss noch drei Wiederholungen.
TIPP: Achten Sie darauf, dass die Ellenbogen dicht am Körper bleiben.

MTP: *maximum tension point* (Höchstspannungspunkt). **Federatmung:** tief einatmen und in kurzen Stößen ausatmen. **Zeitplan:** Jede Übung dauert 90 Sekunden, jeder Zirkel sechs Minuten.

C Trizeps

Trizepsdrücken am Kabelzug
(*Triceps Cable Press-down*)

Die Kabelrollen sind in der höchsten Position.
Fassen Sie die Stange; Ihre Hände sind etwa
30 Zentimeter weit auseinander. Ziehen Sie
die Ellenbogen an den Körper und strecken Sie
die Arme nach unten. Federatmung. Zählen
Sie zehn Sekunden, während Sie die Stange
nach oben steigen lassen. Halten Sie zwei Sekunden lang am MTP an – die Ellenbogen sind
dabei im rechten Winkel, kurz bevor sie nicht
weitergebeugt werden können. Drücken Sie
das Gewicht in die Ausgangsposition zurück
und zählen Sie dabei wieder zehn Sekunden.
Machen Sie sofort im Anschluss noch drei
Wiederholungen.
ALTERNATIVE ÜBUNG: »Dips am Stuhl«
auf Seite 83.

D Bauch

Crunches mit Kabelzug
auf dem Ball
(*Swiss Ball Crunch*
with Cable Machine)

Die Kabelrollen sind in der niedrigsten Position. Nehmen Sie das Seil in die Hände und
ziehen Sie es heraus, bis es an Ihren Hinterkopf reicht. Legen Sie sich auf den Ball und
senken Sie das Becken ein wenig ab. Federatmung. Zählen Sie zehn Sekunden, während
Sie sich zusammenziehen und die Ellenbogen
zu den Knien ziehen. Am MTP kontrahieren
Sie zwei Sekunden lang. Kehren Sie in die
Ausgangsposition zurück und zählen Sie dabei
wieder zehn Sekunden. Machen Sie sofort im
Anschluss noch drei Wiederholungen.
ALTERNATIVE ÜBUNG: »Crunches auf dem
Ball« auf Seite 85.

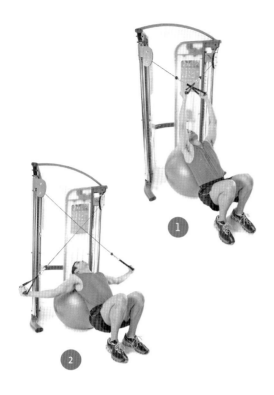

A Schultern

Umgekehrte Butterflys schräg am Kabelzug (*Reclined Rear Delt Cable Extension*)

Die Kabelrollen sind in der höchsten Position. Fassen Sie die Griffe über Kreuz und lehnen Sie sich auf der Schrägbank zurück. Strecken Sie die Arme mit leicht gebeugten Ellenbogen nach oben. Federatmung. Zählen Sie zehn Sekunden, während Sie die Arme in weitem Bogen seitwärts und nach hinten ziehen. Am MTP kontrahieren Sie zwei Sekunden lang. Kommen Sie in die Ausgangsposition zurück und zählen Sie dabei wieder zehn Sekunden. Machen Sie sofort im Anschluss noch drei Wiederholungen.

ALTERNATIVE ÜBUNG: »Vorgebeugtes Seitheben im Sitzen« auf Seite 86.

B Bizeps

Preacher-Curls mit Kabelzug auf dem Ball (*Cable Preacher Curl on Swiss Ball*)

Die Kabelrollen sind in der niedrigsten Position. Knien Sie sich zunächst vor den Ball auf den Boden und legen Sie sich dann vornüber. Fassen Sie die Stange mit beiden Händen. Die Handflächen zeigen nach oben, die Hände sind etwa 30 Zentimeter auseinander. Federatmung. Zählen Sie zehn Sekunden, während Sie das Gewicht zu sich ziehen. Am MTP kontrahieren Sie zwei Sekunden lang. Senken Sie das Gewicht in die Ausgangsposition ab und zählen Sie wieder zehn Sekunden. Machen Sie drei Wiederholungen.

TIPP: Lassen Sie die Arme am unteren Wendepunkt leicht gebeugt.

ALTERNATIVE ÜBUNG: »Preacher-Curls auf dem Ball« auf Seite 86.

MTP: *maximum tension point* (Höchstspannungspunkt). **Federatmung:** tief einatmen und in kurzen Stößen ausatmen. **Zeitplan:** Jede Übung dauert 90 Sekunden, jeder Zirkel sechs Minuten.

C Trizeps

Trizepsdrücken über Kopf am Kabelzug (*Overhead Triceps Cable Extension*)

Die Kabelrollen sind in der niedrigsten Position. Greifen Sie die Stange; Ihre Handflächen zeigen nach oben. Lehnen Sie sich gegen den Ball. Strecken Sie die Arme nach oben und halten Sie die Oberarme dicht am Kopf. Federatmung. Zählen Sie zehn Sekunden, während Sie die Stange hinter Ihrem Kopf absenken. Halten Sie zwei Sekunden lang am MTP an – die Ellenbogen sind dabei im rechten Winkel. Strecken Sie die Arme, bringen Sie die Stange in die Ausgangsposition zurück und zählen Sie dabei wieder zehn Sekunden. Machen Sie noch drei Wiederholungen.

ALTERNATIVE ÜBUNG: »Trizepsdrücken auf dem Ball« auf Seite 95.

D Bauch

Klappmesser auf dem Ball (*Jackknife*)

Stellen Sie sich zunächst einen knappen Meter vor den Ball und stützen Sie die Hände schulterbreit auf den Boden. Legen Sie dann ein Bein so auf den Ball, dass das Schienbein mittig aufliegt. Wenn Sie den Körper in die Waagerechte gebracht haben, legen Sie auch das andere Bein auf den Ball. Der Kopf ist in Verlängerung der Wirbelsäule, das Rückgrat bleibt gerade, die Bauchmuskeln sind angespannt. Zählen Sie zehn Sekunden, während Sie die Knie langsam in Richtung Kinn ziehen. Halten Sie die Balance, indem Sie die Bauchmuskeln anspannen. Am MTP kontrahieren Sie zwei Sekunden lang. Kehren Sie in die Ausgangsposition zurück und zählen Sie dabei wieder zehn Sekunden. Machen Sie sofort im Anschluss noch drei Wiederholungen.

A Beine

Kniebeugen am Kabelzug
(*Bench Squat on Cable Machine*)

Die Kabelrollen sind in der niedrigsten Position. Stellen Sie sich mit der Stange auf den Schultern mit etwas mehr als schulterbreit geöffneten Beinen über die Bank. Der Rücken ist gerade, die Bauchmuskeln sind angespannt, der Kopf ist angehoben. Federatmung. Zählen Sie zehn Sekunden, während Sie in die Knie gehen, als wollten Sie sich schräg vorgebeugt hinsetzen. Halten Sie zwei Sekunden lang am MTP, etwa fünf Zentimeter über der Bank, an. Drücken Sie die Fersen in den Boden, um in die Ausgangsposition zurückzukehren, und zählen Sie wieder zehn Sekunden. Machen Sie noch drei Wiederholungen.
ALTERNATIVE ÜBUNG: »Kniebeugen mit weit geöffneten Beinen« auf Seite 80.

Untergriff

B Rücken

Latziehen am Kabelzug
im Untergriff
(*Pull-down on Cable Machine,*
underhand grip)

Die Kabelrollen sind in der höchsten Position. Fassen Sie die Stange im Untergriff. Setzen Sie sich mit ausgestreckten Armen auf Ihre Fersen. Der Rücken ist gerade, die Bauchmuskeln sind angespannt, der Brustkorb ist gestreckt. Federatmung. Zählen Sie zehn Sekunden, während Sie die Stange zum oberen Teil der Brust herunterziehen. Am MTP kontrahieren Sie zwei Sekunden lang. Senken Sie das Gewicht in die Ausgangsposition ab und zählen Sie dabei wieder zehn Sekunden. Machen Sie im Anschluss noch drei Wiederholungen.

150   **MTP:** *maximum tension point* (Höchstspannungspunkt). **Federatmung:** tief einatmen und in kurzen Stößen ausatmen. **Zeitplan:** Jede Übung dauert 90 Sekunden, jeder Zirkel sechs Minuten.

C Brust

Bankdrücken mit Kabelzug auf dem Ball
(*Flat Press on Swiss Ball with Cable Machine*)

Legen Sie sich so auf den Ball, dass Kopf und Nacken aufliegen. Halten Sie die Stange; Ihre Hände sind etwa doppelt so breit wie schulterbreit geöffnet. Strecken Sie die Arme und drücken Sie den Rücken nicht durch. Federatmung. Zählen Sie zehn Sekunden, während Sie die Stange auf die Brust absenken. Halten Sie zwei Sekunden lang am MTP an. Führen Sie die Stange zurück in die Ausgangsposition, ohne die Ellenbogen durchzudrücken, und zählen Sie wieder zehn Sekunden. Machen Sie noch drei Wiederholungen.

ALTERNATIVE ÜBUNG: »Vorgebeugtes Rudern im Standardgriff« auf Seite 104.

D Bauch

Klappmesser auf dem Ball
(*Jackknife*)

Stellen Sie sich zunächst einen knappen Meter vor den Ball und stützen Sie die Hände schulterbreit auf den Boden. Legen Sie dann ein Bein so auf den Ball, dass das Schienbein mittig aufliegt. Wenn Sie den Körper in die Waagerechte gebracht haben, legen Sie auch das andere Bein auf den Ball. Der Kopf ist in Verlängerung der Wirbelsäule, das Rückgrat bleibt gerade, die Bauchmuskeln sind angespannt. Zählen Sie zehn Sekunden, während Sie die Knie langsam in Richtung Kinn ziehen. Halten Sie die Balance, indem Sie die Bauchmuskeln anspannen. Am MTP kontrahieren Sie zwei Sekunden lang. Kehren Sie in die Ausgangsposition zurück und zählen Sie dabei wieder zehn Sekunden. Machen Sie sofort im Anschluss noch drei Wiederholungen.

A Beine

Einbeinige Kniebeugen (*Split Squat*)

Stellen Sie sich knapp einen Meter vor eine Bank und legen Sie einen Fuß so darauf, dass die Oberseite Ihres Schuhs leicht aufliegt. Der Rücken ist gerade, der Bauch angespannt, der Brustkorb ist gestreckt. Federatmung. Zählen Sie zehn Sekunden, während Sie das vordere Knie beugen und sich zum Boden absenken. Halten Sie zwei Sekunden lang am MTP an. Kehren Sie sofort in die Ausgangsposition zurück und zählen Sie dabei wieder zehn Sekunden. Wechseln Sie das Bein und wiederholen Sie die Übung zweimal. So kommen Sie auf insgesamt vier Wiederholungen.

Enger Griff

B Rücken

Vorgebeugtes Rudern am Kabelzug mit engem Griff (*Bent-over Cable Row, close grip*)

Die Kabelrollen sind in der niedrigsten Position. Greifen Sie die Doppelschlaufe. Beugen Sie die Hüfte, als wenn Sie sich die Schuhe binden würden; Ihr Kopf ist angehoben, Ihr Brustkorb gestreckt, sodass der Rücken ein wenig durchgedrückt ist. Die Knie sind leicht gebeugt. Federatmung. Zählen Sie zehn Sekunden, während Sie den Griff in Richtung Becken hochziehen. Am MTP ziehen Sie die Schulterblätter zwei Sekunden lang zusammen. Senken Sie das Gewicht in die Ausgangsposition ab und zählen Sie dabei wieder zehn Sekunden. Machen Sie drei Wiederholungen.
TIPP: Ellenbogen dicht am Körper halten.
ALTERNATIVE ÜBUNG: »Vorgebeugtes Rudern im Standardgriff« auf Seite 104.

MTP: *maximum tension point* (Höchstspannungspunkt). **Federatmung:** tief einatmen und in kurzen Stößen ausatmen. **Zeitplan:** Jede Übung dauert 90 Sekunden, jeder Zirkel sechs Minuten.

C Brust

Hanteldrücken auf dem Ball
(*Flat Press on Swiss Ball*)

Nehmen Sie in jede Hand eine Hantel und legen Sie sich so auf den Ball, dass die Schulterblätter bequem aufliegen. Heben Sie die Arme
hoch und pressen Sie die Hanteln zusammen.
Federatmung. Zählen Sie zehn Sekunden,
während Sie die Hanteln absenken. Halten Sie
zwei Sekunden lang am MTP, knapp oberhalb
der Brust, an. Bringen Sie die Hanteln erneut
nach oben und zusammen in die Ausgangsposition und zählen Sie dabei wieder zehn
Sekunden. Machen Sie sofort im Anschluss
noch drei Wiederholungen.

D Bauch

Bein-Crunches auf der Bank,
ggf. mit Kabelzug
(*Bench Crunch, cable optional*)

Variante mit Kabelzug

Setzen Sie sich auf den Rand einer Hantelbank. Halten Sie sich an den Seiten der Bank
fest. Strecken Sie die Beine aus, wobei sich der
Oberkörper etwas nach hinten neigt. Federatmung. Zählen Sie zehn Sekunden, während Sie
die Knie langsam an den Körper und hoch in
Richtung Kinn ziehen. Am MTP kontrahieren
Sie zwei Sekunden lang die Bauchmuskeln.
Bewegen Sie die Beine in die Ausgangsposition zurück und zählen Sie wieder zehn Sekunden. Machen Sie drei Wiederholungen.
TIPP: Um den Widerstand zu erhöhen,
befestigen Sie die Griffe des Kabelzugs an den
Füßen und stellen ein leichtes Gewicht ein.
ALTERNATIVE ÜBUNG: »Bein-Crunches auf
dem Stuhl« auf Seite 79.

153

A Beine

Seitliche Kniebeugen
(*Lateral Squat*)

Die Füße stehen etwa einen Schritt breiter als schulterbreit auseinander. Federatmung. Zählen Sie zehn Sekunden, während Sie ein Knie beugen; das andere Bein bleibt gestreckt. Halten Sie zwei Sekunden lang am MTP an. Kehren Sie in die Ausgangsposition zurück und zählen Sie dabei wieder zehn Sekunden. Machen Sie im Anschluss noch drei Wiederholungen mit Seitenwechsel, sodass Sie auf zwei Wiederholungen pro Seite kommen.

B Rücken

Kreuzheben mit Hanteln
(*Dumbbell Dead Lift*)

Nehmen Sie in jede Hand eine Hantel. Die Füße stehen 15 bis 20 Zentimeter auseinander. Beugen Sie sich aus der Hüfte nach vorne, als wenn Sie sich Ihre Schuhe binden möchten. Das Kinn ist angehoben, der Brustkorb gestreckt, sodass der Rücken ein wenig durchgedrückt ist. Die Knie sind leicht gebeugt. Federatmung. Zählen Sie zehn Sekunden, während Sie die Fersen in den Boden drücken und die Muskeln des unteren Rückens und der Oberschenkelhinterseite einsetzen, um den Oberkörper anzuheben. Halten Sie zwei Sekunden lang am MTP, am höchsten Punkt der Bewegung, an. Kommen Sie in die Ausgangsposition zurück und zählen Sie dabei wieder zehn Sekunden. Machen Sie sofort im Anschluss noch drei Wiederholungen.

154   **MTP:** *maximum tension point* (Höchstspannungspunkt). **Federatmung:** tief einatmen und in kurzen Stößen ausatmen. **Zeitplan:** Jede Übung dauert 90 Sekunden, jeder Zirkel sechs Minuten.

C Brust

Abwärtsgerichtete Butterflys am Kabelzug
(*Downward Cable Fly*)

Die Kabelrollen sind in der höchsten Position. Fassen Sie die Griffe und gehen Sie in den Ausfallschritt. Der Rücken ist gerade, der Bauch angespannt, der Brustkorb gestreckt. Schieben Sie die Hände vor Ihrem Brustbein nach vorne und zusammen. Federatmung. Zählen Sie zehn Sekunden, während die Arme langsam und in weitem Bogen dem Zug nach hinten nachgeben. Halten Sie zwei Sekunden lang am MTP an. Ziehen Sie das Gewicht in die Ausgangsposition zurück und zählen Sie dabei wieder zehn Sekunden. Machen Sie sofort im Anschluss noch drei Wiederholungen.
ALTERNATIVE ÜBUNG: »Butterflys mit Hanteln auf dem Ball« auf Seite 81.

D Bauch

Käfer-Crunches
(*Bicycle Crunch*)

Legen Sie sich auf den Rücken, die Hände sind am Hinterkopf. Heben Sie Ihre Fersen etwa fünf Zentimeter vom Boden ab. Während der ganzen Übung bleibt das Kinn angehoben und der Bauch angespannt. Federatmung. Bewegen Sie den rechten Ellenbogen zum linken Knie. Zählen Sie zehn Sekunden, während Sie sich zur anderen Seite drehen. Am MTP – wenn der linke Ellenbogen am rechten Knie ist – kontrahieren Sie zwei Sekunden lang. Gehen Sie in die Ausgangsposition zurück und zählen Sie dabei wieder zehn Sekunden. Machen Sie im Anschluss noch drei Wiederholungen mit Seitenwechsel, sodass Sie auf zwei Wiederholungen pro Seite kommen.

Start

1

2

A Schultern

Schulterdrücken auf der Bank
(*Chair Squat*)

Nehmen Sie in jede Hand eine Hantel und setzen Sie sich auf eine Hantelbank mit aufgestellter Lehne. Ihre Handflächen zeigen nach vorne. Heben Sie die Gewichte über Ihren Kopf. Federatmung. Zählen Sie zehn Sekunden, während Sie die Gewichte absenken. Am MTP, auf Kinnhöhe, kontrahieren Sie zwei Sekunden lang. Stemmen Sie die Gewichte in die Ausgangsposition zurück und zählen Sie dabei wieder zehn Sekunden. Machen Sie sofort im Anschluss noch drei Wiederholungen.

1

2

B Bizeps

Curls im Stehen
(*Standing Curl*)

Nehmen Sie in jede Hand eine Hantel; Ihre Füße stehen schulterbreit auseinander, die Knie sind leicht gebeugt. Halten Sie die Arme gestreckt und dicht am Körper, die Handflächen zeigen nach vorne. Federatmung. Zählen Sie zehn Sekunden, während Sie die Hanteln aufwärts bewegen, bis die Ellenbogen etwas über den rechten Winkel hinaus gebeugt sind. Am MTP kontrahieren Sie den Bizeps zwei Sekunden lang. Halten Sie die Ellenbogen dicht am Körper. Senken Sie die Gewichte zurück in die Ausgangsposition und zählen Sie dabei wieder zehn Sekunden. Machen Sie sofort im Anschluss noch drei Wiederholungen.
TIPP: Halten Sie während der gesamten Übung die Ellenbogen eng an den Körper gepresst.

MTP: *maximum tension point* (Höchstspannungspunkt). **Federatmung:** tief einatmen und in kurzen Stößen ausatmen. **Zeitplan:** Jede Übung dauert 90 Sekunden, jeder Zirkel sechs Minuten.

C Trizeps

Trizepsdrücken am Kabelzug mit Seil
(*Triceps Cable Press-down with Rope*)

Die Kabelrollen sind in der höchsten Position. Halten Sie das Seil; Ihre Handflächen zeigen zueinander. Ziehen Sie die Ellenbogen eng an den Körper und das Seil auf Brusthöhe. Federatmung. Zählen Sie zehn Sekunden, während Sie das Seil hinunterziehen und am Schluss der Bewegung die Hände auswärtsdrehen. Am MTP, kurz bevor Sie die Arme durchstrecken, kontrahieren Sie zwei Sekunden lang. Senken Sie das Gewicht in die Ausgangsposition ab und zählen Sie zehn Sekunden. Machen Sie drei Wiederholungen.
ALTERNATIVE ÜBUNG: »Dips am Stuhl« auf Seite 83.

D Bauch

Crunches mit den Füßen an der Wand
(*Swiss Ball Crunch with Elevated Feet*)

Setzen Sie sich etwa 60 Zentimeter von einer Wand entfernt auf den Ball und legen Sie die Hände an den Hinterkopf. Machen Sie ein paar Schritte vorwärts und aufwärts und stellen Sie die Füße hoch an die Wand. Federatmung. Zählen Sie zehn Sekunden, während Sie sich nur mithilfe der Bauchmuskeln nach oben ziehen. Am MTP kontrahieren Sie zwei Sekunden lang. Kehren Sie dann in die Ausgangsposition zurück und zählen Sie dabei wieder zehn Sekunden. Machen Sie sofort im Anschluss noch drei Wiederholungen.
TIPP: Da der Bewegungsspielraum bei dieser Übung sehr gering ist, sollten Sie sie besonders langsam ausführen.

A Schultern

Aufrechtes Rudern mit Kabelzug (*Upright Cable Row*)

Die Kabelrollen sind in der niedrigsten Posi-
tion. Greifen Sie die Stange; Ihre Handflächen
zeigen nach hinten, Ihre Hände sind etwa
20 Zentimeter voneinander entfernt. Stellen
Sie sich mit geradem Rücken und ange-
spanntem Bauch aufrecht hin. Federatmung.
Zählen Sie zehn Sekunden, während Sie die
Stange bis unter das Kinn ziehen. Am MTP
kontrahieren Sie zwei Sekunden lang. Senken
Sie das Gewicht in die Ausgangsposition ab
und zählen Sie dabei wieder zehn Sekunden.
Machen Sie sofort im Anschluss noch drei
Wiederholungen.
ALTERNATIVE ÜBUNG: »Aufrechtes
Rudern« auf Seite 122.

B Bizeps

Curls auf der Schrägbank (*Incline Biceps Curl*)

Nehmen Sie in jede Hand eine Hantel und
legen Sie sich mit dem Rücken auf die Schrägbank; Ihre Arme hängen herab, die Handflächen zeigen nach vorne. Federatmung. Zählen
Sie zehn Sekunden, während Sie die Hanteln
hochziehen. Am MTP kontrahieren Sie zwei
Sekunden lang. Senken Sie die Gewichte so
weit ab, bis die Arme ganz gestreckt sind,
und zählen Sie dabei wieder zehn Sekunden.
Machen Sie sofort im Anschluss noch drei
Wiederholungen.
TIPP: Achten Sie darauf, dass die Ellenbogen
am Körper bleiben.

C Trizeps

Dips mit Bank und Ball
(*Bench Dip on Swiss Ball*)

Setzen Sie sich auf den Rand einer stabilen
Bank. Halten Sie sich mit den Händen an der
vorderen Kante fest, die Finger zeigen nach
vorne; die Beine liegen ausgestreckt auf dem
Ball. Federatmung. Zählen Sie zehn Sekunden,
während Sie Ihren Körper absenken. Halten
Sie zwei Sekunden lang am MTP an. Stemmen
Sie sich zurück in die Ausgangsposition und
zählen Sie wieder zehn Sekunden. Machen Sie
noch drei Wiederholungen.
TIPP: Wo der MTP liegt, hängt davon ab, wie
gelenkig Ihre Schultern sind. Ihr MTP liegt
etwa drei Zentimeter über dem flexibelsten
Punkt. Falls diese Übung zu schwierig ist,
machen Sie »Dips am Stuhl« von Seite 83.

D Bauch

Doppel-Crunches auf der Bank
(*Double Crunch on Bench*)

Legen Sie sich mit dem Rücken auf die Bank
und halten Sie eine Hantel mit beiden Händen
unterhalb des Kinns, um mehr Widerstand
zu haben. Heben Sie die Füße etwa fünf
Zentimeter an. Federatmung. Zählen Sie zehn
Sekunden, während Sie sich zusammenziehen
und gleichzeitig die Knie anheben. Am MTP
kontrahieren Sie zwei Sekunden lang. Kehren
Sie in die Ausgangsposition zurück und zählen
Sie dabei wieder zehn Sekunden. Achten Sie
darauf, dass die Füße fünf Zentimeter über
dem Boden bleiben. Machen Sie sofort im
Anschluss noch drei Wiederholungen.

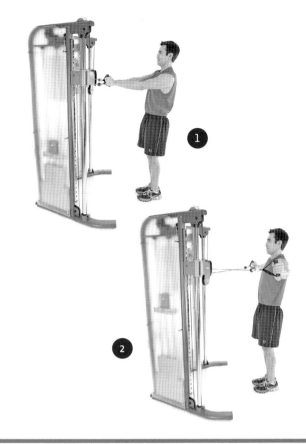

A Schultern

Umgekehrte Butterflys am Kabelzug
(*Rear Delt Cable Extension*)

Die Kabelrollen sind auf Schulterhöhe. Fassen Sie den Griff mit überkreuzten Armen und gehen Sie so weit zurück, bis die Hände übereinander liegen. Federatmung. Zählen Sie zehn Sekunden, während Sie die Arme auseinander und nach hinten ziehen, bis Sie eine T-förmige Haltung erreichen. Am MTP kontrahieren Sie zwei Sekunden lang. Lassen Sie die Kabel langsam zurück in die Ausgangsposition gleiten und zählen Sie dabei wieder zehn Sekunden. Machen Sie sofort im Anschluss noch drei Wiederholungen.

ALTERNATIVE ÜBUNG: »Vorgebeugtes Seitheben im Sitzen« auf Seite 86.

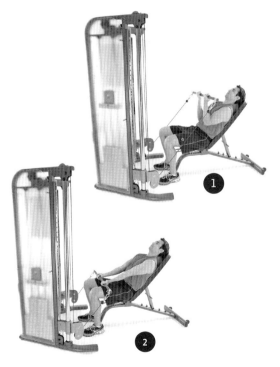

B Bizeps

Curls mit Kabelzug auf der Schrägbank
(*Reclined Cable Bar Curl*)

Die Kabelrollen sind in der niedrigsten Position. Halten Sie die Stange mit ausgestreckten Armen und eng am Körper anliegenden Ellenbogen. Lehnen Sie sich auf der schräg gestellten Hantelbank zurück. Federatmung. Zählen Sie zehn Sekunden, während Sie die Stange hochziehen. Am MTP, dabei sind die Bizepse ganz verkürzt, kontrahieren Sie zwei Sekunden lang. Senken Sie die Stange in die Ausgangsposition ab und zählen Sie dabei wieder zehn Sekunden. Machen Sie sofort im Anschluss noch drei Wiederholungen.

TIPP: Halten Sie während der Übung die Ellenbogen dicht am Körper.

ALTERNATIVE ÜBUNG: »Curls im Stehen« auf Seite 82.

:

C Trizeps

»Skull Crushers« mit Seil am Kabelzug
(*Cable »Skull Crusher« on Swiss Ball with Rope*)

Die Kabelrollen sind in der niedrigsten Position. Greifen Sie das Seil und legen Sie sich so auf den Ball, dass Kopf und Nacken aufliegen. Strecken Sie die Arme mit leicht gebeugten Ellenbogen; die Handflächen zeigen zueinander. Beugen Sie die Arme etwa fünf Zentimeter nach hinten. Federatmung. Zählen Sie zehn Sekunden, während Sie das Gewicht absenken. Halten Sie zwei Sekunden am MTP, knapp oberhalb der Stirn, an. Gehen Sie in die Ausgangsposition zurück, zählen Sie zehn Sekunden. Machen Sie drei Wiederholungen.
ALTERNATIVE ÜBUNG: »›Skull Crushers‹ auf dem Ball« auf Seite 85.

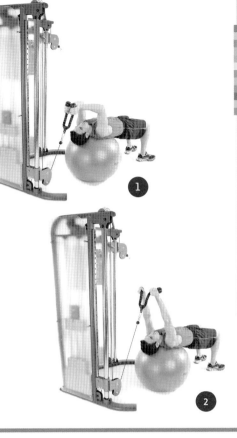

D Bauch

Seitbeugen auf der Römischen Liege
(*Oblique Side Bends on Roman Chair*)

Legen Sie sich mit verschränkten Armen seitlich in die Römische Liege (Roman Chair). Gehen Sie in die Ausgangsposition, indem Sie sich seitwärts nach unten beugen. Der Rücken bleibt gerade, der Bauch ist angespannt. Zählen Sie zehn Sekunden, während Sie sich hochziehen. Am MTP kontrahieren Sie zwei Sekunden lang. Gehen Sie in die Ausgangsposition zurück und zählen Sie dabei wieder zehn Sekunden. Machen Sie noch eine Wiederholung. Wechseln Sie die Seite und wiederholen Sie die Übung zweimal.

1

2

A Beine

Kniebeugen mit weit geöffneten Beinen (*Plié Squat*)

Halten Sie eine Hantel mit beiden Händen. Die Füße sind mehr als schulterbreit auseinander und die Zehen zeigen, genau wie die Knie, nach außen. Federatmung. Zählen Sie zehn Sekunden, während Sie in die Knie gehen, als wenn Sie sich auf einen Stuhl setzen würden. Halten Sie zwei Sekunden lang am MTP an. Drücken Sie die Fersen in den Boden, kehren Sie in die Ausgangsposition zurück und zählen Sie dabei wieder zehn Sekunden. Machen Sie sofort im Anschluss noch drei Wiederholungen.

1

2

B Rücken

»W«-Latziehen am Kabelzug (*»W« Pull-down on Cable Machine*)

Die Kabelrollen sind in der höchsten Position. Fassen Sie die Griffe; Ihre Handflächen zeigen zueinander. Setzen Sie sich auf den Boden unter den Kabelzug. Der Brustkorb ist gestreckt, der Bauch angespannt. Federatmung. Zählen Sie zehn Sekunden, während Sie das Gewicht herunterziehen. Am MTP, die Ellenbogen sind dabei am Körper, kontrahieren Sie zwei Sekunden lang. Führen Sie das Gewicht in die Ausgangsposition zurück und zählen Sie dabei wieder zehn Sekunden. Machen Sie sofort im Anschluss noch drei Wiederholungen.

MTP: *maximum tension point* (Höchstspannungspunkt). **Federatmung:** tief einatmen und in kurzen Stößen ausatmen. **Zeitplan:** Jede Übung dauert 90 Sekunden, jeder Zirkel sechs Minuten.

C Brust

Klassische Liegestütze
(*Standard Push-up*)

Gehen Sie in die Ausgangsposition; Sie stehen dabei auf den Fußballen, Ihre Knie sind durchgestreckt, die Hände etwas mehr als schulterbreit auseinander. Der Rücken bleibt gerade, der Bauch ist angespannt, der Kopf angehoben. Federatmung. Zählen Sie zehn Sekunden, während Sie den Brustkorb absenken. Halten Sie zwei Sekunden lang am MTP an. Gehen Sie in die Ausgangsposition zurück und zählen Sie zehn Sekunden. Die Ellenbogen bleiben leicht gebeugt. Machen Sie drei Wiederholungen.
TIPP: Wenn Ihnen diese klassischen Liegestütze zu schwierig sind, können Sie auch die im Bild dargestellte, einfachere Variante »Liegestütze auf Knien« von Seite 79 machen.

D Bauch

Klappmesser auf dem Ball
(*Jackknife*)

Stellen Sie sich zunächst einen knappen Meter vor den Ball und stützen Sie die Hände schulterbreit auf den Boden. Legen Sie dann ein Bein so auf den Ball, dass das Schienbein mittig aufliegt. Wenn Sie den Körper in die Waagerechte gebracht haben, legen Sie auch das andere Bein auf den Ball. Der Kopf ist in Verlängerung der Wirbelsäule, das Rückgrat bleibt gerade, die Bauchmuskeln sind angespannt. Zählen Sie zehn Sekunden, während Sie die Knie langsam in Richtung Kinn ziehen. Halten Sie die Balance, indem Sie die Bauchmuskeln anspannen. Am MTP kontrahieren Sie zwei Sekunden lang. Kehren Sie in die Ausgangsposition zurück und zählen Sie dabei wieder zehn Sekunden. Machen Sie sofort im Anschluss noch drei Wiederholungen.

A Beine

Kniebeugen am Kabelzug
(*Bench Squat on Cable Machine*)

Die Kabelrollen sind in der niedrigsten Position. Stellen Sie sich mit der Stange auf den Schultern mit etwas mehr als schulterbreit geöffneten Beinen über die Bank. Der Rücken ist gerade, die Bauchmuskeln sind angespannt, der Kopf ist angehoben. Federatmung. Zählen Sie zehn Sekunden, während Sie in die Knie gehen, als wollten Sie sich schräg vorgebeugt hinsetzen. Halten Sie zwei Sekunden lang am MTP, etwa fünf Zentimeter über der Bank, an. Drücken Sie die Fersen in den Boden, um in die Ausgangsposition zurückzukehren, und zählen Sie wieder zehn Sekunden. Machen Sie drei Wiederholungen.
ALTERNATIVE ÜBUNG: »Kniebeugen mit weit geöffneten Beinen« auf Seite 80.

Untergriff

B Rücken

Vorgebeugtes Rudern am Kabelzug im Untergriff
(*Bent-over Row on Cable Machine, underhand grip*)

Die Kabelrollen sind in der niedrigsten Position. Fassen Sie die Stange im Untergriff. Beugen Sie die Hüfte; Ihr Kopf ist angehoben, Ihr Brustkorb gestreckt, sodass der Rücken ein wenig durchgedrückt ist. Die Knie sind leicht gebeugt. Federatmung. Zählen Sie zehn Sekunden, während Sie die Stange in Richtung Hüfte hochziehen. Die Ellenbogen bleiben dicht am Körper. Am MTP ziehen Sie die Schulterblätter zwei Sekunden lang zusammen. Senken Sie die Stange in die Ausgangsposition ab und zählen Sie wieder zehn Sekunden. Machen Sie drei Wiederholungen.
ALTERNATIVE ÜBUNG: »Vorgebeugtes Rudern im Untergriff« auf Seite 90.

MTP: *maximum tension point* (Höchstspannungspunkt). **Federatmung:** tief einatmen und in kurzen Stößen ausatmen. **Zeitplan:** Jede Übung dauert 90 Sekunden, jeder Zirkel sechs Minuten.

C Brust

Schrägbankdrücken mit Kabelzug auf dem Ball
(*Incline Cable Barbell Press on Swiss Ball*)

Die Kabelrollen sind in der niedrigsten Position. Greifen Sie die Stange. Kopf und Nacken liegen auf dem Ball auf. Senken Sie Ihr Becken bis fast auf den Boden ab. Strecken Sie die Arme und drücken Sie den Rücken an den Ball. Federatmung. Zählen Sie zehn Sekunden, während Sie die Stange zum Brustbein absenken. Halten Sie zwei Sekunden lang am MTP an. Stemmen Sie das Gewicht in die Ausgangsposition zurück, sodass die Arme gestreckt sind, zählen Sie zehn Sekunden. Machen Sie drei Wiederholungen.
ALTERNATIVE ÜBUNG: »Hanteldrücken schräg auf dem Ball« auf Seite 77.

D Bauch

Crunches auf den Knien am Kabelzug
(*Cable Crunch on Knees*)

Die Kabelrollen sind in der höchsten Position. Halten Sie das Seil wie abgebildet nah am Kopf. Knien Sie sich hin, ohne sich auf die Fersen zu setzen. Der Bauch ist angespannt. Federatmung. Zählen Sie zehn Sekunden, während Sie die Ellenbogen in Richtung Knie ziehen. Am MTP kontrahieren Sie zwei Sekunden lang. Kehren Sie in die Ausgangsposition zurück und zählen Sie dabei wieder zehn Sekunden. Machen Sie sofort im Anschluss noch drei Wiederholungen.

A Beine

Oberschenkel-Kickbacks auf der Bank, ggf. mit Kabelzug (*Hamstring Kickback on Bench, cable optional*)

Befestigen Sie das Kabel am Fußgelenk. Stützen Sie sich mit einem Knie und beiden Armen auf der Bank auf. Während der Übung ist der Kopf angehoben, der Rücken gerade und das eine Bein angewinkelt. Federatmung. Zählen Sie zehn Sekunden, während Sie das gestreckte Bein nach hinten und oben heben. Am MTP kontrahieren Sie zwei Sekunden lang. Kehren Sie in die Ausgangsposition zurück und zählen Sie zehn Sekunden. Wechseln Sie das Bein und wiederholen Sie die Übung zweimal. So kommen Sie auf vier Wiederholungen.
ALTERNATIVE ÜBUNG: »Po-Kickbacks auf dem Ball« auf Seite 92.

B Rücken

Hyperextensions auf der Römischen Liege (*Hyperextension on Roman Chair*)

Stellen Sie sich auf die Römische Liege (Roman Chair); die Arme sind vor der Brust gekreuzt. Beugen Sie die Hüfte. Federatmung. Zählen Sie zehn Sekunden, während Sie den Oberkörper anheben. Am MTP kontrahieren Sie zwei Sekunden lang. Gehen Sie in die Ausgangsposition zurück und zählen Sie dabei wieder zehn Sekunden. Machen Sie sofort im Anschluss noch drei Wiederholungen.
TIPP: Der MTP hängt davon ab, wie dehnbar Sie sind.

MTP: *maximum tension point* (Höchstspannungspunkt). **Federatmung:** tief einatmen und in kurzen Stößen ausatmen. **Zeitplan:** Jede Übung dauert 90 Sekunden, jeder Zirkel sechs Minuten.

C Brust

Aufwärtsgerichtete Butterflys am Kabelzug
(*Upward Cable Fly*)

Die Kabelrollen sind in der niedrigsten Position. Fassen Sie die Griffe; Ihre Handflächen zeigen nach vorne. Machen Sie einen Ausfallschritt. Federatmung. Zählen Sie zehn Sekunden, während Sie die Kabel hochziehen und dabei die Griffe zusammenbringen. Führen Sie das Gewicht in die Ausgangsposition zurück und zählen Sie dabei wieder zehn Sekunden. Machen Sie sofort im Anschluss noch drei Wiederholungen.

ALTERNATIVE ÜBUNG: »Butterflys mit Hanteln schräg auf dem Ball« auf Seite 91.

D Bauch

Rumpfdrehen mit Kabelzug auf dem Ball
(*Cable Russian Twist on Ball*)

Die Kabelrollen sind in der höchsten Position. Fassen Sie den Griff mit beiden Händen und legen Sie sich so auf den Ball, dass Kopf und Nacken aufliegen. Die Hüfte ist angehoben, die Arme sind gestreckt, der Bauch ist angespannt. Federatmung. Zählen Sie zehn Sekunden, während Sie den Oberkörper verdrehen. Am MTP, mit waagerechten Armen, kontrahieren Sie zwei Sekunden lang. Drehen Sie sich in die Ausgangsposition zurück und zählen Sie dabei wieder zehn Sekunden. Wechseln Sie die Seite und wiederholen Sie die Übung zweimal. So kommen Sie auf insgesamt vier Wiederholungen.

ALTERNATIVE ÜBUNG: »Rumpfdrehen mit gestreckten Armen« auf Seite 99.

A Schultern

Schulterdrücken auf dem Ball
(*Seated Shoulder Press on Bench*)

Nehmen Sie in jede Hand eine Hantel und setzen Sie sich auf eine Hantelbank mit aufgestellter Lehne. Ihre Handflächen zeigen nach vorne. Heben Sie die Gewichte über Ihren Kopf. Federatmung. Zählen Sie zehn Sekunden, während Sie die Gewichte absenken. Am MTP, auf Kinnhöhe, kontrahieren Sie zwei Sekunden lang. Stemmen Sie die Gewichte in die Ausgangsposition zurück und zählen Sie dabei wieder zehn Sekunden. Machen Sie sofort im Anschluss noch drei Wiederholungen.

B Bizeps

Curls mit Kabelzug auf der Schrägbank
(*Reclined Cable Bar Curl*)

Die Kabelrollen sind in der niedrigsten Position. Halten Sie die Stange mit ausgestreckten Armen und eng am Körper anliegenden Ellenbogen. Lehnen Sie sich auf der schräg gestellten Hantelbank zurück. Federatmung. Zählen Sie zehn Sekunden, während Sie die Stange hochziehen. Am MTP, dabei sind die Bizepse ganz verkürzt, kontrahieren Sie zwei Sekunden lang. Senken Sie die Stange in die Ausgangsposition ab und zählen Sie dabei wieder zehn Sekunden. Machen Sie sofort im Anschluss noch drei Wiederholungen.

TIPP: Halten Sie während der Übung die Ellenbogen dicht am Körper.

ALTERNATIVE ÜBUNG: »Curls im Stehen« auf Seite 82.

MTP: *maximum tension point* (Höchstspannungspunkt). **Federatmung:** tief einatmen und in kurzen Stößen ausatmen. **Zeitplan:** Jede Übung dauert 90 Sekunden, jeder Zirkel sechs Minuten.

C Trizeps

Trizepsdrücken über Kopf am Kabelzug (*Overhead Triceps Cable Extension*)

Die Kabelrollen sind in der niedrigsten Position. Greifen Sie die Stange; Ihre Handflächen zeigen nach oben. Lehnen Sie sich gegen den Ball. Strecken Sie die Arme nach oben und halten Sie die Oberarme dicht am Kopf. Federatmung. Zählen Sie zehn Sekunden, während Sie die Stange hinter Ihrem Kopf absenken. Halten Sie zwei Sekunden lang am MTP an – die Ellenbogen sind dabei im rechten Winkel. Strecken Sie die Arme, bringen Sie die Stange in die Ausgangsposition zurück und zählen Sie dabei wieder zehn Sekunden. Machen Sie noch drei Wiederholungen.

ALTERNATIVE ÜBUNG: »Trizepsdrücken auf dem Ball« auf Seite 95.

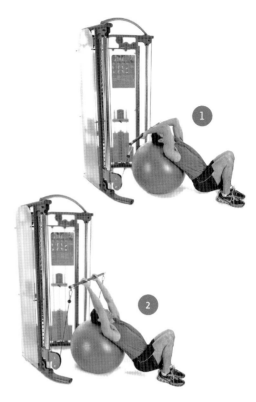

D Bauch

Klappmesser auf dem Ball (*Jackknife*)

Stellen Sie sich zunächst einen knappen Meter vor den Ball und stützen Sie die Hände schulterbreit auf den Boden. Legen Sie dann ein Bein so auf den Ball, dass das Schienbein mittig aufliegt. Wenn Sie den Körper in die Waagerechte gebracht haben, legen Sie auch das andere Bein auf den Ball. Der Kopf ist in Verlängerung der Wirbelsäule, das Rückgrat bleibt gerade, die Bauchmuskeln sind angespannt. Zählen Sie zehn Sekunden, während Sie die Knie langsam in Richtung Kinn ziehen. Halten Sie die Balance, indem Sie die Bauchmuskeln anspannen. Am MTP kontrahieren Sie zwei Sekunden lang. Kehren Sie in die Ausgangsposition zurück und zählen Sie dabei wieder zehn Sekunden. Machen Sie sofort im Anschluss noch drei Wiederholungen.

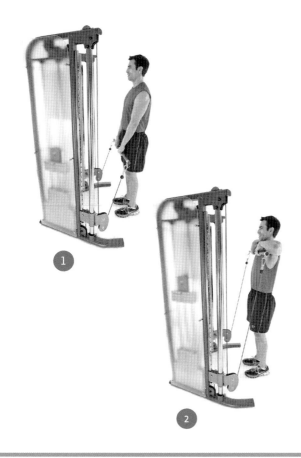

A Schultern

Seitheben mit Kabelzug im Stehen
(*Standing Cable Lateral Raise*)

Die Kabelrollen sind in der niedrigsten Position. Fassen Sie die Griffe über Kreuz. Stellen Sie sich aufrecht hin, der Rücken ist gerade, der Bauch angespannt. Federatmung. Zählen Sie zehn Sekunden, während Sie die Griffe seitwärts anheben. Am MTP kontrahieren Sie zwei Sekunden lang. Senken Sie dann die Gewichte in die Ausgangsposition ab und zählen Sie dabei wieder zehn Sekunden. Machen Sie sofort im Anschluss noch drei Wiederholungen.
ALTERNATIVE ÜBUNG: »Seitheben im Stehen« auf Seite 84.

B Bizeps

Curls auf der Schrägbank
(*Incline Biceps Curl*)

Nehmen Sie in jede Hand eine Hantel und legen Sie sich mit dem Rücken auf die Schrägbank; Ihre Arme hängen herab, die Handflächen zeigen nach vorne. Federatmung. Zählen Sie zehn Sekunden, während Sie die Hanteln hochziehen. Am MTP kontrahieren Sie zwei Sekunden lang. Senken Sie die Gewichte so weit ab, bis die Arme ganz gestreckt sind, und zählen Sie dabei wieder zehn Sekunden. Machen Sie sofort im Anschluss noch drei Wiederholungen.
TIPP: Achten Sie darauf, dass die Ellenbogen am Körper bleiben.

C Trizeps

Trizepsdrücken am Kabelzug mit Seil
(*Triceps Cable Press-down with Rope*)

Die Kabelrollen sind in der höchsten Position. Halten Sie das Seil; Ihre Handflächen zeigen zueinander. Ziehen Sie die Ellenbogen eng an den Körper und das Seil auf Brusthöhe. Federatmung. Zählen Sie zehn Sekunden, während Sie das Seil hinunterziehen und am Schluss der Bewegung die Hände auswärtsdrehen. Am MTP, kurz bevor Sie die Arme durchstrecken, kontrahieren Sie zwei Sekunden lang. Senken Sie das Gewicht in die Ausgangsposition ab und zählen Sie zehn Sekunden. Machen Sie noch drei Wiederholungen.
ALTERNATIVE ÜBUNG: »Dips am Stuhl« auf Seite 83.

D Bauch

Crunches mit Kabelzug am Ball
(*Standing Cable Crunch on Swiss Ball*)

Die Kabelrollen sind in der höchsten Position. Fassen Sie das Seil. Lehnen Sie sich mit dem Ball im unteren Rücken gegen den Kabelzugapparat. Halten Sie sich das Seil wie abgebildet an den Kopf. Gehen Sie mit den Füßen etwa 15 Zentimeter nach vorne. Die Knie sind leicht gebeugt. Federatmung. Zählen Sie zehn Sekunden, während Sie sich zusammenziehen und die Ellenbogen in Richtung Knie ziehen. Am MTP kontrahieren Sie zwei Sekunden lang. Kommen Sie in die Ausgangsposition zurück und zählen Sie dabei wieder zehn Sekunden. Machen Sie sofort im Anschluss noch drei Wiederholungen.

A Schultern

Umgekehrte Butterflys schräg am Kabelzug
(Reclined Rear Delt Cable Extension)

Die Kabelrollen sind in der höchsten Position. Fassen Sie die Griffe über Kreuz und lehnen Sie sich auf der Schrägbank zurück. Strecken Sie die Arme mit leicht gebeugten Ellenbogen nach oben. Federatmung. Zählen Sie zehn Sekunden, während Sie die Arme in weitem Bogen seitwärts und nach hinten ziehen. Am MTP kontrahieren Sie zwei Sekunden lang. Kommen Sie in die Ausgangsposition zurück und zählen Sie dabei wieder zehn Sekunden. Machen Sie sofort im Anschluss noch drei Wiederholungen.
ALTERNATIVE ÜBUNG: »Vorgebeugtes Seitheben im Sitzen« auf Seite 86.

B Bizeps

Preacher-Curls mit Kabelzug auf dem Ball
(Cable Preacher Curl on Swiss Ball)

Die Kabelrollen sind in der niedrigsten Position. Knien Sie sich zunächst vor den Ball auf den Boden und legen Sie sich dann vornüber. Fassen Sie die Stange mit beiden Händen. Die Handflächen zeigen nach oben, die Hände sind etwa 30 Zentimeter auseinander. Federatmung. Zählen Sie zehn Sekunden, während Sie das Gewicht zu sich ziehen. Am MTP kontrahieren Sie zwei Sekunden lang. Senken Sie das Gewicht in die Ausgangsposition ab und zählen Sie wieder zehn Sekunden. Machen Sie drei Wiederholungen.
TIPP: Lassen Sie die Arme am unteren Wendepunkt leicht gebeugt.
ALTERNATIVE ÜBUNG: »Preacher-Curls auf dem Ball« auf Seite 86.

MTP: *maximum tension point* (Höchstspannungspunkt). **Federatmung:** tief einatmen und in kurzen Stößen ausatmen. **Zeitplan:** Jede Übung dauert 90 Sekunden, jeder Zirkel sechs Minuten.

C Trizeps

Bankdrücken mit Kabelzug auf dem Ball mit engem Griff (*Close-Grip Cable Bench Press on Swiss Ball*)

Die Kabelrollen sind in der niedrigsten Position. Kopf und Nacken liegen auf dem Ball. Das Becken ist angehoben, die Arme sind gestreckt und die Bauchmuskeln angespannt. Fassen Sie die Stange; Ihre Hände sind etwa 15 Zentimeter auseinander. Strecken Sie die Arme nach oben. Federatmung. Zählen Sie zehn Sekunden, während Sie das Gewicht absenken. Halten Sie zwei Sekunden lang am MTP an. Stemmen Sie die Stange in die Ausgangsposition zurück, zählen Sie zehn Sekunden. Machen Sie drei Wiederholungen.
ALTERNATIVE ÜBUNG: »Liegestütze mit engem Griff« auf Seite 97.

D Bauch

Rumpfdrehen am Kabelzug (*Wood Chopper on Cable Machine*)

Die Kabelrollen sind in der höchsten Position. Fassen Sie einen Griff und stellen Sie sich einen Schritt weit vom Kabelzug entfernt auf. Die Füße sind etwa einen Meter auseinander. Der Brustkorb ist gestreckt, der Rücken gerade, die Arme sind gestreckt. Federatmung. Zählen Sie zehn Sekunden, während Sie das Kabel am Körper vorbei nach unten ziehen. Am MTP kontrahieren Sie zwei Sekunden lang. Führen Sie das Gewicht langsam in die Ausgangsposition zurück und zählen Sie zehn Sekunden. Wechseln Sie das Bein und wiederholen Sie die Übung zweimal. So kommen Sie auf vier Wiederholungen.
ALTERNATIVE ÜBUNG: »Stabdrehen« auf Seite 81.

> **Herzlichen Glückwunsch! Sie haben Ihr 8-Wochen-Programm geschafft.**

»Durch das Training habe ich spürbar Kraft für das tägliche Leben gewonnen. Ich habe mir vorgenommen, dieses Trainingsprogramm mein Leben lang weiterzumachen!«

Barbara Seidel, »12 Sekunden«-Star, 6 Kilogramm Gewichtsverlust

NACH DER 8-WOCHEN-PHASE

Wenn Sie dieses Kapitel lesen, haben Sie vermutlich die acht Wochen der »12-Sekunden-Formel« vollendet. Glückwunsch! Ich bin unheimlich stolz auf Sie und auf das, was Sie geleistet haben. Sie haben während der vergangenen acht Wochen phänomenale Fortschritte gemacht, und ich finde, Sie dürfen und sollen sich über Ihre Erfolge richtig freuen. Sie haben es sich verdient.

Jetzt, da Sie so weit gekommen sind, lautet mein Appell an Sie: Machen Sie weiter! Ich hoffe, dass Sie die letzten acht Wochen als Anstoß sehen, Ihre Lebensweise zu ändern, und nicht nur als etwas, das man ausprobiert und dann wieder sein lässt. Wenn Sie nach diesen acht Wochen weitermachen, werden Sie auch weiterhin Erfolge sehen. Die neuen Muskeln, die Ihr Körper ausbildet, werden immer mehr Kalorien verbrennen, ohne dass Sie etwas tun müssen.

Eine sehr willkommene Nebenwirkung Ihrer neuen, gesunden Lebensweise wird Ihr nächster Arztbesuch offenbaren. Viele meiner Kunden haben berichtet, dass sie für ihre Gewichtsabnahme und verbesserte Fitness ein dickes Lob von ihrem Arzt bekommen haben. Abzunehmen und – darauf kommt's an – in Form zu bleiben, verringert schließlich das Risiko, an Diabetes, Herzleiden und bestimmten Krebsarten zu erkranken.

Die »12-Sekunden-Formel« als perfekte Zusatzkrankenversicherung! Denken Sie dran: Aus dem, was Sie über Training und Ernährung gelernt haben, entstehen Angewohnheiten, die so gut für Sie sind wie Zähneputzen. Solche guten Gewohnheiten sichern Ihnen ein langes, gesundes und glückliches Leben.

Machen Sie weiter!

Sie haben jetzt ein neues Stadium Ihrer geistigen und körperlichen Entwicklung erreicht. Als mein Ältester mit dem Krabbeln aufgehört und zu laufen begonnen hat, war das eine Wende in seinem Leben, denn es bedeutete, dass er nun ein fortgeschritteneres Entwicklungsstadium erreicht hatte. Nachdem er erst einmal diese neue und bessere Art der Fortbewegung entdeckt hatte, wollte er nicht mehr krabbeln. Genauso verhält es sich mit Ihrer Gesundheit und Fitness. Jetzt, wo Sie eine neue, bessere und aktivere Lebensweise kennengelernt haben, werden Sie nicht wieder in Ihre alte zurückfallen wollen. Die Vorteile – eine schlankere Taille, ein schönerer Körper, mehr Selbstvertrauen, mehr Energie und ein besseres allgemeines Wohlbefinden – sind einfach viel zu verlockend. Damit Sie mit der »12-Sekunden-Formel« auf Erfolgskurs bleiben, gebe ich Ihnen ein paar hilfreiche Strategien mit auf den Weg:

- Machen Sie Fotos von dem Zustand, den Sie jetzt erreicht haben, damit Sie mit einem visuellen Dokument Ihrer Entwicklung in die nächste 8-Wochen-Phase gehen können. Ihre bereits gemachten Fortschritte werden Sie weiterhin motivieren.
- Protokollieren Sie Ihr Gewicht weiterhin wöchentlich. Wiegen Sie sich jede Woche an einem bestimmten Wochentag. Ich empfehle dafür den Sonntag, aber es kann selbstverständlich auch jeder Tag nach der zweiten Trainingseinheit in der Woche sein. Wenn Sie die vorbereiteten Trainingsprotokolle (Seite 220 bis 221) verwendet haben, dokumentieren Sie dort weiterhin Ihre Gewichtsveränderungen. In den Protokollen können Sie übrigens auch Ihre Maße festhalten – am Maßband lassen sich Ihre Erfolge oft sehr viel besser ablesen als auf der Waage.
- Essen Sie weiterhin alle drei Stunden. Denken Sie gerade jetzt zu Beginn Ihrer zweiten 8-Wochen-Phase daran, dass Sie den Ernährungsplan unbedingt einhalten müssen. Mit zunehmenden Fortschritten können Sie den Plan Ihrer Entwicklung anpassen. Aber egal, wie Sie sich kontrollieren, für die Fettverbrennung und den Muskelaufbau kommt es darauf an, dass Sie alle drei Stunden essen.

Weiter abnehmen

Ich hoffe, dass Sie zur Dokumentation Ihrer Erfahrungen die Trainingsprotokolle auf Seite 220 und 221 und den Speiseplan auf Seite 191 verwendet haben. Bewahren Sie diese Protokolle auf und gehen Sie sie vor dem Beginn der nächsten 8-Wochen-Phase durch, damit Ihr Training noch intensiver und Ihre Resultate noch besser werden. Fanden Sie die Schnellstartphase vielleicht angenehmer, weil Sie sie in vertrauter Umgebung machen konnten? Oder gefiel Ihnen das Training im Fitnessstudio besser, weil es Sie mehr gefordert und schnellere Resultate gezeigt hat? Lernen Sie aus Ihren Erfahrungen, und die nächsten acht Wochen werden bestimmt noch besser. Nach der dritten 8-Wochen-Phase ist Ihnen diese Lebensweise schon in Fleisch und Blut übergegangen. Und wie sollen Sie Ihre nächsten acht Wochen nun angehen? Es gibt zwei Möglichkeiten, um weiterhin effektiv mit der »12-Sekunden-Formel« zu arbeiten.

- Halten Sie sich weiterhin an den Plan. Wie es so schön heißt: Bloß nichts reparieren, was nicht kaputt ist! Wenn Ihnen der Übergang von den Hanteln zum Kabelzugapparat und die damit einhergehende Intensitätssteigerung zugesagt hat, sollten Sie dabei bleiben.
- Mixen Sie! Sie können einzelne Wochen vertauschen, damit Ihr Trainingsprogramm abwechslungsreich bleibt. Das heißt, dass Sie eine Woche zu Hause trainieren und die nächste Woche im Studio oder umgekehrt. Verwenden Sie einfach weiterhin die Trainingsprotokolle auf den Seiten 220 und 221 und auf Seite 222 und erstellen Sie Ihre ganz persönlichen Trainingseinheiten. Der erste Tag könnte beispielsweise so aussehen: eine Beinübung aus der fünften Woche, eine Brustübung aus der sechs-

ten, eine Rückenübung aus der ersten und zum Schluss eine Bauchübung aus der achten Woche. Mischen Sie einfach die Übungen. Unter www.12second.com finden Sie eine englischsprachige Datenbank mit Übungen, die Sie individuell zusammenstellen können. Eine tolle Sache!

So bleiben Sie weiterhin fit

Im fünften Kapitel ging es darum, sich jemanden zu suchen, der Sie unterstützt. Dabei kann es sich um einen Angehörigen, eine Freundin oder einen Freund oder eine ganze Gruppe handeln. Diese Unterstützung ist weiterhin wichtig. »Ihr Team« motiviert Sie, ermutigt Sie dazu, Ihre Grenzen zu überwinden und hört Ihnen zu, wenn Sie über Ihre Gefühle sprechen müssen. Vielleicht wollen Sie sich für die nächsten acht Wochen einen neuen Trainingspartner oder Weggefährten suchen. Vielleicht möchten ja auch Sie – als Mentor – einem anderem dabei helfen, sein Leben zu verändern. Denken Sie immer daran, wie gut Sie sich jetzt fühlen. Kennen Sie vielleicht jemanden, dem Ihre Erfahrung mit der »12-Sekunden-Formel« weiterhelfen würde? Erzählen Sie dieser Person von unserer Methode und machen Sie ihr Lust darauf, von nun an absolute Bestform zu erreichen!

Die Fortschritte, die Sie gemacht haben, können nicht nur Ihr Leben verbessern, sondern auch das Ihrer Freunde und Angehörigen. Wie ich bereits im ersten Kapitel erwähnt habe, sind mehr als 60 Prozent aller US-Amerikaner (und knapp 50 Prozent aller Deutschen) übergewichtig oder sogar fettleibig. Das ist nicht einfach bloß ein Schönheitsfehler. Übergewicht vermindert die Lebensqualität und erhöht zudem das Risiko lebensgefährlicher Erkrankungen.

Sie haben bereits Maßnahmen ergriffen, um gesünder zu leben, und dadurch gewinnen Sie Lebenszeit, die Sie mit geliebten Menschen verbringen können. Außerdem verbessern Sie die Qualität dieser Lebenszeit. Deshalb ist es so entscheidend, dass Sie dies als eine neue Lebensweise sehen, die Sie so lange Sie können fortführen werden. Sie selbst und Ihre Familie werden dankbar sein für Ihr Bestreben, Ihr Leben so gut wie möglich zu leben.

Denken Sie im weiteren Verlauf Ihrer Entwicklung daran, wie wichtig es ist, Fortschritte festzuhalten. Und stellen Sie doch bitte Ihre Vorher- und Nachher-Fotos unter www.12second.com ein, damit alle Ihre fantastische Leistung sehen können. Ich will von Ihren Resultaten erfahren! Auf jeden Fall gratuliere ich Ihnen hiermit schon einmal zu Ihrem neuen Selbst und gebe Ihnen die besten Wünsche mit auf diesen wunderbaren Weg.

Kal Buckles

Alter: 50
Größe: 1,70 m
Gewichtsabnahme: 6 kg

>>> Kal mit 6 Kilo weniger!

»Als ich von der ›12-Sekunden-Formel‹ hörte, ging ich auf die 50 zu und hatte ganz schön zugenommen – die Wechseljahre sind kein Spaß! Ich hatte über die Jahre jedes Pulver, jede Pille und jedes Gerät gekauft, um abzunehmen, und zum Schluss habe ich einfach gesagt: Jetzt reicht's. Ich suchte etwas Einfaches und Praktikables, etwas, das ich überallhin mitnehmen konnte. Diese Methode war genau das.

Das Training war einfach und passte gut in mein Leben. Vorher habe ich sechs Tage die Woche trainiert, Ausdauer- und Krafttraining. Aber jetzt mache ich mit zweimal 20 Minuten in der Woche sichtbare Fortschritte. Ich habe an Energie und vor allem an Selbstvertrauen gewonnen. Dieses Programm hat mir das Gefühl gegeben, dass ich alles schaffen kann, was ich will – sei es im Sport oder im Leben.«

KALS ERFOLGSGEHEIMNISSE

→ *Trink deine Protein-Shakes – sie machen dich satt!*

→ *Schließ dich mit anderen zusammen.*

→ *Beginne den Tag mit Cardiotraining – das bringt Motivation für den Tag.*

10

FRAGEN UND ANTWORTEN

Was ist, wenn ich mehr Zeit habe und täglich trainieren möchte?

Eine gute Frage. Ich würde nicht mehr als zwei Einheiten Krafttraining pro Woche machen. Die übrigen Tage der Woche brauchen Sie unbedingt, damit sich Ihre Muskeln erholen können. Aber ich kann Ihnen eines empfehlen: Power-Walking. Ich mache es jeden Morgen auf dem Laufband. Auch wenn mein Trainingsprogramm als Zirkeltraining bereits den Kreislauf mit beansprucht, sollte ebenso das Herz täglich gefordert werden. Was sind die Vorteile von Power-Walking? Es ist einfach genau das Richtige, um in Fahrt zu kommen und einen kleinen Endorphinrausch zu genießen, und es schont dabei die Gelenke. Power-Walking ist eine tolle Möglichkeit, um den Tag mit maximaler Energie zu beginnen. Versuchen Sie, eine Intensität von sieben oder acht auf einer Skala von eins bis zehn zu erreichen. Das geht am besten auf einer ansteigenden Strecke. Suchen Sie sich möglichst einen Park oder irgendeine nahe gelegene Gegend, Hauptsache schön hügelig. Dort bringen Sie Ihren Puls schnell auf Touren und erhöhen die Wirkung Ihres morgendlichen Cardiotrainings. Wenn Sie Ihren Spaziergang lieber zu Hause auf dem Laufband absolvieren, gilt das Gleiche: Stellen Sie die Steigung so ein, dass Ihre Atmung gerade noch eine entspannte Unterhaltung zulässt. Denn dann ist es auch wirklich ein richtiger Power Walk. Im sechsten Kapitel habe ich Ihnen schon einen kleinen Trick verraten: Machen Sie Ihren Spaziergang gleich nach dem Aufstehen auf nüchternen Magen. Aus Forschungen der *Kansas State Universi-*

ty geht hervor, dass durch Ausdauertraining vor dem Frühstück mehr Kalorien verbrannt werden, als wenn man danach trainieren würde. Und eine weitere Studie, die an der *University of California* in Berkeley durchgeführt wurde, bestätigte diese Studie. Dort kam man zu dem Ergebnis, dass der Fettabbau nur dann beschleunigt wurde, wenn die Teilnehmer »im Zustand des Fastens« trainierten. Nachts, wenn Sie schlafen, fastet Ihr Körper und der Stoffwechsel geht naturgemäß zurück, weil der Körper weniger Energie verbraucht. Wenn Sie also morgens als Erstes Ihren Power Walk absolvieren, verpassen Sie Ihrem Stoffwechsel gleich zu Beginn des Tages einen ordentlichen Schub.

Wie viele zusätzliche Kalorien verbrennen Sie, wenn Sie auf nüchternen Magen marschieren? Wenn Ihr Spaziergang ideale 20 Minuten dauert, verbrennen Sie am Tag 150 bis 200 Kalorien zusätzlich. Nehmen wir an, Sie machen sechsmal in der Woche einen Power Walk vor dem Frühstück. Das ergibt pro Woche bis zu 1200 verbrannte Kalorien zusätzlich. Das ist zwar, was Fettverbrennung und körperliche Optimierung angeht, längst nicht so effektiv wie die »12-Sekunden-Formel«, aber es ist dennoch ein willkommener Bonus.

Was, wenn ich im Fitnessstudio zu lange für die Übergänge zwischen den Übungen brauche?

Wenn Sie mit Beginn der fünften Woche im Fitnessstudio zu trainieren beginnen, fällt Ihnen vielleicht auf, dass es schwieriger ist, direkt von einer Übung zur nächsten zu wechseln – keine Angst! Denken Sie daran, die Trainingseinheit in Gedanken durchzugehen, bevor Sie mit dem Training beginnen – so machen Sie sich mit der Bewegungsabfolge vertraut – und dann geben Sie einfach Ihr Bestes, um die Übergänge so kurz wie möglich zu halten. Entscheidend ist, dass Sie in Bewegung bleiben, sodass Ihr Pulsschlag erhöht bleibt und das Zirkeltraining seine Wirkung entfaltet, aber ein paar Sekunden Pause werden der Wirksamkeit des Trainings keinen Abbruch tun. Wenn es gar nicht anders geht, machen Sie einfach die alternativen Übungen, um nicht aus dem Takt zu geraten.

Was, wenn ich die Muskelermüdung nicht spüre?

Wenn Sie die zehnsekündigen Bewegungsphasen und die zweisekündige Haltephase korrekt auszählen, sollten Sie am Ende jedes Satzes ein deutliches Brennen im Muskel spüren. Wenn Sie dieses Brennen nicht spüren, trainieren Sie vielleicht nicht in der korrekten Form oder mit der richtigen Intensität. Achten Sie auf die korrekte Form, wenn Sie alles aus Ihrem Training herausholen wollen. Das bedeutet, dass Sie bei jeder Bewegung die Belastung des Muskels, den Sie trainieren, spüren sollten. Lassen Sie die benachbarten Muskeln nicht mithelfen. Wenn Sie beispielsweise Curls machen, sollten Sie das ganze Gewicht der Hantel oder des Kabelzugs im Bizeps spüren, nicht im Rücken oder in der Schulter. Schlechte Form bringt Sie nicht nur um ein effektives Training, sondern setzt Sie auch einem erhöhten Verletzungsrisiko aus.

Für maximale Resultate ist die richtige Intensität ebenso wichtig wie die korrekte Form. Da Sie von jeder Übung nur vier Wiederholungen machen, zählt wirklich jede einzelne Wiederholung. Dieses Trainingsprogramm umfasst nur zweimal 20 Minuten in der Woche – in dieser Zeit müssen Sie wirklich Ihr Bestes geben! Der entscheidende Punkt in Bezug auf Intensität ist die Wahl des richtigen Gewichts. Sie müssen ein Gewicht wählen, das den Muskel nach vier Wiederholungen vollständig ermüdet. Wenn Sie nur zwei oder drei Wiederholungen schaffen, ist das Gewicht zu schwer. Wenn Sie fünf oder sechs Wiederholungen bewältigen, ist das Gewicht zu gering. Denken Sie daran: Sie können nur dann neue magere Muskelmasse aufbauen, wenn Sie die Muskeln vollständig ermüden, und das gelingt nur mit korrekter Form und Intensität.

Was, wenn ich nicht ins Fitnessstudio gehen möchte?

Wenn Sie beste Ergebnisse wollen, sollten Sie sich in den letzten vier Wochen des Trainingsprogramms die Vorteile eines Fitnessstudios gönnen. Nichts fordert Ihre Muskeln auf die gleiche Art und Weise wie ein Kabelzugapparat. Wenn es Ihnen nicht möglich sein sollte, ein Studio aufzusuchen, können Sie auch die ersten vier Wochen der »12-Sekunden-Formel« wiederholen und so auf insgesamt acht Wochen kommen. Das ist keine gleichwertige Alternative, dennoch werden Sie auch so fantastische Resultate erzielen. Ich empfehle Ihnen jedoch, dem Programm, so wie es ist, zu folgen. Wenn Sie sich erst einmal in Ihrem Fitnessstudio zurechtgefunden haben, werden Sie sich garantiert über die straffen und schlanken Resultate, die Sie im Spiegel zu sehen bekommen, freuen!

Muss ich abends wirklich auf stärkehaltige Lebensmittel verzichten?

Ja! Diesen Teil des Ernährungsplans müssen Sie unbedingt befolgen, wenn Sie erfolgreich sein wollen. Nach Ihrem Nachmittagssnack müssen Sie unbedingt alle Lebensmittel mit hohem Stärkegehalt vermeiden. Die meisten Menschen sind abends weniger aktiv als am Tag, und deshalb braucht der Körper abends nicht so viel Energie. Stärke ist vor allem ein Energielieferant, und wenn Sie diese Energie nicht verbrauchen, wird sie in Form von Fett gespeichert. Im vierten Kapitel können Sie nachlesen, welche Kohlenhydrate und welche anderen Nahrungsmittel abends ideal sind.

Ich habe das Gefühl, dass ich zu viel esse. Muss ich meinen Teller leer essen?

Das Allerletzte, was ich möchte, ist, dass Sie zu viel essen. Ich würde vorschlagen, dass Sie essen, bis Sie satt und zufrieden sind. Wenn Sie weniger als 70 Kilogramm wiegen, sollten Sie pro Mahlzeit 90 Gramm Eiweiß essen; wenn Sie mehr als 70 Kilogramm wiegen, sollten es 140 Gramm sein. Es ist wichtig, dass Sie die richtige Menge an Eiweiß essen, versuchen Sie sich daher nach Möglichkeit an diese Richtlinien zu halten. Wenn Sie die empfohlenen Mengen an Eiweiß, Kohlenhydraten und Fett zu sich nehmen, müssten Sie sich gesättigt, aber nicht allzu voll fühlen.

Kann ich als Snack auch etwas anderes zu mir nehmen als den Molkenprotein-Shake?

Molkenprotein hat die höchste biologische Wertigkeit aller Proteine. Das heißt, dass der Körper es am leichtesten verdaut. Deshalb sind Molkenprotein-Shakes der ideale Snack während der Trainingsphasen. Wie ich bereits ausgeführt habe, gibt es nichts Besseres als Molkenprotein-Shakes, um die Muskeln mit allem zu versorgen, was sie zum Aufbau und zur Regeneration nach dem Training brauchen. Ich kann aber verstehen, dass Sie vielleicht trotzdem etwas anderes essen möchten. Die zweitbeste Möglichkeit wäre fettarmer Hüttenkäse (mit 2 % Fett). Ein halber Becher* davon enthält nur etwa 100 Kalorien, nur zwei Gramm Fett und liefert mehr als 15 Gramm gutes Eiweiß. Sie sind hier, um Ihre absolute Bestform zu erreichen – und zwar auf dem einfachsten und effektivsten Weg. Auf Seite 216 finden Sie weitere Alternativen zum Molkenprotein-Shake.

Kann ich die Mahlzeiten durch Molkenprotein-Shakes ersetzen?

Nein. Ich empfehle normale Mahlzeiten zum Frühstück, Mittag- und Abendessen. Ich würde keine dieser drei Hauptmahlzeiten durch einen Shake ersetzen; reservieren Sie sich die Shakes lieber für die Snacks. Wenn Sie allerdings ein Frühstück für unterwegs mitnehmen wollen, sehen Sie sich mal das Rezept für meinen Frühstücks-Smoothie an (Seite 194). Der Drink ist schnell gemacht, schmeckt lecker und Sie können ihn mitnehmen, wenn Sie es eilig haben.

* 1 Becher entspricht etwa 230 ml

Soll ich mit einer Übung weitermachen, wenn ich Schmerzen habe?

Zunächst einmal müssen Sie wissen, dass es zwei Arten von Schmerz gibt: »guten« und »schlechten« Schmerz. Wenn Sie nach der »12 Sekunden«-Methode trainieren und Ihre Muskeln wirklich fordern, spüren Sie den guten Schmerz. Wenn Sie ein Brennen im Muskel wahrnehmen, während Sie die letzten zehn Sekunden der Bewegungsphase auszählen, haben Sie genau den Widerstand, der zum Aufbau von magerer Muskelmasse nötig ist. Vielleicht verursachen manche Übungen bei Ihnen einen leichten Muskelkater – das ist jedoch ein gutes Zeichen dafür, dass Sie die Muskeln an ihre Grenzen gebracht haben. Den schlechten Schmerz verspüren Sie erst dann, wenn Sie sich verletzen oder eine bereits vorhandene Verletzung reizen. Wenn Sie diese Art von Schmerz verspüren, sollten Sie allerdings sofort aufhören. Denn wenn Sie diesen Schmerz ignorieren und einfach weitertrainieren oder »durch den Schmerz gehen«, richten Sie wahrscheinlich noch mehr Schaden an. Sollten Sie bereits eine Verletzung oder irgendein gesundheitliches Problem haben, rate ich Ihnen dringend, vor Beginn dieses oder eines anderen Trainings Ihren Hausarzt um Rat zu fragen.

Werde ich durch das Training breitschultrig und muskulös?

Auf diese Frage gibt es zwei Antworten. Wenn Sie eine Frau sind, lautet die Antwort nein, absolut nicht. Frauen haben nicht genügend Testosteron, um große, dicke Muskeln auszubilden, dies ist ihnen nur mithilfe von Steroiden möglich. Die zweite Antwort gilt den Männern. Meine Herren, Sie können mit der »12-Sekunden«-Methode richtig kräftig werden. Sie können Muskelmasse aufbauen, weil der Testosteronspiegel im Körper des Mannes eine solche Entwicklung zulässt, aber Sie werden feststellen, dass Sie durch das Training definierte, schöne, straffe Muskeln bekommen, keine klotzigen, unförmigen Dinger.

Muss ich mich vor dem Training dehnen?

Wenn Sie nicht vor, während und nach einer Übung dehnen, können Sie sich tatsächlich eine Verletzung einhandeln. Eine der einzigartigen Eigenschaften der »12-Sekunden-Formel« ist es, dass das Aufwärmen sozusagen eingebaut ist. Da die Übungen langsam ausgeführt werden und die Gewichte – wenn sie überhaupt zum Einsatz kommen – viel leichter sind als die, die Sie normalerweise verwenden würden, werden die Muskeln während der Übungen bereits ausreichend gedehnt. Außerdem machen Sie keinerlei schnelle, ruckartige Bewegungen, die unaufgewärmte Muskeln überfordern würden. Dehnübungen sind aber eine gute Sache und Sie sollten Ihre Muskeln deshalb ruhig auch an den Tagen, an denen Sie nicht trainieren, dehnen.

Wie kann ich ein Tief überwinden?

Wenn Sie ein Tief erreichen, wenn also die Ergebnisse plötzlich stagnieren, sollten Sie als Allererstes Ihr Vorher-Foto raussuchen und betrachten. Dann sehen Sie, wie weit Sie schon gekommen sind, und das wird Ihnen Ihren Fortschritt vor Augen führen. Eine andere Möglichkeit ist, sich eine Woche freizunehmen. Mit diesem Ratschlag haben Sie vielleicht am wenigsten gerechnet, aber eine kleine Pause kann gut sein, um neue Motivation zu sammeln. Vielleicht brauchen Sie auch einen Tapetenwechsel. Trainieren Sie einfach mal an einem anderen Ort. In den ersten vier Wochen des Trainingsplans können Sie sogar unter freiem Himmel trainieren, da Sie nur wenig Zubehör brauchen. Ich würde Ihnen auch dringend empfehlen, den Ernährungsplan noch einmal unter die Lupe zu nehmen. Stellen Sie sicher, dass Sie Ihre Protein-Shakes trinken und keine Stärke auf dem abendlichen Speiseplan steht – eine strenge Einhaltung dieser beiden Regeln des Ernährungsplans kann wirklich entscheidend sein.

Ich brauche mehr Motivation. Jorge, können Sie mich persönlich trainieren?

Ja! Am besten suchen Sie mich online unter www.12second.com auf. Wenn Sie sich dort als Klubmitglied registrieren, coache ich Sie jeden Tag per Video*. Ich werde an jedem Tag Ihrer 8-Wochen-Phase für Sie da sein. Es ist wichtig, einen Trainer zu haben, und ich freue mich darauf, Sie als Onlinekunde aufnehmen zu dürfen.

Wo bekomme ich noch mehr Pläne und Protokolle?

Da unser Programm ein 56-Tage-Plan ist, können Sie alle Ihre Trainingseinheiten und Ihre Mahlzeiten wunderbar organisieren. Aus diesem Grund habe ich ein achtwöchiges Begleitheft zusammengestellt, das auf unserer Internetseite oder im Onlinebuchhandel erhältlich ist.

* **Hinweis** Die Klubmitgliedschaft ist kostenpflichtig und nur als Premium-Mitgliedschaft möglich; das Onlinecoaching erfolgt in englischer Sprache.

Collin Strickland

Alter: 22
Größe: 1,69 m
Gewichtsabnahme: 5 kg

>>> Collin mit 5 Kilo weniger!

»Ich war gerade mit dem College fertig. Dort hatte ich alles gegessen und getrunken, was ich wollte. Jorge Cruise hat mir beigebracht, was es heißt, gesundheitsfördernde Entscheidungen zu treffen und wie man sie dauerhaft einhält. Ich freue mich richtig auf mein Training, weil ich weiß, wie entscheidend es ist – nicht nur für mein Aussehen, sondern auch für mein Selbstwertgefühl. Mein Körper ist schlanker und straffer. Ich fühle mich wie ein neuer Mensch, wenn ich meine engen Jeans anziehe – die ich schon in die unterste Schublade verbannt hatte. Mein Verhältnis zum Essen hat sich total verändert. Im Gegensatz zu anderen Diäten erklärt Jorge Cruise, wie der Körper auf bestimmte Lebensmittel reagiert. Ich bin so froh, dass ich dieses Programm schon mit 22 Jahren kennengelernt habe, weil ich mich jetzt gesund fühle und alles dafür tun werde, dass das immer so bleibt.«

COLLINS ERFOLGSGEHEIMNISSE

→ *Nicht aufgeben! Schreibe jeden Tag auf, was du isst und wie du dich beim Essen und/oder Trainieren fühlst.*

→ *Lege dir deine Trainingskleidung am Abend vorher raus – das spart Zeit am Morgen und verringert das Risiko, dass du das Cardiotraining auslässt.*

→ *Sieh zu, dass immer Snacks zu Hause sind, damit du deine Snackzeit nicht verpasst.*

11

ESSENSPLÄNE UND REZEPTE

Der Speiseplan hilft Ihnen dabei, Ihre 8-Wochen-Phase zu organisieren. Sie müssen das Formular nur 56-mal fotokopieren, lochen und in einen Ordner einheften. Alternativ können Sie sich auch eine Ausgabe des »12-Second Sequence™ Journals« besorgen, darin finden Sie alle Formulare und zudem noch inspirierende Zitate und Meditationen. Sie können sich außerdem unter www.12second.com registrieren* und sich eine 7-Tage-Tabelle ausdrucken, dann können Sie Ernährung und Training auf einem Blatt dokumentieren. Entscheiden Sie sich für die Methode, die Ihnen am besten hilft, während Ihrer 8-Wochen-Phase organisiert und motiviert zu bleiben.

* Das »12-Second Sequence™ Journal«, das Sie über Amazon.de bestellen können, ist ausschließlich in englischer Sprache erhältlich; die Registrierung unter www.12second.com erfolgt ebenso auf Englisch.

SPEISEPLAN

Zum Aufbau von magerer Muskelmasse und zur Steigerung des Stoffwechsels.

Datum: _____

FRÜHSTÜCK   Zeit:

	BESCHREIBUNG
O	Eiweiß* (90–140 g)
O	Kohlenhydrate (½ Becher** oder 1 Scheibe Brot)
O	Obst (1 Becher**)
O	Fett (1 TL)

SNACK   Zeit:

	BESCHREIBUNG
O	Molkenprotein-Shake (1 Messlöffel)

MITTAGESSEN   Zeit:

	BESCHREIBUNG
O	Eiweiß* (90–140 g)
O	Kohlenhydrate (½ Becher** oder 1 Scheibe Brot)
O	Gemüse*** (2 Becher**)
O	Fett (1 TL)

SNACK   Zeit:

	BESCHREIBUNG
O	Molkenprotein-Shake (1 Messlöffel)

ABENDESSEN   Zeit:

	BESCHREIBUNG
O	Eiweiß* (90–140 g)
O	Gemüse*** (2–4 Becher**)
O	Fett (1 TL)

SNACK   Zeit:

	BESCHREIBUNG
O	Molkenprotein-Shake (1 Messlöffel)

O O O O O O O O	Wasser (8 große Gläser)
O	Vitamine

* Wenn Sie weniger als 70 Kilogramm wiegen, sollten Sie pro Mahlzeit 90 Gramm Eiweiß essen; wenn Sie mehr als 70 Kilogramm wiegen, sollten es 140 Gramm sein.

** 1 Becher entspricht etwa 230 ml.

*** nur nicht stärkehaltiges Gemüse

7-Tage-Speiseplan

Dieser Plan ist als Beispiel gedacht.
Wie viel Eiweiß Sie essen, hängt davon ab, wie viel Sie wiegen. Die betreffende Regel
finden Sie auf Seite 193.

1. Tag

Frühstück: **Eiweißreiches Porridge**
Snack: 1 Molkenprotein-Shake
Mittagessen: **Lachs mit Chilibutter**
Snack: 1 Molkenprotein-Shake
Abendessen: **Mittelmeer-Grillhähnchen**
Snack: 1 Molkenprotein-Shake

2. Tag

Frühstück: **Eiweißreicher Frühstücks-Smoothie**
Snack: 1 Molkenprotein-Shake
Mittagessen: **Chili-Cheeseburger**
Snack: 1 Molkenprotein-Shake
Abendessen: **Pizza Portobello**
Snack: 1 Molkenprotein-Shake

3. Tag

Frühstück: **Hüttenkäse-Himbeer-Parfait**
Snack: 1 Molkenprotein-Shake
Mittagessen: **Thai-Salat mit Garnelen**
Snack: 1 Molkenprotein-Shake
Abendessen: **Spaghetti Bolognese**
Snack: 1 Molkenprotein-Shake

4. Tag

Frühstück: **Burritos mit Spinat und Pilzen**
Snack: 1 Molkenprotein-Shake
Mittagessen: **Curry-Hähnchen-Salat**
Snack: 1 Molkenprotein-Shake
Abendessen: **Asia-Schweinefilet mit Pak Choi**
Snack: 1 Molkenprotein-Shake

5. Tag

Frühstück: **Steak mit Spiegelei und Bratkartoffeln**
Snack: 1 Molkenprotein-Shake
Mittagessen: **Thunfisch-Sandwich mit weißen Bohnen**
Snack: 1 Molkenprotein-Shake
Abendessen: **Heilbutt vom Grill mit Romesco-Sauce**
Snack: 1 Molkenprotein-Shake

6. Tag

Frühstück: **Frittata auf Südwest-Art**
Snack: 1 Molkenprotein-Shake
Mittagessen: **Pita-Taschen mit Hähnchenbrust**
Snack: 1 Molkenprotein-Shake
Abendessen: **Filet Mignon mit Sauce Cabernet**
Snack: 1 Molkenprotein-Shake

7. Tag

Ihr freier Tag!

»12-Sekunden«-Rezepte

Diese Rezepte sehen pro Portion 140 Gramm Eiweiß vor. Passen Sie den Eiweißgehalt Ihrem individuellen Bedarf an, der sich nach Ihrem Körpergewicht richtet. Denken Sie daran: Wenn Sie unter 70 Kilogramm wiegen, sollten Sie pro Mahlzeit 90 Gramm Eiweiß essen; wenn Sie mehr als 70 Kilogramm wiegen, sollten es 140 Gramm sein.

Frühstück

Eiweißreiches Porridge
Eiweißreicher Frühstücks-Smoothie
Hüttenkäse-Himbeer-Parfait
Steak mit Spiegelei und Bratkartoffeln
Rührei mit Räucherlachs
Frittata auf Südwest-Art
Burritos mit Spinat und Pilzen

Mittagessen

Lachs mit Chilibutter
Chili-Cheeseburger
Thai-Salat mit Garnelen
Thunfisch-Sandwich mit weißen Bohnen
Tacos mit Garnelen und schwarzen Bohnen
Pita-Taschen mit Hähnchenbrust
Curry-Hähnchen-Salat

Abendessen

Mittelmeer-Grillhähnchen
Pizza Portobello
Spaghetti Bolognese
Heilbutt vom Grill mit Romesco-Sauce
Hähnchenbrust mit Spinatfüllung
Filet Mignon mit Sauce Cabernet
Asia-Schweinefilet mit Pak Choi

Eiweißreiches Porridge

→ ZUTATEN für
  4 Personen

→ ZUBEREITUNGSZEIT:
  ca. 25 Minuten

1 TL Salz

280 g Haferflocken

3 Messlöffel Molkenprotein-
Pulver

600 g Heidelbeeren

4 TL Leinsamenöl

Mit warmem Haferbrei fängt der Tag auf köstliche und gesunde Weise an. Haferflocken enthalten hochwertige Ballaststoffe, Eiweiß und zahlreiche Vitamine und Mineralstoffe, darunter Vitamin E, Zink, Selen, Eisen und Magnesium. Hafer soll sogar das Risiko mindern, an Herzleiden und verschiedenen Krebsarten zu erkranken.

750 ml Wasser in einem mittelgroßen Topf mit dem Salz zum Kochen bringen. Haferflocken und Proteinpulver einrühren und einmal aufkochen lassen. Bei kleiner Hitze unter gelegentlichem Rühren 10–15 Minuten offen köcheln lassen, bis die Haferflocken weich sind. Vom Herd nehmen, die Beeren und das Öl unterrühren. Auf vier Schüsseln verteilen und servieren.

Eiweißreicher Frühstücks-Smoothie

→ ZUTATEN für
  1 Person

→ ZUBEREITUNGSZEIT:
  ca. 5 Minuten

½ mittelreife Banane

150 g tiefgekühlte gemischte
Früchte
(Mangos, Himbeeren,
Heidelbeeren, Kirschen,
Ananas, Pfirsiche)

100 ml reiner Apfelsaft

100 ml Vanille-Sojamilch

1 TL Leinsamenöl

1 Messlöffel Vanille-
Proteinpulver

Dieser Fruchtshake macht Ihren Morgen herrlich süß, nahrhaft und unkompliziert. Probieren Sie ihn auch mit anderen Früchten, damit er Sie jeden Tag aufs Neue erfrischt.

Alle Zutaten im Mixer pürieren und eiskalt servieren.

Hüttenkäse-Himbeer-Parfait

→ ZUTATEN für
4 Personen

→ ZUBEREITUNGSZEIT:
ca. 5 Minuten

Hüttenkäse passt als Zutat Ihrer Mahlzeiten perfekt zu Ihrem »12 Sekunden«-Training. Er ist nicht nur kalorien- und fettarm, sondern enthält auch viel hochwertiges Eiweiß.

900 g fettarmer Hüttenkäse

4 TL Leinsamen

600 g Himbeeren

4 Scheiben Vollkorntoast

4 TL Fruchtaufstrich

Hüttenkäse in einer mittelgroßen Schüssel mit den Leinsamen vermischen. Vier große Gläser mit je 4 EL Hüttenkäse füllen. Je 4 EL Himbeeren darübergeben. Auf diese Weise den Hüttenkäse und die Himbeeren in die Gläser Schichten, mit Beeren abschließen. Das Brot toasten und mit Fruchtaufstrich bestreichen. Zu jedem Parfait 1 Scheibe Toast servieren.

Steak und Spiegelei mit Bratkartoffeln

Ein perfektes Frühstück für Fleisch-Fans. Die Kartoffeln sind schnell
vorgegart, und Filetsteak und Spiegeleier machen richtig satt.
Sie schlemmen wie im Restaurant und tun dabei Ihrem Körper etwas Gutes.

→ ZUTATEN für
4 Personen

→ ZUBEREITUNGSZEIT:
ca. 20 Minuten

½ Zwiebel

1 grüne Paprikaschote

2 EL glatte Petersilie

2 TL Olivenöl

2 Becher* gekochte
Kartoffelwürfel

Salz, Pfeffer

Cooking Spray (siehe
Seite 215) oder Rapsöl

4 Filetsteaks à 120 g
(ohne Fett)

4 große Eier

4 mittelgroße Orangen

1. Zwiebel abziehen, hacken. Paprika putzen, abbrausen, würfeln. Petersilie abbrausen, Blättchen fein hacken. Eine große Pfanne bei mittlerer Hitze erwärmen und das Olivenöl hineingeben. Kartoffeln zugeben, mit Salz und Pfeffer würzen und in etwa 5 Minuten goldbraun braten. Zwiebel und Paprika untermischen und weitere 5 Minuten braten, bis sie weich und goldbraun werden. Temperatur reduzieren, Kartoffelpfanne noch mal abschmecken und die Petersilie unterrühren.

2. Inzwischen eine zweite Pfanne sehr heiß werden lassen, mit Cooking Spray besprühen oder hauchdünn mit Rapsöl auspinseln. Filetsteaks abbrausen, trocken tupfen, salzen, pfeffern und in die Pfanne legen. Nach Wunsch braten (nach etwa 3 Minuten pro Seite sind die Steaks medium). Steaks aus der Pfanne nehmen und in Alufolie warm halten.

3. Herdtemperatur reduzieren. Eier vorsichtig aufschlagen und in derselben Pfanne wie die Steaks (Pfanne eventuell erneut mit Cooking Spray einsprühen) so lange braten, bis das Eiweiß weitgehend gestockt ist. Eier wenden und nach 10 Sekunden aus der Pfanne nehmen. Die Bratkartoffeln mit Spiegeleiern und Steak auf vier Teller verteilen. Die Orangen dazu servieren.

* 1 Becher entspricht etwa 230 ml.

Rührei mit Räucherlachs

Räucherlachs und Frischkäse gehören geschmacklich einfach zusammen.
Zusammen mit Rührei und frischem Dill wird daraus ein Frühstück, das man jeden
Tag essen möchte. Toast und süße Honigmelone runden das Festmahl ab.

→ ZUTATEN für
 4 Personen

→ ZUBEREITUNGSZEIT:
 ca. 20 Minuten

120 g Räucherlachs

2 EL Dill

1 Honigmelone

Cooking Spray

(siehe Seite 215) oder Rapsöl

6 Eier und 8 Eiweiß

2 EL fettarmer Frischkäse

Salz, Pfeffer

4 Scheiben Vollkorntoast

4 TL Fruchtaufstrich

1. Räucherlachs in Streifen schneiden. Dill abbrausen, Spitzen hacken. Melone schälen, entkernen, Fruchtfleisch würfeln. Eine große Pfanne bei mittlerer Hitze erwärmen, mit Cooking Spray einsprühen oder hauchdünn mit Rapsöl auspinseln. Eier und Eiweiße in einer Schüssel leicht verquirlen, in die Pfanne geben und unter leichtem Rühren halb durchbraten. Lachs, zerkleinerten Frischkäse und Dill unterrühren. Weiterbraten und rühren, bis die Eier leicht stocken. Mit Salz und Pfeffer abschmecken.

2. Brot toasten und mit Fruchtaufstrich bestreichen. Jede Portion Rührei mit 1 Scheibe Toast und Melonenstücken servieren.

Frittata auf Südwest-Art

*Schon mal in New Mexico gewesen? Diese Frittata lässt Sie fast
schon dorthin reisen. Mit typischen Aromen - Koriander, Bohnen, geräucherten
Jalapeños und Knoblauch - holen Sie sich den amerikanischen Südwesten
nach Hause. Die Chipotles in Adobo-Sauce sind ordentlich scharf!*

→ ZUTATEN für
4 Personen

→ ZUBEREITUNGSZEIT:
ca. 20 Minuten

2 Schalotten

1 Knoblauchzehe

ca. 4 Stängel Koriander

½ Chipotle-Schote in

Adobo-Sauce

(aus der Dose; ersatzweise

eingelegte Peperoni

aus dem Glas)

½ Becher* schwarze Bohnen

aus der Dose

6 Eier und 12 Eiweiß

Salz, schwarzer Pfeffer

Cooking Spray (siehe

Seite 215) oder Rapsöl

100 ml Salsa

2 weiche, fettarme Tortillas

4 mittelgroße Äpfel

1. Backofengrill einschalten. Schalotten und Knoblauch abziehen. Schalotten in feine Scheiben schneiden, Knoblauch zerdrücken. Koriander abbrausen, Blättchen hacken. Chili klein schneiden. Bohnen abtropfen lassen. Eier und Eiweiße mit Schalotten und Koriander verquirlen und mit Salz und Pfeffer würzen.

2. Eine große Pfanne bei mittlerer Hitze erwärmen und mit Cooking Spray besprühen oder hauchdünn mit Rapsöl auspinseln. Knoblauch und Chilischote darin etwa 1 Minute anbraten, bis der Knoblauch duftet. Schwarze Bohnen untermischen. Eiermischung in die Pfanne geben, leicht verrühren und in 3–4 Minuten garen, bis die Eier an den Rändern zu stocken beginnt. Die Pfanne anschließend unter den Backofengrill stellen und in 4–5 Minuten durchgaren. Je ¼ Frittata mit Salsa, ½ Tortilla und 1 Apfel servieren.

Burritos mit Spinat und Pilzen

Die Geschmackskombination Spinat und Champignons macht diese
leichten Burritos so lecker. Zwei Handvoll Spinat mögen nach viel aussehen,
aber in der Hitze der Pfanne fällt der Spinat letztendlich zu einem
winzigen Häuflein zusammen.

→ ZUTATEN für
  4 Personen

→ ZUBEREITUNGSZEIT:
  ca. 20 Minuten

1 Paprikaschote

2 Handvoll frischer junger
Spinat

ca. 250 g Champignons

Cooking Spray (siehe
Seite 215) oder Rapsöl

Salz, schwarzer Pfeffer

6 Eier und 12 Eiweiß

2 weiche, fettarme Tortillas

4 kleine Orangen

1. Backofengrill einschalten. Paprika halbieren, entkernen und mit der Wölbung nach oben so lange grillen, bis die Haut schwarz wird und Blasen wirft. Herausnehmen und mit einem feuchten Küchentuch bedecken. Anschließend die Haut abziehen und Paprika würfeln. Inzwischen Spinat putzen und waschen. Pilze putzen, in Scheiben schneiden.

2. Eine große Pfanne bei mittlerer Hitze erwärmen, mit Cooking Spray besprühen oder hauchdünn mit Rapsöl auspinseln. Champignons in 5–6 Minuten goldbraun anbraten und mit Salz und Pfeffer abschmecken. Spinat zugeben und schwenken, bis er zusammenfällt.
Eier und Eiweiße in einer Schüssel verquirlen, in die Pfanne geben und braten, bis das Ei ansetzt, dann umrühren. Paprika untermischen und abschmecken.

3. Während das Rührei gart, die Tortillas 30 Sekunden in der Mikrowelle oder im Backofen nach Packungsangabe erwärmen. Rührei auf die Tortillas verteilen. Tortillas zusammenrollen und mit je 1 Orange servieren.

Lachs mit Chilibutter

Eine einfache und schnelle Methode, um Fisch zu garen, ist,
ihn in Alufolie zu backen. Dabei bleibt er zart und saftig und nimmt
den reichen Geschmack der anderen Zutaten an. Bei diesem Rezept wird
köstlicher Lachs mit süßscharfer Chilibutter bestrichen.
Die Butter schmilzt, und eine einzigartige Sauce überzieht den Lachs mit
vielerlei Aromen. Zusammen mit einem grünen Salat kann dieses Gericht gar
nicht oft genug auf Ihren Mittagstisch kommen.

→ ZUTATEN für
  4 Personen

→ ZUBEREITUNGSZEIT:
  ca. 20 Minuten

ca. 4 Stängel Koriander
12 Handvoll gemischter
Blattsalat
80 g Champignons
3 Schalotten
1 Chipotle-Schote in
Adobo-Sauce
(aus der Dose; ersatzweise
eingelegte Peperoni aus dem
Glas)
4 TL weiche Butter
evtl. 1 EL Adobo-Sauce
1/2 TL brauner Zucker
1/2 TL Salz
1/4 TL schwarzer Pfeffer
4 Lachsfilets à 175 g
150 g fettfreie Croûtons
1/2 Becher* fettfreies Dressing
1 Limette

1. Backofen auf 200 Grad vorheizen. Koriander abbrausen, Blättchen hacken. Salat putzen, waschen, trocken schleudern. Pilze putzen, Schalotten abziehen, beides in Scheiben schneiden. Chilischote klein schneiden.

2. Die Butter mit Chili, eventuell mit Adobo-Sauce, Zucker, Salz und Pfeffer in einer kleinen Schüssel verkneten, bis alles gut durchmischt ist.

3. Fisch abbrausen, trocken tupfen. Vier 30 Zentimeter große Stücke Aluminiumfolie abreißen. In die Mitte jeder Folie ein Stück Fisch legen, mit Salz und Pfeffer würzen. Auf jedem Stück Fisch 1 TL Chilibutter verstreichen und 1/2 TL gehackten Koriander überstreuen. Die Folie über dem Fisch zusammenfalten, die Enden möglichst luftdicht falzen.

4. Fischpäckchen auf ein Backblech geben und im Ofen bei 200 Grad 8–10 Minuten backen. Der Fisch zerfällt dann locker unter der Gabel.

5. Blattsalat, Champignons, Schalotten, Tomaten, Croûtons mit dem Dressing in einer großen Schüssel vermischen. Auf vier Salatteller verteilen. Lachspakete mit Limettenspalten und Salat servieren.

* 1 Becher entspricht etwa 230 ml.

Chili-Cheeseburger

Mit Chili oder Chile bezeichnet man in Mexiko und im Südwesten der USA alle möglichen Schoten, von mild bis höllisch scharf, von Paprika bis Jala-peño. Wer empfindlich auf Schärfe reagiert, nimmt für dieses Rezept am besten eingelegte Paprikaschoten, Mutigere können Peperoni probieren. Authentisch (und mild) wird's, wenn man nach »Green Chiles« oder »Poblanos« sucht. Chilis werden auch verwendet, um Asthma, Arthritis, Blutgerinnsel und Kopfschmerzen zu kurieren. Manche behaupten sogar, dass Chilis beim Abnehmen helfen.

→ ZUTATEN für
  4 Personen

→ ZUBEREITUNGSZEIT:
  ca. 25 Minuten

500 g Putenhack
(beim Metzger vorbestellen)
1 EL Worcestersauce
1 TL Salz
1 TL schwarzer Pfeffer
2 Scheiben fettarmer
Cheddar oder Gouda à 30 g
250 g grüne gegarte Chilis,
Paprikaschoten oder
Peperoni
4 Vollkorn-Hamburger-
Brötchen
4 Scheiben dünne
Zwiebelringe
4 große Tomatenscheiben
1 Handvoll junger Spinat
8 Handvoll gemischter
Blattsalat
100 ml fettfreies Dressing

1. Das Putenhack in einer großen Schüssel mit Worces-tersauce, Salz und Pfeffer vorsichtig vermischen (zu stark gemischtes Fleisch ergibt zähe Burger). Das Gehackte vier-teln und zu Burgern formen. Im Kühlschrank ruhen lassen und die restlichen Zutaten vorbereiten.

2. Grill oder Grillpfanne bei mittlerer Hitze erwärmen. Die Burger von jeder Seite 4–5 Minuten braten bzw. grillen, bis sie außen braun und innen durch sind. Dabei nicht mit dem Pfannenwender auf die Burger drücken, das presst nur den ganzen Saft heraus. Käsescheiben halbieren und die Burger kurz vor Ende der Garzeit damit belegen, sodass der Käse schmelzen kann.

3. Während die Burger garen, Chilis erhitzen. Brötchen halbieren, auf jede Hälfte je 1 Cheeseburger legen und Chilis, Zwiebelringe, Tomatenscheiben und Spinat darauf verteilen. Zweite Brötchenhälfte auflegen – fertig!

4. Salat putzen, abbrausen, trocken schleudern und in einer großen Schüssel mit dem Dressing vermischen. Salat auf vier Teller verteilen und zu den Burgern servieren.

Thai-Salat mit Garnelen

*Wenn Sie die Thai-Küche schätzen, aber ihre charakteristische Schärfe
scheuen, ist dies Ihr Gericht. Dieser erfrischende Salat besteht zwar aus
typisch thailändischen Zutaten wie Ingwer, Limette und Sojasauce, aber er
enthält nichts Scharfes. Wenn etwas übrig bleibt, kein Problem: Die Garnelen
schmecken auch kalt vorzüglich. Nur der Salat muss kurz vor dem Essen
mit dem Dressing vermischt werden, nicht am Tag davor.*

→ ZUTATEN für
4 Personen

→ ZUBEREITUNGSZEIT:
ca. 30 Minuten

700 g große, rohe Garnelen
(küchenfertig)

100 g Chinakohl

2 rote Paprikaschoten

3 Frühlingszwiebeln

ca. 4 Stängel Minze

ca. 4 Stängel Koriander

4 Handvoll Blattsalat

2 TL geröstete Erdnusskerne

4 Knoblauchzehen

2 ½ EL gehackter Ingwer

abger. Schale und Saft von
2 Limetten (unbeh.)

1 TL Salz

1 TL schwarzer Pfeffer

Cooking Spray (siehe
Seite 215) oder Rapsöl

1 EL Sojasauce

je 1 TL Honig, Sesamöl und
Olivenöl

120 g Reisnudeln

1. Garnelen am Rücken entlang einschneiden, jeweils
schwarzen Darmfaden entfernen, Garnelen abbrausen,
trocken tupfen. Kohl, Paprika und Frühlingszwiebeln putzen, waschen. Chinakohl und Paprika in schmale Streifen,
Frühlingszwiebeln in Scheiben schneiden. Kräuter hacken.
Salat putzen, waschen, trocken schleudern. Erdnüsse hacken. Knoblauch abziehen, zerdrücken.

2. Garnelen mit 2 EL Ingwer, Limettenschale, 3 Knoblauchzehen, Salz und Pfeffer in einem verschließbaren
Gefrierbeutel gründlich vermengen. 8 Stunden oder über
Nacht im Kühlschrank ziehen lassen. Die Garnelen
20 Minuten vor dem Grillen aus dem Kühlschrank nehmen.

3. Grill oder Grillpfanne auf mittlerer Hitze erwärmen
und mit Cooking Spray besprühen oder hauchdünn mit
Rapsöl auspinseln. Limettensaft, Sojasauce, Honig, Sesam-
und Olivenöl mit dem restlichen Ingwer und Knoblauch in
einer kleinen Schüssel verquirlen und abschmecken.

4. Reisnudeln nach Packungsangabe kochen und 2 EL
Dressing untermischen. Die Garnelen auf den Grill oder
in die Grillpfanne legen und von jeder Seite 2 Minuten
grillen, bis sie glasig werden.

5. Inzwischen Chinakohl, Paprika, Frühlingszwiebeln,
Minze, Koriander und Blattsalat mit dem übrigen Dressing
in einer großen Schüssel vermengen. Salat auf vier Teller
verteilen, Reisnudeln darauf setzen. Die Garnelen auf den
Tellern anrichten, mit Erdnüssen bestreuen und servieren.

Thunfisch-Sandwich mit weißen Bohnen

Dieser frische, mediterrane Thunfischsalat kommt ohne den üblichen Dickmacher Mayonnaise aus. Stattdessen sorgen Olivenöl (gut fürs Herz) und frischer Zitronensaft für Saftigkeit. Weiße Bohnen liefern Ballaststoffe, damit Sie auch satt werden. Dieses reichhaltige Sandwich macht sich auch gut als Proviant – einfach in Alufolie einschlagen und mitnehmen!

→ ZUTATEN für
4 Personen

→ ZUBEREITUNGSZEIT:
ca. 30 Minuten

250 g weiße Bohnen
(z. B. Cannellini-Bohnen;
aus der Dose)
2 Dosen Thunfisch in Wasser
(à 175 g)
¼ rote Zwiebel
1 Stange Staudensellerie
ca. 2 Stängel Dill
1 Handvoll junger Spinat
2 Tomaten
2 EL Kapern
abgeriebene Schale und Saft
von 1 Zitrone (unbehandelt)
2 EL Olivenöl
Salz, schwarzer Pfeffer
2 Vollkorn-Pita-Taschen

1. Bohnen in einem Sieb abbrausen und wie den Thunfisch abtropfen lassen. Zwiebel abziehen, würfeln. Sellerie putzen, abbrausen, würfeln. Dill abbrausen, Spitzen hacken. Spinat putzen, abbrausen, trocken schleudern. Tomaten waschen, putzen, in Scheiben schneiden.

2. Bohnen, Thunfisch, Sellerie, Kapern, Zitronenschale und -saft, Olivenöl und Dill in einer mittelgroßen Schüssel vorsichtig vermengen, sodass die Bohnen nicht zerdrückt werden. Mit Salz und Pfeffer abschmecken. Die Pita-Taschen halbieren, mit der Thunfischmasse füllen und mit Spinat und Tomaten anrichten.

Tacos mit Garnelen und schwarzen Bohnen

*Diese Tacos werden mit eiweißreichen Garnelen und schwarzen Bohnen
gefüllt, und obendrauf kommt noch frisches Gemüse mit
leichter saurer Sahne. Probieren Sie auch andere Füllungen aus,
bis Sie Ihre Lieblingsmischung gefunden haben.*

→ ZUTATEN für
4 Personen

→ ZUBEREITUNGSZEIT:
ca. 25 Minuten

4 Taco-Schalen

250 g schwarze Bohnen
(aus der Dose)

700 g mittelgroße Garnelen
(küchenfertig)

4 Tomaten

2 Frühlingszwiebeln

4 Handvoll junger Spinat

ca. ½ Bund Koriander

120 g geriebener, fettarmer
Cheddar oder Gouda

Salz, schwarzer Pfeffer

200 ml grüne Salsa

4 EL fettarme saure Sahne

1. Backofengrill einschalten. Bohnen in einem Sieb abbrausen und abtropfen lassen. Garnelen am Rücken entlang einschneiden, jeweils den schwarzen Darmfaden entfernen, Garnelen abbrausen, trocken tupfen. Tomaten, Frühlingszwiebeln und Spinat putzen und abbrausen. Tomaten entkernen und in Stücke, Frühlingszwiebeln in Scheiben schneiden. Spinat grob hacken. Koriander abbrausen, Blättchen hacken.

2. Ein Backblech mit Alufolie belegen, Tacos darauflegen. Die Bohnen darauf verteilen und mit Käse bestreuen. Garnelen darauflegen und mit Salz und Pfeffer würzen. Die Tacos unter dem Backofengrill 2–3 Minuten grillen, bis die Garnelen glasig werden und der Käse geschmolzen ist.

3. Tacos aus dem Ofen nehmen und mit Salsa, Tomaten, Frühlingszwiebeln, Spinat, Koriander und je 1 EL saurer Sahne belegen und servieren.

Pita-Taschen mit Hähnchenbrust

Dieses Sandwich ist blitzschnell zubereitet, schmeckt aber unglaublich gut. Magere Hähnchenbrust vereint sich mit Gurke, Tomaten, Feta und Oliven zu einem typischen griechischen Bauernsalat in Pita-Brot.

→ ZUTATEN für
  4 Personen

→ ZUBEREITUNGSZEIT:
  ca. 20 Minuten

2 Handvoll junger Spinat

$^1/_4$ Salatgurke

$^1/_4$ rote Zwiebel

150 g Kirschtomaten

60 g Feta-Käse

6 Kalamata-Oliven

550 g gekochtes Hähnchen-

brustfilet

Salz, schwarzer Pfeffer

100 ml fettarme Rotwein-

Vinaigrette

2 Vollkorn-Pita-Taschen

1. Spinat putzen, abbrausen, trocken schleudern. Gurke waschen, längs halbieren, entkernen und in Scheiben schneiden, Zwiebel abziehen, in dünne Scheiben schneiden. Kirschtomaten abbrausen, halbieren. Feta zerkrümeln. Oliven entsteinen, längs vierteln.

2. Hähnchenbrustfilet in Streifen schneiden und mit Spinat, Gurke, Zwiebel, Tomaten, Feta und Oliven in eine große Schüssel geben. Mit Salz und Pfeffer würzen und mit der Vinaigrette vermengen. Pita-Taschen halbieren, Salat auf die Brothälften verteilen und servieren.

Curry-Hähnchen-Salat

Die Raffinesse bei unserem Hähnchensalat liegt in den süßen, goldenen Rosinen, dem Currypulver und den knusprigen Mandeln. Wir sparen einen Großteil des üblicherweise in Hähnchensalat enthaltenen Fettes, indem wir fettarme Mayonnaise und statt saurer Sahne Joghurt verwenden. Frisch gehackter Schnittlauch gibt diesem gelben Salat herrliche grüne Akzente. Auf einer Blattsalatgarnierung serviert, beeindruckt der Salat auch Ihre Gäste.

→ ZUTATEN für
4 Personen

→ ZUBEREITUNGSZEIT:
ca. 25 Minuten

150 g Schnellkoch-
Vollkornreis

½ Bund Schnittlauch

¼ rote Zwiebel

1 Stange Staudensellerie

2 EL Mandelstifte

550 g gekochtes Hähnchen-
brustfilet

4 EL fettarme Mayonnaise

4 EL fettarmer Joghurt

Saft von 1 Limette

ca. 1 EL Currypulver

2 EL Rosinen

Salz, schwarzer Pfeffer

8 große Kopfsalatblätter

1. Den Reis mit 300 ml Wasser in einem mittelgroßen Topf bei mittlerer Hitze aufkochen und 10 Minuten köcheln lassen, bis der Reis weich ist und das Wasser aufgenommen hat.

2. Inzwischen Schnittlauch abbrausen, in Röllchen teilen. Zwiebel abziehen, fein hacken. Sellerie putzen, abbrausen und ebenfalls fein hacken. Mandeln in einer Pfanne ohne Fett rösten. Hähnchenfleisch in Streifen schneiden.

3. Mayonnaise mit Joghurt, Schnittlauch, Zwiebel, Sellerie, Limettensaft und Curry verrühren. Hähnchenfleisch, Rosinen und Mandeln unterheben. Mit Salz und Pfeffer würzen. Auf vier Teller je 2 Salatblätter ineinanderlegen. In jedes Salatkörbchen ¼ des Hähnchensalats geben und mit Reis servieren.

Mittelmeer-Grillhähnchen

Die Mittelmeerküche ist reich an gesundheitsfördernden Fetten
(zum Beispiel Olivenöl), mageren Fleischsorten und würzigen Aromen.
Dieses Rezept für Mittelmeer-Grillhähnchen bringt sofort südländisches Flair
an Ihren Abendbrottisch. Auf goldbraun gegrillten Hähnchenbrustfilets duftet
eine Mischung aus Oliven und sonnengetrockneten Tomaten.
Fast schon ein kleiner Griechenlandurlaub zwischendurch.

→ ZUTATEN für
4 Personen

→ ZUBEREITUNGSZEIT:
ca. 30 Minuten

2 EL Kapern

ca. 4 Stängel Petersilie

6 Handvoll junger Spinat

6 Handvoll gemischter

Blattsalat

2 rote Paprikaschoten

2 Handvoll Brokkoliröschen

150 g Kirschtomaten

60 g Feta-Käse

Cooking Spray (siehe

Seite 215) oder Rapsöl

4 Hähnchenbrustfilets à 175 g

(ohne Haut)

Salz, schwarzer Pfeffer

1/2 Becher* Oliven

1/2 Becher* getrocknete

Tomaten (ohne Öl)

1/2 TL abgeriebene Zitronen-

schale (unbehandelt)

1 EL Oliven- oder Leinsamenöl

100 ml fettfreie Vinaigrette

1. Kapern in einem Sieb abbrausen und abtropfen lassen. Petersilie abbrausen, Blättchen hacken. Spinat und Salat putzen, waschen, trocken schleudern. Paprika abbrausen, putzen, in Stücke schneiden. Brokkoli putzen, abbrausen. Tomaten waschen, halbieren. Käse zerkrümeln.

2. Grill oder Grillpfanne bei mittlerer Hitze erwärmen und mit Cooking Spray besprühen oder hauchdünn mit Rapsöl auspinseln. Hähnchenbrust abbrausen, trocken tupfen, halbieren und mit Salz und Pfeffer würzen. Von jeder Seite 5–6 Minuten grillen, bis es durch ist. Inzwischen Oliven entsteinen, vierteln und mit getrockneten Tomaten, Kapern, Zitronenschale, Petersilie und Olivenöl in einer kleinen Schüssel vermengen.

3. Spinat und Blattsalat mit Paprika, Brokkoli und Tomaten in der Vinaigrette vermischen. Auf vier Salatteller verteilen. Die Hähnchenbrustfilets auf vier Teller geben, die Oliven-Tomaten-Mischung sowie je 1 EL Feta darüberstreuen und servieren.

Pizza Portobello

Nur, weil Sie jetzt eine neue, gesündere Lebensweise angenommen haben,
müssen Sie nicht auf Ihre alten Lieblinge, etwa auf Pizza, verzichten.
Der besondere Dreh bei unserer Pizza ist, dass wir als Boden
köstliche, fleischige Portobello-Champignons nehmen (das sind Champignons
mit handtellergroßem Schirm) und die Pilze mit magerer Hähnchenbrust
und fettarmem Käse belegen.

→ ZUTATEN für
4 Personen

→ ZUBEREITUNGSZEIT:
ca. 35 Minuten

4 sehr große Champignons
(zum Füllen)

60 g fettarmer Mozzarella

60 g Parmesan

½ Bund glatte Petersilie

500 g grüne Bohnen

300 g gekochtes Hähnchen-
brustfilet

Cooking Spray (siehe
Seite 215) oder Rapsöl

Salz, schwarzer Pfeffer

250 ml Tomatensauce

1. Pilze putzen, Stiele herausdrehen. Mozzarella klein schneiden. Parmesan reiben. Petersilie abbrausen, Blättchen hacken. Bohnen putzen, entfädeln, abbrausen. Hähnchenbrustfilet in kleine Streifen teilen.

2. Grill oder Grillpfanne bei mittlerer Hitze erwärmen, mit Cooking Spray besprühen oder hauchdünn mit Rapsöl auspinseln. Backofengrill einschalten. Einen großen Topf gesalzenes Wasser mit Dämpfeinsatz zum Sieden bringen. Mit einem kleinen Löffel die braunen Lamellen aus den Pilzschirmen kratzen. Die Pilze mit Salz und Pfeffer würzen und 4–5 Minuten unter mehrmaligem Drehen grillen, bis sie zart sind. Inzwischen Tomatensauce in einem kleinen Topf auf mittlerer Flamme erhitzen.

3. Pilze auf ein Backblech legen und auf jeden Pilz 4 EL Tomatensauce geben. Hähnchenfleisch auf den Pilzen verteilen. Mit Mozzarella und Parmesan bestreuen. 3–4 Minuten im Ofen gratinieren, bis der Käse schmilzt und braun wird. Herausnehmen, Petersilie darüberstreuen.

4. Inzwischen die Bohnen in das kochende Wasser geben und zugedeckt 6–8 Minuten dämpfen, bis sie zart sind. Abtropfen lassen und mit Salz und Pfeffer würzen. Jede Pizza mit einer Portion Bohnen servieren.

Spaghetti Bolognese

Bei der »12-Sekunden-Formel« gilt: abends keine Stärkeprodukte.
Aber Sie können dennoch ein bekanntes Pastagericht genießen.
Spaghettikürbis ist ein leckerer, kalorienarmer Winterkürbis,
dessen Fruchtfleisch lange, spaghettiartige Fäden bildet.
Mit herzhafter Bolognese ist unsere Variante dieses italienischen
Klassikers so lecker, dass Sie die Kohlenhydrate nicht vermissen werden.

→ ZUTATEN für
4 Personen

→ ZUBEREITUNGSZEIT:
ca. 30 Minuten

350 g Putenbrustfilet

½ Zwiebel

4 Knoblauchzehen

6 große Champignons

½ Bund glatte Petersilie

12 Handvoll gemischter
Blattsalat

1 EL Olivenöl

350 g Putenhack (beim
Metzger vorbestellen)

Salz, Pfeffer

450 ml Tomatensauce

1 großer Spaghettikürbis

100 ml fettfreie Vinaigrette

4 EL geriebener Parmesan

1. Putenbrustfilet abbrausen, trocken tupfen, hacken. Zwiebel und Knoblauch abziehen, Zwiebel fein würfeln, Knoblauch zerdrücken. Pilze putzen, fein würfeln. Petersilie abbrausen, Blättchen hacken. Salat putzen, abbrausen, trocken schleudern.

2. Das Öl in einer großen, hochwandigen Pfanne bei mittlerer Hitze erwärmen. Putenfleisch salzen, pfeffern und in der Pfanne anbraten. Zwiebel, Knoblauch und Pilze dazugeben und ca. 5 Minuten dünsten, bis die Zwiebeln zart sind und die Pilze ihren Saft abgegeben haben. Tomatensauce und Petersilie dazugeben, abschmecken und 10 Minuten köcheln lassen.

3. Inzwischen Kürbis längs durchschneiden und die Samen entfernen. Mit der Schnittfläche nach oben in eine mikrowellengeeignete Auflaufform oder eine ähnliche Form legen und mit Salz und Pfeffer würzen. ½ Tasse Wasser in die Form gießen und den Kürbis 10–15 Minuten auf höchster Stufe in der Mikrowelle garen. Herausnehmen und abkühlen lassen. Mit Küchenpapier abtupfen.

4. Salat mit der Vinaigrette in einer großen Schüssel vermengen und auf vier Salatteller verteilen. Wenn der Kürbis ein wenig abgekühlt ist, nehmen Sie eine Gabel, um das fadenförmige Fruchtfleisch aus der Schale zu kratzen. Verteilen Sie die Kürbis-Spaghettis auf vier Pastateller. Je ¼ der Bolognese daraufgeben und je 1 EL Parmesan darüberstreuen. Bolognese mit dem Salat servieren.

Heilbutt vom Grill mit Romesco-Sauce

*Romesco-Sauce ist eine traditionelle katalonische Spezialität,
die aus gerösteten Paprikaschoten, Tomaten, Zwiebeln, Knoblauch, Mandeln
und Olivenöl besteht. Für dieses Rezept haben wir diese aromatische Sauce
mit herzhaftem Heilbuttsteak kombiniert.*

→ ZUTATEN für
4 Personen

→ ZUBEREITUNGSZEIT:
ca. 35 Minuten

4 rote Paprikaschoten

300 g Tomatenhälften

(aus der Dose)

1 ¼ rote Zwiebeln

2 Knoblauchzehen

½ Salatgurke

½ Bund glatte Petersilie

8 Handvoll gemischter

Blattsalat

2 EL Mandelstifte

Cooking Spray (siehe

Seite 215) oder Rapsöl

4 Heilbuttsteaks à 175 g

Salz, schwarzer Pfeffer

2 EL Sherry-Essig

2 EL Olivenöl

½ Becher* in Scheiben

geschnittene Champignons

100 ml fettarme Vinaigrette

1. Backofengrill einschalten. Paprika halbieren, entkernen und mit der Wölbung nach oben unter dem Grill so lange braten, bis die Haut schwarz wird und Blasen wirft. Herausnehmen, mit einem feuchten Küchentuch bedecken. Anschließend die Haut abziehen.

2. Inzwischen Tomaten abtropfen lassen. Zwiebeln und Knoblauch abziehen, ¼ Zwiebel grob hacken, übrige ganze Zwiebel in Scheiben schneiden. Gurke abbrausen, in Scheiben schneiden. Petersilie waschen, Blättchen hacken. Salat putzen, abbrausen, trocken schleudern. Mandeln in einer Pfanne ohne Fett rösten.

3. Grill oder Grillpfanne bei mittlerer Hitze aufwärmen, mit Cooking Spray besprühen oder hauchdünn mit Rapsöl auspinseln. Fisch abbrausen, trocken tupfen, mit Salz und Pfeffer würzen und von jeder Seite ca. 5 Minuten grillen, bis das Fleisch unter der Gabel zerfällt.

4. Inzwischen Tomaten und Paprika mit gehackter Zwiebel, Mandeln, Knoblauch, Essig, Salz und Pfeffer in der Küchenmaschine oder im Mixer pürieren und dabei das Olivenöl einfließen lassen. Abschmecken.

5. Blattsalat, Zwiebel-, Gurken- und Champignonscheiben mit der Vinaigrette in einer großen Schüssel vermengen und auf vier Salatschüsseln verteilen. Die Heilbuttsteaks mit je ¼ Romesco-Sauce übergießen und mit Petersilie garnieren. Mit dem Salat servieren.

* 1 Becher entspricht etwa 230 ml.

Hähnchenbrust mit Spinatfüllung

Fettarmer Ricotta, vitaminreicher Spinat und frisches Basilikum
verbinden sich zu einer cremigen, delikaten Füllung für die eiweißreichen,
mageren Hähnchenbrustfilets. An der Seite von Mandel-Brokkoli schmeckt
dieses Gericht so gut, wie es aussieht.

→ ZUTATEN für
4 Personen

→ ZUBEREITUNGSZEIT:
ca. 60 Minuten

300 g tiefgekühlter
Blattspinat

½ mittlere Zwiebel

2 Knoblauchzehen

ca. 4 Stängel Basilikum

6 Handvoll Brokkoliröschen

2 EL Mandelblättchen

1 EL Olivenöl

200 g fettarmer Ricotta

Salz, schwarzer Pfeffer

4 Hähnchenbrustfilets à 175 g
(ohne Haut)

4 EL Dijonsenf

Cooking Spray (siehe
Seite 215) oder Rapsöl

abgeriebene Schale und Saft
von 1 Zitrone (unbehandelt)

1. TK-Spinat auftauen lassen, ausdrücken und hacken. Backofen auf 220 Grad vorheizen. Zwiebel und Knoblauch abziehen, Zwiebel fein hacken, Knoblauch zerdrücken. Basilikum abbrausen, Blättchen hacken. Brokkoli putzen, abbrausen. Mandeln in einer Pfanne ohne Fett rösten.

2. Olivenöl in einer Pfanne erhitzen. Zwiebel und Knoblauch darin glasig dünsten.

3. Spinat mit Ricotta, Basilikum und der abgekühlten Zwiebel-Knoblauch-Mischung vermischen, salzen, pfeffern. Ricottamasse in einen Gefrierbeutel geben und eine kleine Ecke des Beutels abschneiden.

4. Hähnchenbrust abbrausen, am dickeren Ende jeweils eine »Tasche« hineinschneiden.

5. Fleisch innen und außen salzen, pfeffern. In jede Hähnchenbrust etwa ¼ der Füllung spritzen, mit Zahnstochern verschließen. Filets mit je 1 EL Senf bestreichen.

6. Ofenrost mit Cooking Spray besprühen oder hauchdünn mit Rapsöl bepinseln. Filets darauflegen, in den Ofen schieben, Backblech oder Fettpfanne darunterschieben. Bei 220 Grad 15–20 Minuten braten. Herausnehmen, in Alufolie wickeln und etwas ruhen lassen.

7. Inzwischen Wasser in einem großen Suppentopf mit Dämpfeinsatz zum Köcheln bringen. Brokkoli zugedeckt 6–8 Minuten dämpfen. Herausnehmen, mit Mandeln, Zitronensaft und -schale vermengen. Würzen. Fleisch mit Brokkoli servieren.

Filet Mignon mit Sauce Cabernet

Mit diesem Gericht essen Sie zu Hause genauso gut wie in Ihrem Lieblings-Steakhouse. Bedenken Sie aber, dass der Geschmack des Weins beim Reduzieren noch intensiver wird. Wählen Sie daher zum Kochen einen Wein, den Sie auch gerne trinken.

→ ZUTATEN für
   4 Personen

→ ZUBEREITUNGSZEIT:
   ca. 35 Minuten

900 g Spargel

2 Köpfe Blumenkohl

1 große Schalotte

2 Knoblauchzehen

2 Zweige Thymian

Salz

4 magere Rinderfiletsteaks
à 150 g (ohne Fett)

Pfeffer

Cooking Spray (siehe

Seite 215) oder Rapsöl

250 ml Cabernet Sauvignon

oder ein anderer Rotwein

250 ml salzarme Rinderbrühe

1 EL Butter

2 EL fettarme Milch

1. Spargel schälen, untere Enden abschneiden. Blumenkohl putzen, abbrausen. Schalotte und Knoblauch abziehen, Schalotte würfeln, Knoblauch hacken. Thymian abbrausen, Blättchen hacken. Einen großen Topf mit gesalzenem Wasser zum Sieden bringen.

2. Eine Pfanne bei mittlerer Hitze erwärmen. Steaks abbrausen, trocken tupfen, mit Salz und Pfeffer würzen. Nach Belieben braten (nach 3 Minuten pro Seite sind sie rosa). Aus der Pfanne nehmen und auf einem Teller mit Alufolie bedeckt warm halten.

3. Die Pfanne mit Cooking Spray besprühen oder hauchdünn mit Rapsöl auspinseln. Schalotten, Knoblauch und Thymian darin schwenken. Mit Wein und Brühe ablöschen, Bratensatz lösen. Aufkochen und in 5 Minuten auf die Hälfte reduzieren. Abschmecken.

4. Inzwischen Blumenkohl im Salzwasser weich garen, herausnehmen, abtropfen lassen (das Wasser bleibt im Topf). In der Küchenmaschine oder im Mixer mit Butter und Milch glatt pürieren. Salzen, pfeffern.

5. Das Wasser wieder aufkochen, Spargel hineingeben und in 3–4 Minuten garen. Abtropfen lassen und mit Salz und Pfeffer würzen.

6. Die Filetsteaks mit der Sauce begießen und mit dem Spargel und Blumenkohlpüree servieren.

Asia-Schweinefilet mit Pak Choi

Die köstliche Marinade durchzieht das Schweinefleisch mit einer
intensiven asiatischen Würze. Reduziert ergibt die Marinade ein
perfektes, leichtes Dressing für den rauchig gegrillten Pak Choi.
Mit Huhn schmeckt das Ganze übrigens auch sehr lecker.

→ ZUTATEN für
   4 Personen

→ ZUBEREITUNGSZEIT:
   ca. 30 Minuten

2 Frühlingszwiebeln

3 Knoblauchzehen

¹/₂ Bund Koriander

4 Köpfe Pak Choi

2 Schweinefilets à 350 g

(ohne Fett)

4 EL Sojasauce

2 EL Reisweinessig

1 EL Chili-Knoblauch-Sauce

2 TL Sesamöl

1 EL Hoisinsauce

1 EL Worcestersauce

1 TL Chiliöl

¹/₂ EL Austernsauce

1 EL gehackter Ingwer

¹/₂ TL Salz

¹/₂ TL schwarzer Pfeffer

Cooking Spray (siehe
Seite 215) oder Rapsöl

1. Frühlingszwiebeln putzen, abbrausen, in Scheiben schneiden. Knoblauch abziehen, hacken. Koriander abbrausen, Blättchen hacken. Pak Choi längs halbieren, abbrausen, trocken tupfen.

2. Fleisch abbrausen und mit allen Zutaten außer dem Pak Choi in einen verschließbaren Gefrierbeutel füllen. 8 Stunden lang oder über Nacht ziehen lassen, dabei gelegentlich durchkneten.

3. Grill oder Grillpfanne bei mittlerer Hitze erwärmen und mit Cooking Spray besprühen oder hauchdünn mit Rapsöl auspinseln. Die Filets aus der Marinade nehmen und mit Küchenpapier abtupfen. Die Marinade aufbewahren. Filets auf dem Grill ca. 15 Minuten braten, bis sie eine Innentemperatur von etwa 63 Grad erreicht haben (mit einem Fleischthermometer messen; das Thermometer ist im Fachhandel erhältlich). Oder Filets in der Pfanne in 2–3 Minuten rundum anbraten und im vorgeheizten Ofen bei 180 Grad in 10–15 Minuten gar ziehen lassen. Fleisch vom Grill oder aus dem Ofen nehmen und mit Alufolie bedecken. Die Marinade in einem kleinen Topf bei großer Hitze aufkochen und auf die Hälfte reduzieren.

4. Pak Choi mit Cooking Spray besprühen oder hauchdünn mit Rapsöl bepinseln und mit Salz und Pfeffer würzen. Pak Choi von jeder Seite 2 Minuten grillen, bis die Strünke zart und die Blätter leicht verkohlt sind.

5. Filet in Scheiben schneiden. Auf vier Teller verteilen, je 2 Pak-Choi-Hälften dazugeben, die Marinade darüberträufeln und servieren.

Leinsamenöl-Zitronen-Vinaigrette

Diese Vinaigrette habe ich zum ersten Mal in der populärsten Kochshow des US-Fernsehens, Emeril Live, präsentiert. Sie werden begeistert sein!

1 Knoblauchzehe

4 EL frisch gepresster
Zitronensaft

1 TL Dijonsenf

1 Prise Salz

Pfeffer

4 EL Leinsamenöl

4 EL Olivenöl

Knoblauch abziehen, zerdrücken und mit den übrigen Zutaten in ein Glas mit dicht schließendem Deckel füllen. Schütteln, bis eine glatte Emulsion entsteht. Abschmecken und servieren.

Ideale Zutaten

Wenn Sie selbst Rezepte erfinden wollen, die im Einklang mit der »12-Sekunden-Formel« stehen, finden Sie in dieser Liste die besten Zutaten. Sie müssen nur darauf achten, dass Sie bei jeder Mahlzeit die empfohlene Portionierung einhalten.

Eiweiß

(Wenn Sie unter 70 Kilogramm wiegen, sollten Sie pro Mahlzeit 90 Gramm Eiweiß essen; wenn Sie mehr als 70 Kilogramm wiegen, sollten es 140 Gramm Eiweiß sein.)
* Eier
* fettarmer Hüttenkäse
* Fisch
* Hähnchen-/Putenbrustfilet (ohne Haut)
* Lamm
* Meeresfrüchte
* Rinderfilet
* Rindfleisch (mit weniger als 5 % Fettanteil)
* Schweinefilet
* Strauß

Kohlenhydrate

(½ Becher* oder 1 Scheibe Brot)
* Buchweizen
* Haferflocken
* Süßkartoffeln
* Vollkornbrot
* Vollkornflocken
* Vollkornmehl
* Vollkornnudeln
* Vollkornreis
* Vollkorn-Tortillas
* Weizenkeime
* Wildreis

Gemüse (ohne Stärke)

(2 bis 4 Handvoll)
* Alfalfa-Sprossen
* Auberginen (möglichst wenig)
* Blattsalat
* Blumenkohl
* Brokkoli
* Brunnenkresse
* Chilis/Peperoni
* Frühlingszwiebeln
* grüne Bohnen
* Knoblauch
* Kürbis
* Paprikaschoten
* Pastinaken (möglichst wenig)
* Pilze
* Radieschen
* Rosenkohl
* Rote Beten (möglichst wenig)
* Salatgurken
* Sellerie
* Spargel
* Spinat
* Steckrüben
* Tomaten
* Weißkohl
* Zucchini

Fett

(1 TL)
* Avocado (⅛ Stück)
* Cashewnüsse (6 Stück)
* Cooking Spray
(Diesen Bratfettersatz aus der Sprühdose können Sie im Internet bestellen. Alternativ können Sie einen Zerstäuber mit Rapsöl füllen oder eine Pfanne mit guter Antihaftbeschichtung verwenden.)
* Erdnussbutter
* Erdnusskerne (10 Stück)

* 1 Becher entspricht etwa 230 ml.

- Leinsamenöl
- Mandelmus
- Mandeln (6 Stück)
- Olivenöl
- Rapsöl

Obst

(1 Stück oder 1 Schälchen Obstsalat)
- Äpfel
- Birnen
- Brombeeren
- Erdbeeren
- Heidelbeeren
- Limetten
- Melonen
- Pampelmusen
- Pfirsiche
- Weintrauben
- Zitronen

Snacks

(3-mal am Tag)
- fettarmer Hüttenkäse (120 g)
- fettarmer Joghurt (175 g)
- gekochtes Hähnchenbrustfilet (90 g)
- Molkenprotein-Shake
- Thunfisch oder Lachs (90 g)
- Trockenfleisch (30 g)

Getränke

- Kaffee (möglichst wenig)
- Light-Getränke (möglichst wenig)
- Mineralwasser
- Propel® Fit Water™ **
- Sodawasser
- Wasser

Süßstoffe

(in Maßen)
- Splenda® (Sucralose, E 955)**
- Stevia

Süßigkeiten

- zuckerfreie Süßigkeiten
- zuckerfreier Kaugummi
- zuckerfreier Wackelpudding

Würze

- Essig
- Essiggurken
- Gewürze
- Knoblauch
- Kräuter (frisch und getrocknet)
- Salsa
- salzarme Brühe
- salzarme Sojasauce
- Senf
- Worcestersauce
- Zitronen-/Limettensaft

Nahrungsergänzungsmittel

- Barlean's Leinsamenöl**
- Molkenprotein (Jorge's Packs™)**
- Vitamine (Jorge's Packs™)**

** **Hinweis:** Einige dieser Produkte können Sie im Internet bestellen. Beachten Sie jedoch, dass Sie in man- chen Onlineshops nur mit US-Dollar bezahlen können.

Schnelles für zwischendurch

Als viel beschäftigter Mensch weiß ich, dass man manchmal einfach nicht drum herumkommt, sich schnell etwas zum Mitnehmen zu holen.

Die folgenden Tipps helfen Ihnen in Ihrem Schnellrestaurant bei der Auswahl.

Frühstück

- Subway® Western Egg with Cheese Breakfast Sandwich (1 Sandwich), dazu ein Stück Obst
- McDonald's® Egg McMuffin® (1 Muffin), dazu ein Stück Obst
- Weight Watchers® tiefgekühltes Smart Ones® English Muffin Sandwich (1 Sandwich), dazu ein Molkenprotein-Shake und ein Stück Obst

Mittagessen

- Burger King® TenderGrill® Chicken Filet Salad (1 Salat), dazu eine Portion Ken's® Fat-Free Ranch Dressing
- KFC® Tender Roast® Sandwich ohne Sauce (1 Sandwich); bestellen Sie noch 60 g Hähnchenfleisch dazu und einen Salat mit Hidden Valley® Golden Italian Light Ranch Dressing.
- McDonald's® Asian Salad with Grilled Chicken; bestellen Sie noch 30 g Hähnchenfleisch und Butter Garlic Croûtons dazu. Nehmen Sie einen Spritzer Zitronensaft als Dressing.
- Subway® Club Sandwich, 15 cm, mit Vollkornbrot (1 Sandwich);

dazu ein »Veggie Delite«-Salat mit fettfreiem italienischem Dressing

Abendessen

- KFC® Roasted Caesar Salad (1 Salat); bestellen Sie noch 90 g Hähnchenfleisch dazu und nehmen Sie das Hidden Valley® Golden Italian Light Ranch Dressing.
- McDonald's® Bacon Ranch Salad with Grilled Chicken (1 Salat); bestellen Sie noch 60 g Hähnchenfleisch dazu und nehmen Sie die Newman's Own® Low-Fat Balsamic Vinaigrette.
- Subway® Grilled Chicken Breast and Spinach Salad (1 Salat); bestellen Sie noch 90 g Hähnchenfleisch dazu und nehmen Sie das fettfreie italienische Dressing.

Ob beim Italiener, Mexikaner oder Chinesen: Tipps zum Essen im Restaurant finden Sie in Kapitel 4 ab Seite 51.

12

BONUS-WORKOUT

Im Folgenden finden Sie die Trainingsprotokolle sowie einen Kalender zum Ausstreichen, die Ihnen während der achtwöchigen Herausforderung gute Dienste leisten werden. Kopieren Sie jedes Trainingsprotokoll achtmal und heften Sie es in Ihren Ordner.

Das Workout ist speziell auf den Einsatz unterwegs zugeschnitten. Sie können die Übungen immer dann machen, wenn Sie keinen Zugang zu Trainingsgeräten haben. Die zwölf Übungen sind so zusammengestellt, dass Ihr ganzer Körper in nur 20 Minuten trainiert wird. Dazu brauchen Sie kein Fitnessstudio und noch nicht einmal Hanteln. Den Trainingswiderstand liefert allein Ihr Körpergewicht. Ein perfektes Training für unterwegs oder auch fürs Büro!

TRAINING DER PRIMÄREN MUSKELN

Woche:	von 8		Beginn:	
Tag:	von 56		Ende:	
Datum:			Gesamtzeit:	

Wählen Sie die Gewichte so, dass Sie am Ende der vierten Wiederholung eine Intensität der Stärke 8 verspüren.

	MUSKELGRUPPE	ÜBUNG	GEWICHT	INTENSITÄT
ZIRKEL 1	Beine			
	Rücken			
	Brustkorb			
	Bauch			

An diesem Punkt müssten 6 Minuten um sein.

	MUSKELGRUPPE	ÜBUNG	GEWICHT	INTENSITÄT
ZIRKEL 2	Beine			
	Rücken			
	Brustkorb			
	Bauch			

Jetzt müssten Sie seit 14 Minuten trainieren, einschließlich 2 Minuten Übergangszeit.

	MUSKELGRUPPE	ÜBUNG	GEWICHT	INTENSITÄT
ZIRKEL 3	Beine			
	Rücken			
	Brustkorb			
	Bauch			

Jetzt müssten Sie 20 Minuten lang trainiert haben. Glückwunsch, Sie haben's geschafft!

CARDIOBONUS 26 Minuten Power-Walking am Morgen

Nach meinem Training fühle ich mich   (z. B. selbstbewusst, stark)

TRAININGSPROTOKOLL

TRAINING DER SEKUNDÄREN MUSKELN

Woche:	von 8	Beginn:
Tag:	von 56	Ende:
Datum:		Gesamtzeit:

Wählen Sie die Gewichte so, dass Sie am Ende der vierten Wiederholung eine Intensität der Stärke 8 verspüren.

	MUSKELGRUPPE	ÜBUNG	GEWICHT	INTENSITÄT
ZIRKEL 1	Schultern			
	Bizeps			
	Trizeps			
	Bauch			

An diesem Punkt müssten 6 Minuten um sein.

	MUSKELGRUPPE	ÜBUNG	GEWICHT	INTENSITÄT
ZIRKEL 2	Schultern			
	Bizeps			
	Trizeps			
	Bauch			

Jetzt müssten Sie seit 14 Minuten trainieren, einschließlich 2 Minuten Übergangszeit.

	MUSKELGRUPPE	ÜBUNG	GEWICHT	INTENSITÄT
ZIRKEL 3	Schultern			
	Bizeps			
	Trizeps			
	Bauch			

Jetzt müssten Sie 20 Minuten lang trainiert haben. Glückwunsch, Sie haben's geschafft!

CARDIOBONUS   26 Minuten Power-Walking am Morgen

Nach meinem Training fühle ich mich   (z. B. selbstbewusst, stark)

	Montag	Dienstag	Mittwoch	Donnerstag	Freitag	Samstag	Sonntag
1. WOCHE	1 primäres Training	2 frei	3 frei	4 sekundäres Training	5 frei	6 frei	7 frei
2. WOCHE	8 primäres Training	9 frei	10 frei	11 sekundäres Training	12 frei	13 frei	14 frei
3. WOCHE	15 primäres Training	16 frei	17 frei	18 sekundäres Training	19 frei	20 frei	21 frei
4. WOCHE	22 primäres Training	23 frei	24 frei	25 sekundäres Training	26 frei	27 frei	28 frei
5. WOCHE	29 primäres Training	30 frei	31 frei	32 sekundäres Training	33 frei	34 frei	35 frei
6. WOCHE	36 primäres Training	37 frei	38 frei	39 sekundäres Training	40 frei	41 frei	42 frei
7. WOCHE	43 primäres Training	44 frei	45 frei	46 sekundäres Training	47 frei	48 frei	49 frei
8. WOCHE	50 primäres Training	51 frei	52 frei	53 sekundäres Training	54 frei	55 frei	56 ERFOLG!

Bitte fotokopieren und an den Kühlschrank heften. Im Laufe der 8-Wochen-Phase die einzelnen Tage durchstreichen – so wird Ihr Fortschritt sichtbar!

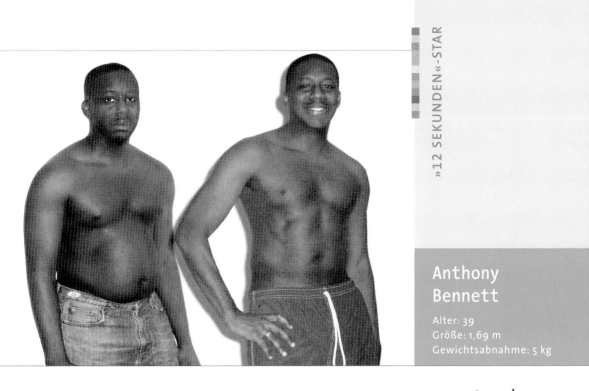

Anthony Bennett

Alter: 39
Größe: 1,69 m
Gewichtsabnahme: 5 kg

>>> Anthony mit 5 Kilo weniger!

»Das Leben ist wunderbar dank der ›12-Sekunden-Formel‹. Genau das richtige Programm für einen gestressten Familienvater – nur zweimal die Woche 20 Minuten. Ich habe jetzt mehr Energie, mein Leben im Griff und sehe super aus. Ich habe in sieben Wochen fünf Kilo und vier Prozent Körperfett abgenommen. Ich war jahrelang depressiv, aber dieses Programm hat mich dazu gebracht, meine Träume und Ziele mit Leidenschaft zu verfolgen. Ich habe mir ein Fahrrad gekauft und trainiere jetzt, damit ich meinen Vierzigsten auf der Acura-L.A.-Bike-Tour feiern kann. Ich trau mir das jetzt zu und bin bereit für ein erfülltes Leben. Danke, Jorge!«

ANTHONYS ERFOLGSGEHEIMNISSE

→ *Zu jedem Essen schmeckt Mineralwasser mit einem Spritzer Zitrone.*

→ *Stelle deinen Erfolgsvertrag zu Beginn jeder Woche neu auf.*

→ *Wenn dich der Hunger packt, atme tief durch und stell dir vor, wie du mit deinem Wunschgewicht leben würdest.*

Ausfallschritt
(Lunge)

Gehen Sie in den Ausfallschritt. Der Rücken bleibt gerade, die Bauchmuskeln angespannt, der Brustkorb gestreckt. Federatmung. Zählen Sie zehn Sekunden, während Sie das hintere Knie zum Boden absenken. Halten Sie zwei Sekunden lang am MTP, knapp über dem Boden, an. Kehren Sie in die Ausgangsposition zurück und zählen Sie dabei wieder zehn Sekunden. Machen Sie sofort im Anschluss noch eine Wiederholung. Wechseln Sie das Bein und wiederholen Sie die Übung zweimal. So kommen Sie auf insgesamt vier Wiederholungen. **TIPP:** Um Verletzungen zu vermeiden, sollte das vordere Knie immer in dieselbe Richtung zeigen wie die Zehen und nicht stärker als 90 Grad gebeugt werden.

B

Liegestütze auf Knien
(Push-up on Knees)

Knien Sie sich auf die Matte und stützen Sie sich auf Ihren Händen ab. Die Knie sind schulterbreit geöffnet, die Hände liegen etwas mehr als schulterbreit auseinander, die Finger zeigen nach vorne. Federatmung. Zählen Sie zehn Sekunden, während Sie den Brustkorb zum Boden absenken. Halten Sie zwei Sekunden lang am MTP an. Stemmen Sie den Oberkörper zurück in die Ausgangsposition und zählen Sie dabei wieder zehn Sekunden. Die Ellenbogen bleiben leicht gebeugt. Machen Sie sofort im Anschluss noch drei Wiederholungen.

MTP: *maximum tension point* (Höchstspannungspunkt). **Federatmung:** tief einatmen und in kurzen Stößen ausatmen. **Zeitplan:** Jede Übung dauert 90 Sekunden, jeder Zirkel sechs Minuten.

C

Dips am Stuhl
(*Chair Dip*)

Setzen Sie sich auf den Rand eines sehr stabilen Stuhls oder einer Hantelbank. Ihre Hände umfassen hinter Ihnen die Vorderkante des Stuhls; Ihre Finger zeigen nach vorne. Ziehen Sie die Füße an, sodass das Gewicht auf den Fersen ruht, und lassen Sie sich vom Stuhl gleiten. Federatmung. Zählen Sie zehn Sekunden, während Sie sich absenken. Halten Sie zwei Sekunden lang am MTP an. Stemmen Sie sich zurück in die Ausgangsposition und zählen Sie dabei wieder zehn Sekunden. Machen Sie sofort im Anschluss noch drei Wiederholungen.

TIPP: Wo Ihr MTP liegt, hängt davon ab, wie gelenkig Ihre Schultern sind; er liegt ein bisschen höher als der flexibelste Punkt.

D

Klappmesser
(*Toe Reach*)

Legen Sie sich auf den Rücken. Die Beine sind überkreuzt, die Füße angezogen. Strecken Sie Beine und Arme in die Luft. Das Kinn ist angehoben. Federatmung. Zählen Sie zehn Sekunden, während Sie sich zusammenziehen und nach den Zehen greifen. Am MTP kontrahieren Sie zwei Sekunden lang die Bauchmuskeln. Gehen Sie zurück in die Ausgangsposition und zählen Sie dabei wieder zehn Sekunden. Machen Sie sofort im Anschluss noch drei Wiederholungen.

Kniebeugen für Einsteiger
(*Beginner Squat*)

Stellen Sie sich zwischen zwei stabile Stühle, die Füße sind schulterbreit auseinander. Federatmung. Zählen Sie zehn Sekunden, während Sie in die Knie gehen. Halten Sie dabei den Rücken gerade, die Bauchmuskeln angespannt und den Brustkorb gestreckt. Halten Sie zwei Sekunden lang am MTP an. Kehren Sie in zehn Sekunden in die Ausgangsposition zurück. Machen Sie sofort im Anschluss noch drei Wiederholungen.
TIPP: Benutzen Sie die Stühle nur zur Balance, nicht als Stütze.

B

Jagdhund
(*Bird Dog*)

Stützen Sie sich auf Hände und Knie, die Knie sind hüftbreit auseinander. Während der Übung bleibt der Kopf angehoben und der Bauch angespannt. Federatmung. Zählen Sie zehn Sekunden, während Sie gleichzeitig den linken Arm und das rechte Bein strecken und heben. Am MTP, wenn Arm und Oberschenkel waagerecht sind, kontrahieren Sie zwei Sekunden lang. Kehren Sie in die Ausgangsposition zurück und zählen Sie dabei wieder zehn Sekunden. Machen Sie sofort im Anschluss noch eine Wiederholung. Wechseln Sie das Bein und wiederholen Sie die Übung zweimal. So kommen Sie auf vier Wiederholungen.

MTP: *maximum tension point* (Höchstspannungspunkt). **Federatmung:** tief einatmen und in kurzen Stößen ausatmen. **Zeitplan:** Jede Übung dauert 90 Sekunden, jeder Zirkel sechs Minuten.

C

Liegestütze mit engem Griff
(*Close-Grip Diamond Push-up on Knees*)

Legen Sie sich bäuchlings auf die Matte; Ihre Hände sind in der sogenannten Diamanthaltung. Überkreuzen Sie die Fußgelenke, sodass Sie auf den Knie balancieren. Stemmen Sie sich mit den Armen nach oben. Der Rücken ist gerade, die Bauchmuskeln sind angespannt. Federatmung. Zählen Sie zehn Sekunden, während Sie Ihren Körper absenken. Die Ellenbogen bewegen sich dabei auswärts. Halten Sie zwei Sekunden lang am MTP, knapp über dem Boden, an. Kehren Sie in die Ausgangsposition zurück und zählen Sie dabei wieder zehn Sekunden. Machen Sie sofort im Anschluss noch drei Wiederholungen.

D

Umgekehrte Crunches
(*Reverse Crunch*)

Legen Sie sich mit dem Rücken auf den Boden. Die Arme liegen seitlich neben Ihnen, die Handflächen zeigen nach unten. Ziehen Sie die Fersen so dicht wie möglich an den Po. Heben Sie die Fersen etwa fünf Zentimeter vom Boden ab. Das Kinn bleibt angehoben, die Bauchmuskeln angespannt. Federatmung. Zählen Sie zehn Sekunden, während Sie mit den unteren Bauchmuskeln die Knie hochziehen. Am MTP, der Po ist dabei knapp über dem Boden, kontrahieren Sie die Bauchmuskeln zwei Sekunden lang. Gehen Sie mit dem Körper in die Ausgangsposition zurück und zählen Sie dabei wieder zehn Sekunden. Machen Sie sofort im Anschluss noch drei Wiederholungen.

A

Seitliche Kniebeugen
(*Lateral Squat*)

Die Füße stehen etwa einen Schritt breiter
als schulterbreit auseinander. Federatmung.
Zählen Sie zehn Sekunden, während Sie ein
Knie beugen; das andere Bein bleibt gestreckt.
Halten Sie zwei Sekunden lang am MTP an.
Kehren Sie in die Ausgangsposition zurück
und zählen Sie dabei wieder zehn Sekunden.
Machen Sie im Anschluss noch drei Wieder-
holungen mit Seitenwechsel, sodass Sie auf
zwei Wiederholungen pro Seite kommen.

B

Superman
(*Superman*)

Legen Sie sich bäuchlings auf den Boden und
strecken Sie die Arme parallel nach vorne. Fe-
deratmung. Zählen Sie zehn Sekunden, wäh-
rend Sie gleichzeitig Arme und Beine heben.
Am MTP kontrahieren Sie zwei Sekunden lang.
Kehren Sie in die Ausgangsposition zurück
und zählen Sie dabei wieder zehn Sekunden.
Machen Sie sofort im Anschluss noch drei
Wiederholungen.
TIPP: Der Bewegungsspielraum ist bei dieser
Übung sehr gering, also müssen Sie sich ent-
sprechend langsam bewegen.

C

Steile Liegestütze
(*V Push-up*)

Die Füße stehen hüftbreit auseinander. Beugen Sie sich vor und stützen Sie die Hände auf dem Boden ab, 60 bis 90 Zentimeter vor den Zehen. Der Bauch ist eingezogen und das Kinn in Richtung Brust gezogen, als wenn Sie eine Orange zwischen Kinn und Brust halten würden. Von der Seite sollten Sie wie ein auf den Kopf gestelltes V aussehen. Die Hände sind den Schultern etwas vorgelagert. Federatmung. Zählen Sie zehn Sekunden, während Sie die Ellenbogen beugen und den Oberkörper absenken. Halten Sie zwei Sekunden lang am MTP an. Stemmen Sie sich in die Ausgangsposition zurück und zählen Sie wieder zehn Sekunden. Machen Sie sofort im Anschluss noch drei Wiederholungen.

D

Käfer-Crunches
(*Bicycle Crunch*)

Legen Sie sich auf den Rücken, die Hände sind am Hinterkopf. Heben Sie Ihre Fersen etwa fünf Zentimeter vom Boden ab. Während der ganzen Übung bleibt das Kinn angehoben und der Bauch angespannt. Federatmung. Bewegen Sie den rechten Ellenbogen zum linken Knie. Zählen Sie zehn Sekunden, während Sie sich zur anderen Seite drehen. Am MTP – wenn der linke Ellenbogen am rechten Knie ist – kontrahieren Sie zwei Sekunden lang. Gehen Sie in die Ausgangsposition zurück und zählen Sie dabei wieder zehn Sekunden. Machen Sie im Anschluss noch drei Wieder-holungen mit Seitenwechsel, sodass Sie auf zwei Wiederholungen pro Seite kommen.

BIBLIOGRAFIE

1. Kapitel: Eine außergewöhnliche Entdeckung

Gosnell, M.: »Killer Fat« in: *Discover*, Februar 2007

Ibañez, J., Izquierdo, M., Arguelles, I. et al.: »Twice Weekly Progressive Resistance Training Decreases Abdominal Fat and Improves Insulin Sensitivity in Older Men with Type 2 Diabetes« in: *Diabetes Care*, 28 (2005), S. 662–667

Ormsbee, M. J., Thyfault, J., Johnson, E. et al.: »Fat Metabolism and Acute Resistance in Trained Men« in: *Journal of Applied Physiology*, 102 (2007), S. 1767–1772

Richmond, M.: »Metabolism: The Calories You Spend« in: *Northwestern University Fit Bite*, November 2005

Treuth, M. S., Hunter, G. R., Hunter, T. et al.: »Reduction in Intra-Abdominal Adipose Tissue After Strength Training in Older Women« in: *Journal of Applied Physiology*, 78 (1995), S. 1425–1431

Zurlo, F., Larson, K., Bogardus, C. et al.: »Skeletal Muscle Metabolism Is a Major Determinant of Resting Energy Expenditure« in: *Journal of Clinical Investigation*, 86 (1990), S. 1425–1427

2. Kapitel: Mehr ist ein Märchen

Burleson, M. A. jr., O'Bryant, H. S., Stone, M. H. et al.: »Effect of Weight Training Exercise and Treadmill Exercise on Postexercise Oxygen Consumption« in: *Medicine & Science in Sports & Exercise*, 30 (1998), S. 518–522

Chetlin, R. D.: »Contemporary Issues in Resistance Training: What Works?« in: *ACSM Fit Society Page*, 2002, S. 3

Fry, A. C.: »Overtraining with Resistance Exercise« in: *Current Comment from the ACSM*, Januar 2001

Gill, I. P. Mbubaegbu, S. C.: »Fracture Shaft of Clavicle, an Indirect Injury from Bench Pressing« in: *British Journal of Sports Medicine*, 58 (2004), S. 26

Gillette, C. A., Bullough, R. C., Melby, C. L.: »Postexercise Energy Expenditure in Response to Acute Aerobic or Resistive Exercise« in: *International Journal of Sport Nutrition and Exercise Metabolism* (1994), S. 347–360

Goertzen, M., Schoppe, K., Lange, G. et al.: »Injuries and Damage Caused by Excess Stress in Body Building and Power Lifting« in: *Sportverletzung Sportschaden: Organ der Gesellschaft für Orthopädisch-Traumatologische Sportmedizin* 5 (1989), S. 32–36

Haupt, H. A.: »Upper Extremity Injuries Associated with Strength Training« in: *Clinics in Sports Medicine*, 20 (2001), S. 481–490

Kentta, G., Hassmen, P.: »Overtraining and Recovery. A Conceptual Model« in: *Sports Medicine*, 26 (1998), S. 1–16

Konig, M., Biener, K.: »Sport-Specific Injuries and Weight Lifting« in: *Schweizerische Zeitschrift für Sportmedizin*, 38 (1990), S. 25–30

Lombardi, V. P., Troxel, R. K.: »U.S. Deaths & Injuries Associated with Weight Training« in: *Medicine & Science in Sports & Exercise*, 35 (2005), S. 205

Mazur, L. J., Yetman, R. J., Risser, W. L.: »Weight-Training Injuries. Common Injuries and Preventative Methods« in: *Sports Medicine*, 16 (1995), S. 57–65

Montes-Rodriguez, C. J., Rueda-Orozco, P. E., Urteaga-Urias, E. et al.: »From Neuronal Recovery to the Reorganisation of Neuronal Circuits: A Review of the Functions of Sleep« in: *Revista de Neurologia*, 43 (2006), S. 409–415

Osterberg, K. L., Melby, C. L.: »Effect of Acute Resistance Exercise on Postexercise Oxygen Consumption and Resting Metabolic Rate in Young Women« in: *International Journal of Sport Nutrition and Exercise Metabolism*, 10 (2000), S. 360

Pyron, M.: »Overtraining Syndrome« in: *ACSM Fit Society Page*, Frühjahr 2004, S. 15

Reynolds, J. M., Kravitz, L.: »Resistance Training and EPOC« in: *IDEA Personal Trainer*, 12 (2001), S. 17–19

3. Kapitel: Was steckt hinter der »12-Sekunden-Formel«?

Alexander, A., De Luca, C. J.: »Firing Rates of Motor Units in Human Vastus Lateralis Muscle During Fatiguing Isometric Contractions« in: *Journal of Applied Physiology*, 99 (2005), S. 268–280

Bejeck, B.: »All About Abs« in: *IDEA Health & Fitness Source*, 18 (2000), S. 29

Beltman, J. G. M., Sargeant, A. J., van Mechelen, W. et al.: »Voluntary Activation Level and Muscle Fiber Recruitment of Human Quadriceps During Lengthening Contractions« in: *Journal of Applied Physiology*, 97 (2004), S. 619–626

Chtara, M., Chamari, K., Chaouachi, A. et al.: »Effects of Intrasession Concurrent Endurance and Strength Training Sequence on Aerobic Performance and Capacity« in: *British Journal of Sports Medicine*, 39 (2005), S. 555–561

Cobleigh, B., Kaufer, I.: »Circuit Weight Training – An Answer to Achieving Physical Fitness?« in: *Journal of Physical Education, Recreation & Dance*, 63 (1992), S. 18–24

Crowther, G. J., Gronka, R. K.: »Fiber Recruitment Affects Oxidative Recovery Measurements of Human Muscle in Vivo« in: *Medicine & Science in Sports & Exercise*, 34 (2002), S. 1755–1757

Cunningham, J. J.: »A Reanalysis of the Factors Influencing Basal Metabolic Rate in Normal Adults« in: *American Journal of Clinical Nutrition*, 33 (1980), S. 2572–2574

Darden, E.: *The New High Intensity Training*. Rodale, New York 2004

Fleck, S. J., Kraemer, W. J.: *Designing Resistance Training Programs*. Human Kinetics, Champaign (IL), 2004

Fuglevand, A. J., Winter, D. A., Patla, A. E.: »Models of Recruitment and Rate Coding Organization in Motor-Unit Pools« in: *Journal of Neurophysiology*, 70 (1993), S. 2470–2488

Gettman, L. R., Pollock, M. L.: »Circuit weight training: A critical review of its physiological benefits« in: *The Physician and Sportsmedicine*, 9 (1981), S. 44–60

Goldberg, A. L., Etlinger, J. D., Goldspink, D. F. et al.: »Mechanism of Work-Induced Hypertrophy of Skeletal Muscle« in: *Medicine & Science in Sports & Exercise*, 7 (1975), S. 185–198

Gotshalk, L. A., Berger, R. A., Kraemer, W. J.: »Cardiovascular Responses to a High-Volume Continuous Circuit Resistance Training Protocol« in: *Journal of Strength and Conditioning Research*, 18 (2004), S. 760–764

Hahn, F., M. Eades, M. D.: *The Slow Burn Fitness Revolution: The Slow-Motion Exercise That Changes Your Body in 50 Minutes a Week*, Random House, New York 2005

Haltom, R. W., Kraemer, R. R., Sloan, R. A. et al: »Circuit Weight Training and Its Effects on Excess Postexercise Oxygen Consumption« in: *Medicine & Science in Sports & Exercise*, 31 (1999), S. 1615–1618

Harber, M. P., Fry, A. C., Rubin, M. R. et al.: »Skeletal Muscle and Hormonal Adaptations to Circuit Weight Training in Untrained Men« in: *Scandinavian Journal of Medicine & Science in Sports*, 14 (2004), S. 76

Houtman, C. J., Stegeman, D. F., Van Dijk, J. P. et al.: »Changes in Muscle Fiber Conduction Velocity Indicate Recruitment of Distinct Motor Unit Populations« in: *Journal of Applied Physiology*, 95 (2005), S. 1045–1054

Hunter, G. R., Seehorst, D., Snyder, S.: »Comparison of Metabolic and Heart Rate Responses to Super Slow vs. Traditional Resistance Training« in: *Journal of Strength and Conditioning Research*, 17 (2005), S. 76–81

Jacons, P. L., Nash, M. S., Rusinowski, J. W.: »Circuit Training Provides Cardiorespiratory and Strength Benefits in Persons with Paraplegia« in: *Medicine & Science in Sports & Exercise*, 33 (2001), S. 711–718

Johnston, B. D.: »Moving Too Rapidly in Strength Training Will Unload Muscles and Limit Full Range Strength Development Adaptation: A Case Study« in: *JEPonline*, 8 (2004), S. 36–45

Kaikkonen, H., Yrjama, M., Siljander, E. et al.: »The Effect of Heart Rate Controlled Low Resistance Circuit Weight Training and Endurance Training on Maximal Aerobic Power in Sedentary Adults« in: *Scandinavian Journal of Medicine & Science in Sports*, 10 (2000), S. 211–215

Karp, J. R.: »Muscle Fiber Types and Training« in: *Strength and Conditioning Journal*, 25 (2001), S. 21–26

Keeler, L. K., Finkelstein, L. H., Miller, W. et al.: »Early Phase Adaptations of Traditional-Speed vs. Super Slow Resistance Training on Strength and Aerobic Capacity in Sedentary Individuals« in: *Journal of Strength and Conditioning Research*, 15 (2001), S. 509–514

Kravitz, L.: »New Insights into Circuit Training« in: *IDEA Fitness Journal*, 4 (2005), S. 24–26

Little, J.: *Advanced Max Contraction Training*, McGraw-Hill, New York 2006

Little, J.: *Max Contraction Training: The Scientifically Proven Program for Building Muscle Mass in Minimum Time*, McGraw-Hill, New York 2004

Little, J., Sharkey, J.: *The Wisdom of Mike Mentzer*. McGraw-Hill, New York 2005

McDonagh, M. J., Davies, C. T.: »Adaptive Responses of Mammalian Skeletal Muscle to Exercise with High Loads« in: *European Journal of Applied Physiology and Occupational Physiology*, 52 (1984), S. 139–155

Mentzer, M., Little, J.: *High-Intensity Training the Mike Mentzer Way*, McGraw-Hill, New York 2002

Miller, A. T., Blyth, C. S.: »Lean Body Mass as a Metabolic Reference Standard« in: *Journal of Applied Physiology*, 5 (1953), S. 311–316

Moen, S.: »Circuit Training Through the Muscular System« in: *Journal of Physical Education, Recreation & Dance*, 67 (1996), S. 109–112

Nelson, J., Kravitz, L.: »Super Slow Resistance Training: What Does the Research Say?« in: *IDEA Personal Trainer*, 13 (2002), 13–18

Nelson, M.: *Strong Women Stay Slim*, Bantam, New York 1998

O'Connor, P., Sforzo, G., Frye, P.: »Effect of Breathing Instruction on Blood Pressure Responses During Isometric Exercise« in: *Physical Therapy*, 69 (1989), S. 757–762

Philbin, J.: *High-Intensity Training*, Human Kinetics, Champaign (IL) 2004

Poehlman, E. T., Goran, M. I., Gardner, A. W. et al.: »Determinants of Decline in Resting Metabolic Rate in Aging Females« in: *American Journal of Physiology – Endocrinology and Metabolism*, 164 (1993), S. E450–E455

Pratley, R., Nicklas, B., Rubin, M. et al.: »Strength Training Increases Resting Metabolic Rate and Norepinephrine Levels in Healthy 50- to 65-Year-Old Men« in: *Journal of Applied Physiology*, 76 (1994), S. 133–137

Reynolds, J.: »Case Study: Weight Loss: A Client Finally Sees Results with a Unique Circuit Training Program« in: *IDEA Health & Fitness Source*, 22 (2004), S. 66–70

Richmond, M.: »Metabolism: The Calories You Spend« in: *Northwestern University Fit Bite*, November 2005

Sayers, S. P., Bean, J., Cuoco, A. et al.: »Changes in Function and Disability After Resistance Training: Does Velocity Matter?« in: *American Journal of Physical Medicine & Rehabilitation*, 82 (2003), S. 605–613

Sisco, P., Little, J.: *Static Contraction Training*, Contemporary, New York 1999

Smith, L. K., Weiss, E. L., Lehmkuhl, L. D.: *Brunstrom's Clinical Kinesiology*, F. A. Davis, Philadelphia 1996

Taafe, D. R., Pruitt, L., Pyka, G. et al.: »Comparative Effects of High- and Low-Intensity Resistance Training on Thigh Muscle Strength, Fiber Area, and Tissue Composition in Elderly Women« in: *Clinical Physiology*, 16 (1996), S. 381–392

Tanimoto, M., Ishii, N.: »Effects of Low-Intensity and Resistance Exercise with Slow Movement and Tonic Force Generation on Muscular Function in Young Men« in: *Journal of Applied Physiology*, 100 (2006), S. 1150–1157

Weider, B.: »How Slow Should You Go? What Is Super-Slow Training and Does it Really Work More Muscle Fibers?« in: *Muscle & Fitness*, 65 (2004), S. 194–195

Weider, J.: »Dense, Striated and Cut!« in: *Muscle & Fitness*, 53 (1992), S. 82–88

Westcott, W. L., Winett, R. A., Anderson, E. S. et al.: »Effects of Regular and Slow Speed Resistance Training on Muscle Strength« in: *Journal of Sports Medicine and Physical Fitness*, 41 (2001), S. 154–158

Williams, P. A., Cash, T. F.: »Effects of a Circuit Weight Training Program on the Body Images of College Students« in: *International Journal of Eating Disorders*, 30 (2001), S. 75–82

Zickerman, A., Schley, B.: *Power of 10: The Once-a-Week Slow Motion Fitness Revolution*, HarperCollins, New York 2005

Zinczenko, D.: *The Abs Diet*, Rodale, New York 2004

Zurlo, F., Larson, K., Bogardus, C. et al.: »Skeletal Muscle Metabolism Is a Major Determinant of Resting Energy Expenditure« in: *Journal of Clinical Investigation*, 86 (1990), S. 1423–1427

4. Kapitel: So essen Sie richtig

Antoine, J. M., Rohr, R., Gagery, M. J., Bleyer, R. E., Debry, G.: »Feeding Frequency and Nitrogen Balance in Weight-reducing Obese Women« in: *Human Nutrition: Clinical Nutrition*, 38, 1 (1984), S. 315–358

Boirie, Y., Dangin, M., Gachon, P. et al.: »Slow and Fast Dietary Proteins Differently Modulate Postprandial Protein Accretion« in: *Proceedings of the National Academy of Sciences of the United States of America*, 94 (1997), S. 14930–14935

Bushman, J. L.: »Green Tea and Cancer in Humans: A Review of the Literature« in: *Nutrition and Cancer*, 31 (1998), S. 151–159

Craig, W. J.: »Health-Promoting Properties of Common Herbs« in: *American Journal of Clinical Nutrition*, 70 (1999), S. 4193–4993

Dangin, M., Boirie, Y., Guillet, C. et al.: »Influence of the Protein Digestion Rate on Protein Turnover in Young and Elderly Subjects« in: *Journal of Nutrition*, 132 (2002), S. 3228–3233

Dauncey, M. J., Bingham, A.: »Dependence of 24 h Energy Expenditure in Man on the Composition of the Nutrient Intake« in: *British Journal of Nutrition*, 50 (1983), S. 1–13

Farshchi, H. R., Taylor, M. A., Macdonald, I. A.: »Decreased Thermic Effect of Food after an Irregular Compared with a Regular Meal Pattern in Healthy Lean Women« in: *International Journal of Obesity Related Metabolic Disorders*, 28, Nr. 5 (2004), S. 653–660

Fogteloo, A. J., Pijl, H., Roelfsema, F., Frolich, M., Meinders, A. E.: »Impact of Meal Timing and Frequency on the Twenty-four-hour Leptin Rhythm« in: *Hormone Research*, 62, 2 (2004), S. 71–78

Garrow, J. S.: »The Contribution of Protein Synthesis to Therinogenesis in Man« in: *International Journal of Obesity*, 9 (1985), S. 97–101

Graham, H. N.: »Green Tea Composition, Consumption, and Polyphenol Chemistry« in: *Preventive Medicine*, 21 (1992), S. 334–350

Hall, W. L., Millward, D. J., Long, S. J. et al.: »Casein and Whey Exert Different Effects on Plasma Amino Acid Profiles, Gastrointestinal Hormone Secretion and Appetite« in: *British Journal of Nutrition*, 89 (2003), S. 239–348

Hutchins, K.: *SuperSlow® – The ULTIMATE Exercise Protocol*, Media Support by Ken Hutchins, Castleberry (FL) 1989

Imai, K., Suga, K., Nakachi, K.: »Cancer Preventive Effects of Drinking Green Tea Among a Japanese Population« in: *Preventive Medicine*, 26 (1997), S. 769–775

Iwao, S., Mori, K., Sato, Y.: »Effects of Meal Frequency on Body Composition During Weight Control in Boxers« in: *Scandinavian Journal of Medicine & Science in Sports*, 6, 5 (1996), S. 265–272

Katiyar, S., Elmets, C. A., Katiyar, S. K.: »Green Tea and Skin Cancer: Photoimmunology, Angiogenesis, and DNA Repair« in: *Journal of Nutritional Biochemistry* (2006), elektronische Publikation

Mikkelson, P. B., Toubro, S., Astrup, A.: »Effect of Fat-Reduced Diets on 24-h Energy Expenditure: Comparisons Between Animal Protein, Vegetable Protein, and Carbohydrate« in: *American Journal of Clinical Nutrition*, 72 (2000), S. 1135–1141

Millward, D. J., Garlick, P. J., Stewart, R. J. et al.: »Skeletal-Muscle Growth and Protein Turnover« in: *Biochemical Journal*, 150 (1975), S. 235–245

Mirkov, S., Komoroski, B. J., Ramirez, J. et al.: »Effects of Green Tea Compounds on Irinotecan Metabolism« in: *Drug Metabolism and Disposition* (2006), elektronische Publikation

Murphy, M.: »Feed the Fat Furnace: Chicken, Fish, and Protein Powders Can Help You Build Muscle and Burn Away Fat« in: *Men's Fitness* (Oktober 2005)

Nagle, D. G., Ferreira, D., Zhou, Y. D.: »Epigallocatechin-5-Gallate (EGCG), Chemical and Biomedical Perspectives« in: *Phytochemistry*, 67 (2006), S. 1849–1855

Nestel, P. J., Pomeroy, S. E., Sasahara, T. et al.: »Arterial Compliance in Obese Subjects Is Improved with Dietaiy Plant n-5 Fatty Acid from Flaxseed Oil Despite Increased LDL Oxidizability« in: *Arteriosclerosis, Thrombosis, and Vascular Biology*, 17 (1999), S. 1163–1170

Raben, A., Agerhold-Larson, L., Flint, A. et al.: »Meals with Similar Energy Densities But Rich in Protein, Fat, Carbohydrate, or Alcohol Have Different Effects on Energy Expenditure and Substrate Metabolism But Not on Appetite and Energy Intake« in: *American Journal of Clinical Nutrition*, 77 (2003), S. 91–100

Robinson, S. M., Jaccard, C., Persaud, C. et al.: »Protein Turnover and Thermogenesis in Response to HighProtein and High-Carbohyclrate Feeding in Men« in: *American Journal of Clinical Nutrition*, 52 (1990), S. 72–80

Segal, K. R., Gutin, B., Nyman, A. M. et al.: »Thermic Effect of Food at Rest, During Exercise, and After Exercise in Lean and Obese Men of Similar Body Weight« in: *Journal of Clinical Investigation*, 76 (1985), S. 1107–1112

Tipton, K. D., Rasmussen, B. B., Miller, S. L. et al.: »Timing of Amino Acid-Carbohydrate Ingestion Alters Anabolic Response of Muscle to Resistance to Exercise« in: *American Journal of Physiology*, 281 (2001), S. E197–E206

Tipton, K. D., Wolfe, R. R.: »Exercise, Protein Metabolism, and Muscle Growth« in: *International Journal of Sport Nutrition ancl Exercise Metabolism*, 11 (2001), S. 109–152

Westerterp-Plantenga, M. S., Lejune, M. P. G. M., Nijs, I. et al.: »High Protein Intake Sustains Weight Maintenance After Body Weight Loss in Humans« in: *International Journal of Obesity*, 28 (2004), S. 57–64

Ziegler, T. R., Benfell, K., Smith, R. J. et al.: »Safety and Metabolic Effects of L-Glutamine Administration in Humans« in: *Journal of Parenteral and Enteral Nutrition*, 14 (1990), S. 157–146

JORGE CRUISE

Als Kind und als junger Mann hatte Jorge Cruise selbst mit Übergewicht zu kämpfen. Heute ist er als führender Wellness-Experte für Amerikas Vielbeschäftigte anerkannt. Er hat zwei Bücher verfasst, die auf der Bestsellerliste der *New York Times* landeten: »8 Minutes in the Morning«, das in 14 Sprachen übersetzt wurde, und »The 3-Hour Diet«. Jorge Cruise betreut seine Klienten täglich unter www.12second.com und www.3hourdiet.com. Außerdem berät und coacht er online unter www.AOL.com und www.lifescript.com. Seine Kolumne in der Zeitschrift *USA Weekend*, die 600 verschiedenen amerikanischen Tageszeitungen beiliegt, wird jeden Sonntag von 51 Millionen Menschen gelesen. Im Fernsehen ist er bei Oprah Winfrey aufgetreten, bei Good Morning America, Today, Extra, The Tyra Banks Show und Dateline NBC sowie auf CNN und VH1. Jorge Cruise erreichen Sie über seine Homepage www.JorgeCruise. com.

PRODUKTEMPFEHLUNGEN

Ich habe viele Sachen ausprobiert und meine Lieblingsprodukte stelle ich Ihnen hier vor. Es sind übrigens die einzigen, die das Gütesiegel der 12-Second Sequence™ tragen. Mehr über diese Produkte erfahren Sie unter www.12second.com.

Bally® Total Fitness
(www.ballyfitness.com)

Bally® ist meine Lieblings-Fitnessstudio-kette. Dort blickt man auf über 40 Jahre Erfahrung in der Fitness-Industrie zurück. Landesweit haben sie über 350 Filialen. Ob zu Hause in Kalifornien oder unterwegs an der Ostküste, irgendwo habe ich immer ein Bally®-Studio in der Nähe.

Barlean's® Flaxseed Oil
(www.barleans.com)

Alle Produkte von Barlean's® sind durch und durch Bioprodukte und absolut frisch. Und Frische ist bei Leinsamenöl entscheidend, da es sehr schnell ranzig wird – und dann schmeckt es widerlich! Ich genieße es täglich, und mein Sohn Parker isst als Snack am liebsten Barlean's® Flaxseed Oil auf Toast.

- reines, kaltgepresstes, ungefiltertes Leinsamenöl
- Leinsamenöl mit Lignan
- aromatisiertes Leinsamenöl (Zimt, Limonade)
- Forti-Flax – 100 % gemahlene Leinsamen
- Grünpflanzenpulver

GoFit™ (www.gofit.net)

Was ich an den GoFit™-Produkten so mag, ist, dass sie praktisch, sicher und leicht zu bedienen sind. Der Sportblock® zum Beispiel vereint acht Paar Hanteln in einem platzsparenden, gut in der Hand liegenden Gerät. Der GoFit™-Gymnastikball ist bis zu 230 Kilo belastbar – Sie brauchen also beim Training wirklich nicht um Ihre Sicherheit besorgt sein. Zu guter Letzt finden Sie keine weichere, angenehmere Pilates®-Matte als die von GoFit™. Diese Produkte sind auf den Abbildungen im Übungskapitel zu sehen.

- Sportblock® – verstellbares Hantelset
- Sportblock® – Zusatzgewichte
- Pilates®-Matte
- Gymnastikbälle (55/65/75 cm)
- Ab Wheel – Bauchtrainer
- PowerTubes, Flat Bands, ProGym – Gummibänder einzeln und im Satz
- Weighted Toning Ball – Gewichtsball

Jorge's Packs™ Vitamine

Das Tolle bei diesen Vitaminen ist, dass sie portionsweise und individuell abgepackt sind – auf jedem Päckchen ist Ihr Name aufgedruckt. Sie sind auf Reisen genauso praktisch wie im täglichen Gebrauch zu Hause. Außerdem enthalten sie alles, was für Sie wichtig ist, denn die

Zusammensetzung der Vitamine richtet sich nach Ihrem persönlichen, online ausgefüllten Profil. Ich habe meine Jorge's Packs™ immer dabei!

Jorge's Packs™ Molkenprotein-Pulver

Jorge's Packs™ sind meine Lieblings-Proteinshakes, weil sie herrlich schmecken und voller Nährstoffe sind. Sie sind so köstlich, dass meine drei täglichen Snacks aus nichts anderem bestehen. Mir schmecken alle drei Geschmacksrichtungen (Schoko, Erdbeer, Vanille), aber Schoko ist meine Lieblingssorte. Schmeckt wie Kakao. Exklusiv unter www.jorgespacks.com erhältlich.

Precor® (www.precor.com)

Die Fitnessgeräte von Precor sind von allerhöchster Qualität. Wenn Sie sich zu Hause Ihr eigenes Fitnessstudio einrichten, sollten Sie nur in robuste, solide Geräte investieren, die Ihren Bewegungen angepasst sind. Die Produkte von Precor sind nach dem Vorbild menschlicher Bewegungen gebaut und sind deshalb die leichtgängigsten und ergonomischsten Fitnessgeräte, die es zu kaufen gibt. Der S3.23 Functional Trainer von Precor® ist der Kabelzugapparat, den Sie in diesem Buch sehen und den ich selbst zu Hause benutze.

- Precor® S3.23 – Kabelzugapparat
- Precor® 9.35 – Laufband

Und falls Sie Jorge Cruise als Ihren Coach im Ohr haben wollen, damit er Sie Übung für Übung durch die Trainingseinheiten führt, können Sie sich das »12-Second-Sequence™-Hörbuch« besorgen, das bei iTunes oder über www.amazon.de – ausschließlich in englischer Sprache – erhältlich ist.

→ **Wichtiger Hinweis für die Produktbestellung**

Einige dieser Produkte können Sie im Internet bestellen. Beachten Sie jedoch, dass Sie in manchen Onlineshops nur mit US-Dollar bezahlen können.

REGISTER

REZEPT-REGISTER

Weg mit den Fettpölsterchen!

Alles, was Sie über Ihren Körper wissen müssen

»Dr. Roizen und Dr. Oz bringen mit Fachwissen und einer Prise Humor dem Leser alles Wichtige über Ernährung und den Stoffwechsel des menschlichen Körpers bei. Ergänzt mit Workout-plänen, Rezepten und einem zweiwöchigen Programm kann der Leser das Gelernte sofort anwenden.«
Publishers Weekly

376 Seiten
Preis: 19,90 € (D) | 20,50 € (A) | sFr. 33,80
ISBN 978-3-936994-90-2

Dr. Michael F. Roizen
Dr. Mehmet C. Oz
Fett weg!
So haben Sie Ihre Taille im Griff

Roizen und Oz enträtseln die biologischen Geheimnisse unseres Körpers auf eine humorvolle Art. Wenn wir wissen, wie unser Körper wirklich funktioniert, dann ist der Code geknackt und wir haben unsere Taille für immer im Griff. Dieses Buch ist kein Diätbuch – es ist eine Gebrauchsanleitung, um für immer das Idealgewicht zu halten!

Preis: 19,90 €
ISBN 978-3-936994-93-3

Preis: 19,90 €
ISBN 978-3-936994-91-9

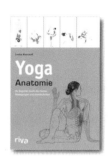

Preis: 22,00 €
ISBN 978-3-936994-79-7

Preis: 18,90 €
ISBN 978-3-936994-80-3

Preis: 19,90 €
ISBN 978-3-936994-75-9

Preis: 19,90 €
ISBN 978-3-936994-55-1

Preis: 19,90 €
ISBN 978-3-936994-88-9

Preis: 19,90 €
ISBN 978-3-936994-74-2

Preis: 16,90 €
ISBN 978-3-936994-89-6

riva